ARKTIS

Schutzumschlag: *Ein hornartig aufragender Eisberg. Der Eisberg ist von der Nordwestküste Grönlands bis nach Labrador getrieben und wurde auf seinem Weg von Wind und Wasser in diese außergewöhnliche Form gebracht.*

Vor- und Nachsatz: *Die Mitternachtssonne über einer arktischen Bucht. Im Vordergrund ein Dreimastsegler, Darstellung des 19. Jh.*

Seiten 2/3: *Keiner kennt die Herausforderungen dieser feindlichen Landschaft besser als die Eskimos selbst. Die Zeiten, in denen sie nur von den Erträgen von Land und Meer leben konnten und Geld keine Rolle spielte, sind für immer vorbei. Nur das Recht, einmal im Jahr auf die Jagd zu gehen, ist ihnen geblieben. Jedes Familienmitglied wagt sich dann auf das Packeis. Methoden und auch Jagdgeist haben sich nicht geändert. Es ist immer noch eine aufregende Zeit, die einen Neubeginn signalisiert.*
Die alten Jagdpfade folgen den Wanderrouten der Tiere. Das Foto zeigt einen Inuitjäger auf der Eisdecke nördlich von Barrow, der äußersten Spitze Alaskas am Arktischen Ozean.

Brando Quilici

ARKTIS

Mit Beiträgen von Wilhelm Ziehr
Gestaltung: Emil M. Bührer

vgs

*Die Deutsche Bibliothek –
CIP-Einheitsaufnahme*

*Arktis/Brando Quilici. Mit Beitr. von Wilhelm Ziehr. Gestaltung: Emil M. Bührer. [Übertr. ins Dt.: Ina Breuing]. – Sonderausg.. – Köln: vgs, 2001
ISBN 3-8025-2829-8*

Brando Quilici verfaßte das Vorwort, die Hauptkapitel sowie, zusammen mit Wilhelm Ziehr, die Einführung «Die Grenzen der Arktis», sowie die Bildlegenden zu seinen Fotos. Wilhelm Ziehr verfaßte die kursiv ausgezeichneten Kapitelergänzungen sowie die Bildlegenden der nicht von Brando Quilici stammenden Abbildungen.

Projektleitung und herstellerische Betreuung: Motovun (Schweiz) Verlagsgesellschaft AG, Luzern

*Redaktionsleitung:
Egmont vgs verlagsgesellschaft, Köln
Übertragung der Texte von Brando Quilici ins Deutsche: Ina Breuing
Lektorat: Sebastian Vogel im Auftrag der Egmont vgs verlagsgesellschaft*

Diesem Buch liegt die Fernsehserie «The Arctic» zugrunde; eine Koproduktion von Brando Quilici Productions; Raiuno, NDR-International TV-Produktions-GmbH

Egmont vgs dankt dem NDR *und* NDR-International *für gute Zusammenarbeit.*

*Reproduktion:
Lanarepro, Lana/Meran
Satz: F. X. Stückle, Ettenheim
Druck und Verarbeitung:
Nuovo Istituto Italiano
Arti Grafiche, Bergamo*

*2. Auflage 2001
ISBN 3-8025-2829-8
Printed in Italy*

INHALT

Oben: *Auf dem zu Norwegen gehörenden Spitzbergen gibt es nur einen Flugplatz, Longyearbyen. Von hier bis Oslo sind es rund 2200 km, bis Rom noch einmal fast genausoviel.*

Unten: *Grenzmarkierung des Polarkreises, 66° 33' n. B., im norwegischen Saltfjellet.*

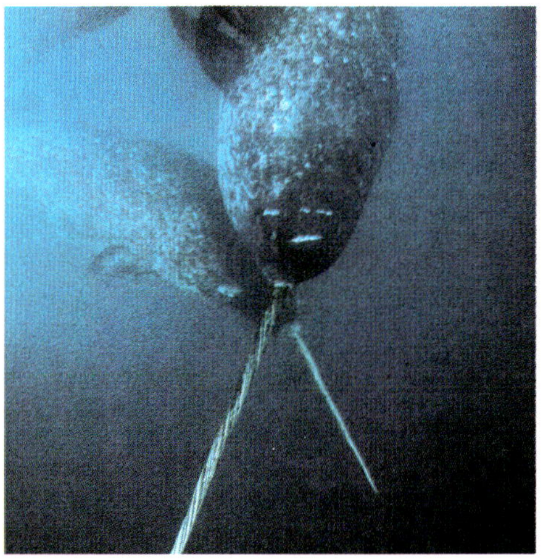

Vorwort

Nach meiner ersten kurzen und ungeplanten Reise in die Welt jenseits des Polarkreises hat mich die Arktis besonders überrascht und derart fasziniert, daß ich unbedingt noch einmal «kurz» dorthin zurückkehren wollte. Da mich die Arktis mit jedem weiteren Tag, den ich dort verbrachte, stärker in ihren Bann zog, wurde aus dieser «kurzen» Reise schließlich ein fast vierjähriger Forschungsaufenthalt.

Eine unter einer dicken Eisschicht begrabene Wüste, über die sich im Winter bei Temperaturen von bis zu achtzig Grad unter Null eine Kappe absoluter Dunkelheit senkt, so hatte ich mir die Arktis immer vorgestellt. Nun erfuhr ich darüber hinaus hautnah, daß ich mir mit der Arktis einen Teil unseres Planeten ausgesucht hatte, in dem Menschen unter außergewöhnlichen Naturbedingungen ein nicht weniger außergewöhnliches Leben führen.

In der Arktis kommt dem Begriff «Zeit» eine grundsätzlich andere Dimension zu als in anderen Weltregionen. Die Arktis ist, wenn man so will, ein Planet auf dem Planeten.

Die Lichtintensität unterscheidet sich in diesem Teil der Welt grundlegend von unseren gemäßigten Klimazonen. Im Sommer geht die Sonne drei Monate lang nicht unter, sie wandert im Laufe von vierundzwanzig Stunden horizontal – und nicht vertikal, wie wir es gewohnt sind – am Himmel entlang.

In meinen Texten zu diesem Buch berichte ich vornehmlich über persönliche Erfahrungen. Meine Sichtweise von Land und Leuten ist dabei naturgemäß emotional geprägt. Noch viel wichtiger ist für mich ein anderer Aspekt, der in der Vergangenheit wie in der Gegenwart das Leben in der Arktis bestimmte und mich auf oft schwierige, aber immer lohnende Forschungsreisen führte. Zum einen war es mir wichtig, die geographischen Eigenheiten der Arktis zu beschreiben, zum anderen aber wollte ich die Besonderheiten im Leben der Eskimogemeinden dokumentieren, der Männer und Frauen, die im Laufe von Jahrtausenden einen einzigartigen Lebenstil bis hin zur Perfektion entwickelt haben.

Während meiner Reise beschäftigte ich mich ebenfalls – wie hätte es anders sein können – mit dem Verhalten der Tiere der Arktis. Eine Lebensaufgabe, wenn man den Lebensrhythmus hochentwickelter, komplexer Wesen wirklich verstehen will, die unter Bedingungen leben, unter denen man normalerweise jegliche Existenz für unmöglich halten würde.

Außerdem begleitete ich mehrere Expeditionen, deren wissenschaftliche Ergebnisse uns verstehen helfen, von welch entscheidender Bedeutung die Arktis für Fortpflanzung und Fortbestand von Millionen von Meeressäugetieren ist.

Die Arktis unterliegt heute enormen Veränderungen. Innerhalb der letzten Jahrzehnte mußte der Übergang von einer Gesellschaft der Jäger hin zur technologisch hochentwickelten Zivilisation an der Schwelle des dritten Jahrtausends in einem gewaltigen Schritt vollzogen werden – eine Entwicklung, deren Folgen für die Kultur der hier lebenden Menschen noch nicht abzusehen sind.

Während dieser Zeit entstand unter meiner Regie die 13teilige Fernsehserie «Arktis», in der ich beides – die Schönheit ebenso wie die bizarre Schroffheit, Chancen wie Bedrohungen – für ein großes Publikum festhalten wollte.

Ob die Zukunft dieser Region und ihrer Bewohner – und damit verknüpft auch die der Erde – lebenswert sein wird, hängt in hohem Maße von den Entscheidungen ab, die in den nächsten Jahren von den Bewohnern dieses Planeten und ihren Interessenvertretern und Politikern gefällt werden.

BRANDO QUILICI

Linke Seite: *Wie von einem Mantel wird die Arktis drei Monate im Jahr in dichte Dunkelheit gehüllt. Die einzige Lichtquelle ist dann der Mond. Mit den ersten Sonnenstrahlen beginnt die Arktis, sich zu verändern, sie kann aber sogar bis zum Sommer kalt und unwirtlich bleiben. Nur wenige Menschen aus dem Süden hatten im Laufe der Jahrhunderte den Mut, sich dem Kampf mit der «Eiswüst[illegible]» zu stellen. Und doch betrachtet seit frühester Zeit, seit etwa 10000 Jahre ein kleines Volk die Arktis als [illegible] Heimat: die Eskimo[illegible] Sie haben gelernt, [illegible] Landschaft im Eink[illegible] Tierarten zu leben[illegible]oto zei[illegible] einen Inuitjäger au[illegible]rdalaska.*

Die große Meerflut
Setzt mich in Bewegung,
Setzt mich in Trift,
Ich treibe, wie die Alge
Mit dem Fluß treibt.

Das Himmelsgewölbe bewegt
Mich und die gewaltige Luft
Bewegt meinen Sinn
Und wirft in den Staub mich:
Ich bebe vor Freude.

Eskimolied, aufgezeichnet von Knud Rasmussen während seiner Grönlandexpedition 1921 – 1924

Doppelseite 8/9: *Die Westküste Grönlands im arktischen Sommer. Von der Westküste gleiten zahlreiche Gletscher ins Meer. Hier lösen sich auch alle Eisberge der nördlichen Hemisphäre ab. Sie treiben als riesige Monolithen, von denen nur ein Achtel aus dem Wasser ragt, über den Ozean und werden von Meeresströmungen Tausende von Kilometern von ihrem Entstehungsort wegtransportiert. Es ist eine Reise, die bis zu zwanzig Jahren dauern kann.*

Doppelseite 10/11: *Wasserfall im Norden der Arctic Bay auf der Baffin Insel (Kanada). Auf dem Packeis hat sich eine Gruppe von jagenden Eskimos niedergelassen, die nach Narwalen Ausschau halten.*

Rechts: *Der atomgetriebene Eisbrecher «Arktika» schafft einem Frachtschiff eine sichere Fahrrinne im Eismeer.*

Folgende Doppelseite: *Tschuktschen beim Tanz außerhalb ihrer Wohnstätten. Ursprünglich war die Kleidung der nordsibirischen Völker aus Leder oder Fischhäuten, heute besteht sie aus modernen Textilien, deren Schnitt und Design sich aber auch an traditionelle Vorbilder anlehnt.*

Übernächste Doppelseite: *Früher war dieser abgeschiedene Teil der Welt noch unberührt; heute ist er dem Vormarsch der Zivilisation mit all seinen unbekannten Folgen ausgesetzt. Dort, wo einst nur Hundeschlitten hingelangen konnten, werden jetzt Menschen und Materialien von stark motorisierten Fahrzeugen hingekarrt. Die abgelegenen Arktisgebiete üben wegen ihrer noch ungenutzten Energiequellen große Anziehungskraft aus. Die Lebenskraft der Arktis ist jedoch immer noch so stark und intensiv, daß das Leben in den gewohnten Bahnen weiterläuft.*
Das Foto zeigt einen «wandernden» Eisberg in der Bucht von Disko in Grönland. Der schwache und der etwas stärkere Schatten hinter dem Eisberg demonstrieren, wie weit sich der mächtige Monolith innerhalb der sechs Stunden Belichtungszeit des Fotos fortbewegt hat.
Da das Foto dreimal belichtet wurde, läßt sich anhand des Laufs der Sonne am Horizont nachvollziehen, daß der scheinbar unbewegliche Eisberg sich doch kontinuierlich weiterbewegt hat.

Ozeane, Meere und hochaufsteigende Gebirgsketten bilden die natürlichen Grenzen der Kontinente. In Jahrmillionen der Erdzeitalter wurde Europa durch die sich auftürmenden Gebirge Ural und Kaukasus von Asien getrennt, Afrika rückte durch einen sich ständig verbreiternden Graben von der asiatischen Landmasse weg. Die klar gezeichneten Küstenlinien Amerikas, Australiens und der Antarktis werden von den Ozeanen und ihren Nebenmeeren gezeichnet. Allein die Grenzen der Arktis weist die Landkarte nicht eindeutig aus. Wissenschaftler definierten ihre Flächen, gebildet aus Meer, Eis und Land. Als eigener Kontinent im strengen Sinne der wissenschaftlichen Definition wird die Arktis heute allgemein nicht mehr bezeichnet, obwohl die zu ihr nördlich

DIE GRENZEN DER ARKTIS

des Polarkreises (66°33'51'' nördlicher Breite) gerechneten Landflächen ursprünglich Teile der Urkontinente Laurentia, Fennoskandia und Angaria waren. Auch stellt die Arktis geologisch gesehen keine Einheit dar. Die Antarktis wird von drei Ozeanen, nämlich von Pazifik, Atlantik und Indik, eindeutig als einheitliches Südpolargebiet mit geschlossener Landmasse bestimmt. Der Nordpol aber liegt nicht auf Land, sondern im vereisten Nordpolarmeer. Hier bilden die Festlandküsten und vorgelagerten Inseln dreier Kontinente, nämlich Europas, Asiens und Amerikas, die natürliche Begrenzung.

Dieses Nordpolarmeer, auch Nördliches Eismeer bzw. Arktischer Ozean genannt, weist sieben Nebenmeere auf, die Barents-, Kara-, Laptew-, die Ostsibirische, Tschuktschen-, Beaufort- und Grönlandsee, insgesamt eine Fläche von 16 Millionen km^2. Doch nur im kurzen arktischen Sommer bilden all diese Meere wirkliche Wasserflächen, und auch das nur in einigen Teilgebieten und entlang der Festlandküsten. Nur zwischen Grönland und Norwegen ist das Nordpolarmeer zum Atlantik offen. Durch diese Lücke strömen warme Wassermassen in das polare Becken. Diese nur oberflächlich warme Strömung, früher meist als Golfstrom bezeichnet, kommt vom mittleren Atlantik und dringt mit Seitenarmen in die Nebenmeere der Arktis. Bis vor 12000 Jahren bildeten die Aleuten noch eine undurchlässige Festlandkette zwischen Sibirien und Alaska. Aber auch danach, als der Meeresspiegel stieg und ein Inselbogen entstand, fand durch die Meeresöffnungen nur ein bescheidener Wasseraustausch statt.

Geographisch betrachtet, ist das Nordpolarmeer als Einheit zu betrachten, doch die Grenzziehung der zum arktischen Raum zu rechnenden Landmassen bereitet Schwierigkeiten. In den vergangenen 100 Jahren wurden vor allem drei Varianten einer Grenzlinie begründet und diskutiert: der Polarkreis, die Eisgrenzen sowie die 10° C-Juli-Isotherme. Der Polarkreis bietet zwar den Vor-

Oben: **360°-Panorama der Sonnenbahn** zur Zeit der Mitternachtssonne, aufgenommen am 25./26. Juni auf der Insel Heckingen in Nordnorwegen.

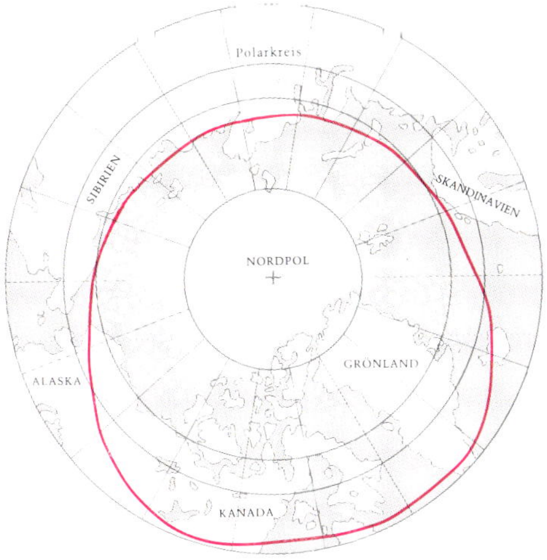

Links: Die Grenze der **Verbreitung des Nordlichts.** Bis maximal 2500 km um den geographischen Nordpol kann man das Nordlicht regelmäßig beobachten.

teil, daß er eine mathematisch präzise umschriebene Linie im Gradnetz der Erde ist, und außerdem bezeichnet er die geographische Breite, wo Polartag und Polarnacht enden. Dennoch wurde der Polarkreis zur Bestimmung der Arktis abgelehnt, obwohl er schon ein besonderes Gebiet bezeichnet. Innerhalb der vom Polarkreis umschlossenen Regionen geht die Sonne nämlich zumindest einmal im Jahr 24 Stunden lang nicht unter, bzw. 24 Stunden nicht auf. Zum Pol hin wird die Dauer von Polartag und -nacht immer länger bis zum Maximum des Polartages am Pol von einem halben Jahr. Doch diese astronomischen Phänomene reichen nicht aus, um einen so einzigartigen geographischen Raum wie die Arktis zu charakterisieren. Das durch den Polarkreis umschriebene Gebiet weist so große klimatische Unterschiede auf, daß noch andere Kriterien zu seiner Bestimmung hinzugezogen werden müssen.

Die Lufttemperatur im Raum zwischen Island und Norwegen liegt durchschnittlich um 12° C höher, als es seiner geographischen Breite entsprechen würde, und auch die Grenze der Vereisung des Meeres läuft noch jenseits des 80. Breitenkreises. Ein Gegenargument gegen eine solche Grenzziehung wird deutlich, wenn man bedenkt, daß der Polarkreis Teile Norwegens, Schwedens, Finnlands willkürlich trennt und daß auf der anderen Seite manche Gebiete Grönlands dann nicht mehr zur Arktis zählen würden. Dagegen müßte man klimatisch wie vegetationsgeographisch völlig unterschiedliche Gebiete zur Arktis rechnen, zum Beispiel die Eiswüsten des mittleren Grönlands, die von Wäldern gesäumten Fjorde Norwegens, Teile der russischen Taiga und bäuerliches Kulturland in Finnland. Auch die von der Vereisung gezogenen Grenzen können die Arktis nicht charakterisieren. Die ins Nordpolarmeer eindringenden warmen Meeresströmungen einerseits und die von dort ausgehenden kalten Strömungen andererseits bewirken bei einer Nord-Süd-Ausdehnung von 4000 km zu gewaltige Unterschiede, als daß eine Land- oder Meeresfläche mit

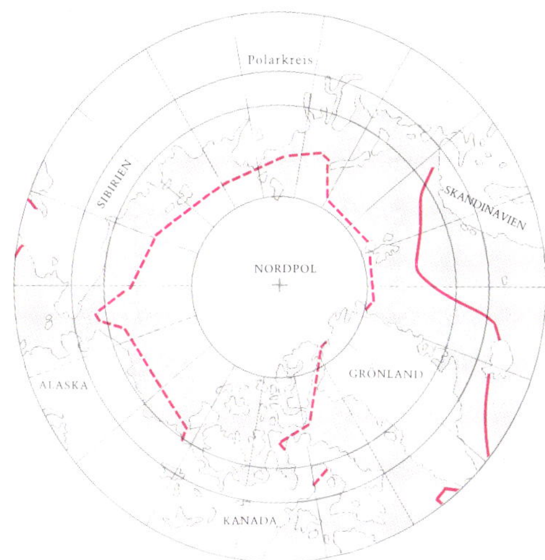

. . . . . Packeis, ________ Treibeis

Oben: Die **Treibeisgrenzen** sind vor allem von den Meeresströmunge[illegible] abhä[illegible]gig. Im Atlantik liegen sie weiter im [illegible]rde[illegible] denn hier dringen mittelatlantische [illegible]strömungen in breiter Front vor. Im [illegible]ichen Pazifik reichen die Grenzen viel weiter [illegible]ach Süden, da hier der kalte Ojaschi[illegible]-Strom das Vordringen der Eisfelder nach Süden begünstigt.

gleichartigen Erscheinungen umschrieben wäre. Die Vereisung schwankt sogar in den polnahen Gewässern erheblich. Pazifisches Treibeis vom kalten Ojaschlo-Strom, der durch die Bering-Straße drückt, driftet so weit nach Süden, daß es hier die geographische Breite der Linie Costa Brava – Rom im Mittelmeer erreicht.

Lange Zeit wurde der Verlauf der 10° C-Juli-Isotherme als verbindliche Südgrenze der Arktis definiert. Diese Linie, welche die Gebiete gleicher Juli-Temperatur miteinander verbindet, entspricht nach biologisch-geographischen Gesichtspunkten sehr wohl dem Lebensraum der Arktis, führt aber der gedachten Grenzziehung entlang zu ähnlichen Anomalien wie eine Raumbestimmung nach Eisgrenze oder Polarkreis. Der zum eurasischen Festland gerechnete Teil des arktischen Lebensraums läge außerhalb dieser Linie, nicht aber der gleichartige grönländisch-kanadische Bereich. Verzerrungen entstünden, die der Komplexität der Arktis wiederum nur teilweise gerecht werden könnten.

Auch der Vorschlag, die Waldgrenze als bestimmende Linie anzunehmen, vermag in Kombination mit der 10° C-Juli-Isotherme lediglich auf dem Festland eine befriedigende Grenzlinie abzugeben. Die Verhältnisse auf den arktischen Inseln blieben zu willkürlich ein- oder ausgeschlossen. Die Grenze des Dauerfrostbodens (Permafrostgrenze) als Begrenzung der Arktis anzunehmen, hieße sibirische Gebiete bis zum Baikalsee (gleiche geographische Breite wie der Harz in Deutschland) der Arktis zuzurechnen. Auch eine wirtschaftsgeographische Linienführung müßte viele lokale Sonderheiten ausgrenzen. In

Rechts unten Mitte: Satellitenaufnahme der Nordhalbkugel der Erde. Wolken und Schnee- bzw. Eisfelder zeichnen sich weiß ab. Die Vegetationszonen sind rot.

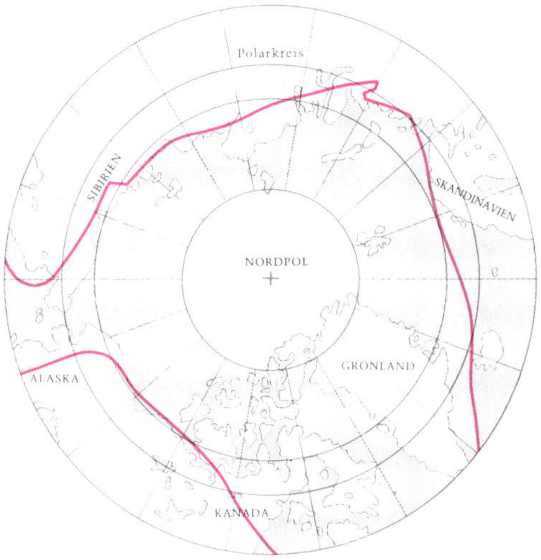

Oben: **Die 10°C-Juli-Isotherme** ist eine wichtige Grenzlinie zur Bestimmung gleichartiger biologisch-geographischer Verhältnisse rund um den Pol.

Unten: In den nördlichen Gebieten Alaskas und Sibiriens gibt es **Dauerfrostböden** mit einer Tiefe von mehreren hundert Metern. Die südliche Grenze erreicht in Alaska und Sibirien 52° nördlicher Breite.

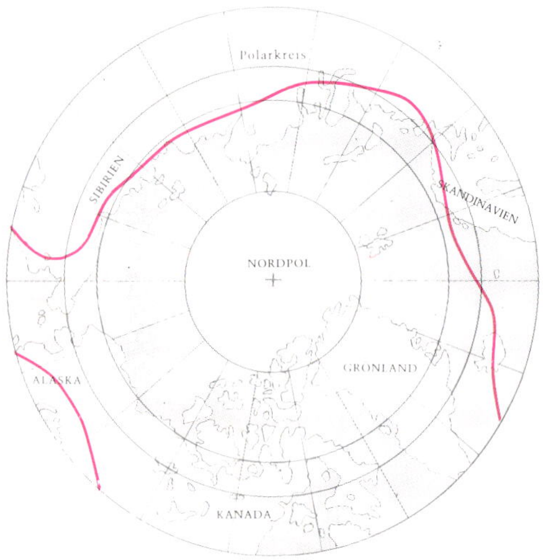

Rechte Seite: Die amerikanischen Tiros-Satelliten nahmen im Rahmen eines meteorologischen Forschungsprojekts Bilder der Erde auf. Die Gesamtaufnahme mit Europa im Zentrum wurde aus zahlreichen Einzelbildern zusammengesetzt. Deutlich erkennt man auf der wolkenlosen Sicht die Eisflächen um den Nordpol sowie die asiatischen und amerikanischen Küstengebiete.

Alaska ist bis weit in den Norden in geschützten Lagen der Brooks Range theoretisch Ackerbau möglich. Auch im Tundragebiet gediehen Gemüsekulturen. Im Matanuska-Valley bei Anchorage und um Fairbanks wird Ackerbau betrieben. Die Geophysiker plädieren für eine Grenzziehung um die Gebiete starker magnetischer Stürme, des Vorkommens der Nordlichter und der Radio-black-outs. Alle diese Definitionen führen durch Umweltdiskordanzen zu unregelmäßigen Grenzen des arktischen Raumes. A. E. Nordenskjöld hat bereits im 19. Jahrhundert eine Grenzlinie vorgeschlagen, die von verschiedenen, bereits diskutierten Charakteristika ausgeht und auf dem Land eine kombinierte Grenze von Waldgrenze sowie 10° C-Juli-Isotherme bestimmt und auf dem offenen Meer durch die maximale Eisgrenze im Winter definiert wird. Luftbilder, moderne Satellitenphotos und langjährige Klimamessungen legen die Grenze auch heute nicht wesentlich anders fest. Diese Nordenskjöld-Linie wurde im Detail von zeitgenössischen Geographen modifiziert, aber nicht prinzipiell in Frage gestellt. Der arktische Landgürtel wird heute in zwei große Abschnitte eingeteilt, die den kontinentalen Zugehörigkeiten nicht folgen: Der erste Abschnitt umfaßt den nordamerikanischen Streifen mit den Inseln und Grönland, ein zweiter den eurasischen Streifen und seine Inseln. Nordenskjöld und die meisten Polarforscher rechnen dabei den Nordrand Skandinaviens nicht mehr zur Arktis.

Während die Arktis innerhalb des Polarkreises rund 21,18 Millionen km^2 aufweist, erstreckt sie sich innerhalb der 10° C-Juli-Isotherme über 26,44 Millionen km^2. 18 Millionen km^2 sind davon Meer und rund 8 Millionen km^2 Land. Die Ausdehnung der sich daran anschließenden subarktischen Gebiete wie Island, der Norden Skandinaviens, die Übergangszonen zum gemäßigten Klimabereich Nordamerikas und Eurasiens, läßt sich nicht zuverlässig angeben. Es sind kontinentale Landstreifen mit borealen Nadelwäldern in Nordamerika und in der sibirischen Taiga, die durch zahlreiche Seen und Flüsse gegliedert sind. Diese Subarktis ist aber als Lebensbasis für Mensch und Tier im arktischen Raum von großer Bedeutung.

Die Arktis stellt nach verbreiterter populärer Vorstellung eine «Wüste aus Schnee und Eis» dar. Doch dieses Bild eines lebensfeindlichen Raumes trifft nur bedingt zu. Die Inseln Jan Mayen, die Bäreninsel und Spitzbergen bieten gewaltigen Vogelkolonien vorzügliche Lebensbedingungen. Ins Tal des Yukon in Alaska kommen 24 Millionen Zugvögel, um hier zu brüten. In der Inselwelt der Bering-Straße tummelt sich im arktischen Sommer eine Dreiviertelmillion Meeressäuger: Seekühe und Seelöwen, Seehunde und Wale. Im Packeis um Grönland leben Hunderttausende von Seehunden.

Die reichen Mineralvorkommen, Lagerstätten von Kohle, Erdgas und Erdöl haben die arktischen Küsten längst zu begehrten Fördergebieten für Kanadier, Amerikaner und Russen gemacht. Der Moloch der Industrialisierung und seine Begierde nach Rohstoffen haben in die bis zur Jahrhundertwende noch weitgehend unberührten Räume die Danaergeschenke des Raubbaus, der Vernichtung von Lebensräumen, Umweltverschmutzung, Dezimierung von Tierarten gebracht.

Die Arktis zieht seit über einem Jahrhundert, intensiviert nach dem Ende des Zweiten Weltkrieges, jährlich wissenschaftliche Expeditionen an. Klimaforschung, Meeresbiologie, Geophysik, Ökologie, Meteorologie, Geologie finden hier ein faszinierendes Tätigkeitsgebiet. Zu den jüngsten Entdeckungen gehören aber auch Schreckensmeldungen, die auf die fortgeschrittene Zerstörung der das Leben schützenden Ozonschicht hinweisen. Amerikanische und europäische Wissenschaftler stellten zu Beginn des Jahres 1992 fest, daß die Ozonschicht über der Nordhalbkugel schon stark ausgedünnt ist und in den nächsten Jahren ein gleich großes Ozonloch über der Nordhalbkugel der Erde entstehen wird, wie über dem Südpol. Die Konsequenzen dieser ökologischen Katastrophe sind noch nicht absehbar.

Neue Erkenntnisse haben unser Bild der Erde sich verändern lassen, und die Arktis hat in unserem Bewußtsein einen viel bedeutenderen Platz erhalten.

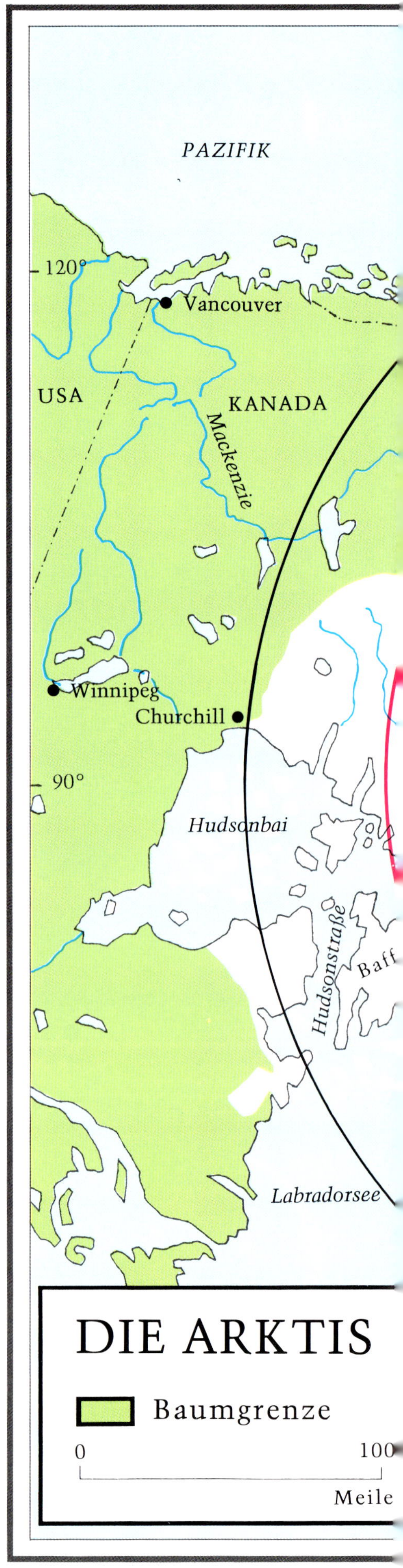

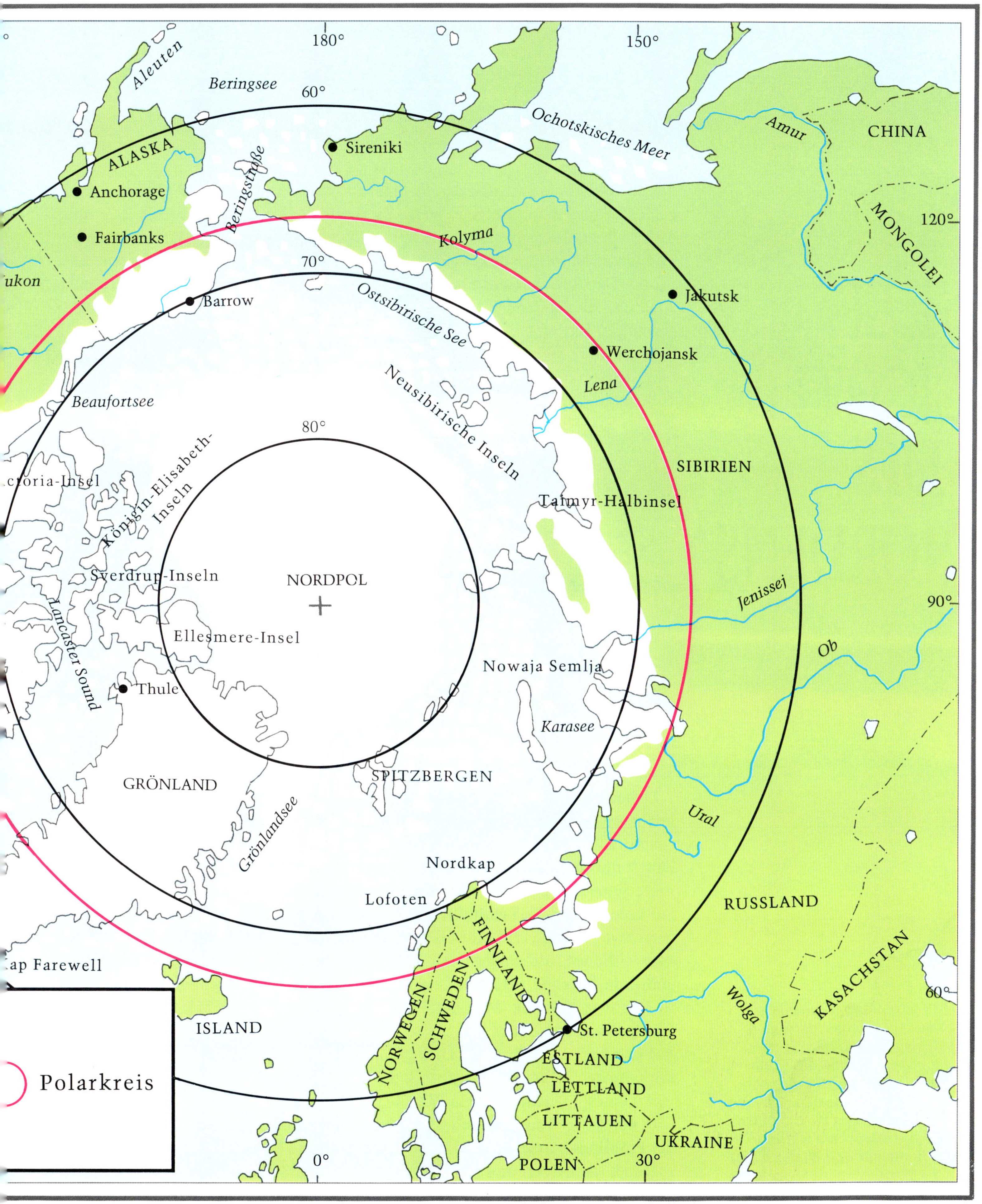

180°
150°
120°
90°
60°
30°
0°
60°
70°
80°
Aleuten
Beringsee
Ochotskisches Meer
Amur
CHINA
MONGOLEI
ALASKA
Sireniki
Anchorage
Fairbanks
Beringstraße
Kolyma
Jakutsk
Barrow
Ostsibirische See
Werchojansk
Lena
Beaufortsee
Neusibirische Inseln
SIBIRIEN
Königin-Elisabeth-Inseln
Taimyr-Halbinsel
Sverdrup-Inseln
NORDPOL
Jenissej
Lancaster Sound
Ellesmere-Insel
Ob
Nowaja Semlja
Thule
Karasee
GRÖNLAND
SPITZBERGEN
Ural
Grönlandsee
Nordkap
Lofoten
RUSSLAND
FINNLAND
KASACHSTAN
Wolga
ISLAND
NORWEGEN
SCHWEDEN
St. Petersburg
ESTLAND
LETTLAND
LITTAUEN
UKRAINE
POLEN
Polarkreis

DIE LICHTER DES NORDENS

Weiß, das sich ins Blaue verliert, oder, wenn man so will, Blau, das ins Weiße hinüberfließt. Das sind die Farbnuancen des Bodens in der Arktis, der einem mit zunehmender Gewöhnung monoton und farblos erscheint. Will man die in Wirklichkeit üppige Farbenpracht dieser eigenen Welt entdecken, muß man nur den Blick weiter nach oben zum Himmel schweifen lassen.

Auf dem arktischen Kontinent geht die Sonne nicht im Osten auf und im Westen wieder unter, wie wir es gewohnt sind, sondern sie kann Ende Februar an ein und derselben Stelle hochsteigen und wieder versinken. Oder sie kann gegen Ende der langen Winterzeit, wenn die Erde wieder mehr Sonnenlicht erhält, stundenlang als orangefarbener Strahlenkranz unbeweglich am Horizont stehen – dann erinnert ihre unverändert starke Leuchtkraft an einen fremdländischen Mond. Den Reisenden nimmt die Wirkung dieses milchigen, immer in dieselbe Richtung fließenden Lichts so sehr gefangen, daß er das Gefühl hat, die Orientierung zu verlieren und schwindelnd im Raum zu irren.

Wer sich von der Wirkung überwältigender Phänomene ganz allgemein leicht fesseln läßt, kann sich zweifellos auch dem magischen Reiz der Arktis nicht entziehen. Sie verzaubert auch oder vor allen Dingen wegen ihres Lichts, das sich, anders als in Gebieten mit milderem Klima, nicht von Tag zu Tag, sondern nur zu jeder Jahreszeit ändert.

Im Sommer bleibt die Sonne volle drei Monate am Himmel stehen; sie wandert im 24-Stunden-Rhythmus horizontal am Horizont entlang und nicht vertikal, wie wir es aus unseren Breitengraden gewohnt sind. Im Herbst scheint sie stundenlang auf der gleichen Höhe über dem Horizont zu schweben. Im Winter taucht die Sonne überhaupt nicht auf, und der Himmel ist schwarz. Wenn sich der Frühling nähert, strahlt sie jedoch wieder mit solcher Kraft, daß das Eis schmilzt und nährstoffreiches, für alle Lebewesen der Arktis unverzichtbares Süßwasser freigibt. In den wärmeren Monaten erfüllt sie die Pflanzenwelt mit neuem Leben, wobei besonders die Algen mit einem täglichen Wachstum von 20 Zentimetern von ihren kräftigen Strahlen profitieren. Begünstigt durch Eiskristalle in der Atmosphäre, klare Luft und ebenmäßige Bodenbeschaffenheit, bietet die Arktis eine große Palette spezieller Lichteffekte, darunter auch die berühmten Luftspiegelungen, die früher auf die Seefahrer so große Faszination ausübten.

Dabei handelt es sich nicht um Halluzinationen von Entdeckern, die vielleicht einer plötzlichen Sinnestrübung erlegen waren, sondern um wissenschaftlich belegte Phänomene. Sie entstehen, wenn das Licht unterhalb des Horizonts durch kalte Luftschichten nach oben hin gefiltert wird und dann wärmere Schichten erreicht. Ähnlich wie optische Linsen schicken diese das Licht zur Erde zurück. Das verblüffende Ergebnis ist ein klares, wenn auch ein wenig verschwommenes Bild eines Gegenstandes, der in Wirklichkeit außerhalb des menschlichen Blickfeldes liegt. Im arktischen Sommer werden unter der Horizontlinie liegende Inseln, Küsten und Schiffe häufig durch solche optischen Phänomene sichtbar. Man erzählt, daß sie in der Geschichte der Seefahrt im Nordpolarmeer nicht ohne Bedeutung waren. Die ersten Europäer, so sagt man, hätten nämlich Nordamerika nur gefunden, weil sie sich – in diesem Fall zu ihren Gunsten – von luftgespiegelten Landstrichen hätten irreleiten lassen, die viel näher schienen, als sie in Wirklichkeit waren.

In der Arktis kann es auch passieren, daß man drei Sonnen sieht. Bei Einzug des Frühlings herrscht zwar immer noch klirrende Kälte, aber das Licht wird allmählich intensiver, und es bilden sich Eiskristalle in der Luft, die das Sonnenlicht brechen und reflektieren. So kommt es zu Leuchterscheinungen, die man

Rechte Seite: *Aurora borealis jenseits des Polarkreises im Norden von Fairbanks in Alaska. Einst glaubten die Eskimos, das Nordlicht sei der Lichtschein ungeborener Kinder und brennender Fackeln, mit denen die Toten die Lebenden auf der Jagd erleuchten wollten. Erst seit kurzem sind Wissenschaftlern die physikalischen Ursachen dieses Phänomens bekannt.*

Oben: *Ein Dorf oberhalb des Polarkreises. Das Leben ist hier so anders als im Süden, daß man die Arktis «Planet im Planeten Erde» getauft hat. Intensität und Lauf der Sonne unterscheiden sich hier grundlegend von den gemäßigten Klimazonen. Das Licht in der Arktis ändert sich nicht innerhalb von 24 Stunden, sondern im Laufe einer Jahreszeit.*

als «Nebensonnen» bezeichnet. Schaut man zufällig zum Himmel, kann es sein, daß neben der «echten» Sonne noch zwei weitere stehen, die zwar nicht real existieren, aber aufgrund einer einzigartigen Konstellation der Eiskristalle als wirklich empfunden werden. Diese zu beiden Seiten der Sonne stehenden Schein-Sonnen, die manchmal blaß und schwach, manchmal aber auch brennende Lichtscheiben sind, haben in der Vergangenheit den Erzählern reichlich Stoff für wundersame Berichte geliefert. Oft stießen solche Geschichten bei den Zuhörern auf Unglauben, oder sie erregten sogar den nicht ganz unberechtigten Verdacht, daß dem Erzähler wohl die Phantasie durchgegangen sei. Durch den technischen Fortschritt der letzten Jahrzehnte wurde es dann möglich, Fotografien zu machen, die den Augenzeugen schließlich doch Gerechtigkeit zuteil werden ließen; sie zeigten, daß solche «irrealen» Gespinste am arktischen Him-

Folgende Doppelseite: *Inuitjäger auf dem gefrorenen Ozean nördlich der Beringstraße im schwachen Februarlicht. Es herrscht klirrende Kälte mit Temperaturen von minus 40 Grad. Wenn die Sonne in den wenigen hellen Stunden stärker wird, bilden sich in der Luft Eiskristalle, welche die Sonnenstrahlen brechen und reflektieren, so entstehen die «Nebensonnen». Als genaues Abbild der Sonne stehen sie rechts und links neben ihr.*

mel durchaus auftauchen können. Aber kein meteorologisches Ereignis beeindruckt und beflügelt die Phantasie stärker und läßt mehr Mythen und Legenden entstehen als die «Aurora borealis», das Nordlicht, jenes farbige Lichtflackern in der Dunkelheit des Hohen Nordens, eines der größten Naturschauspiele am Himmel.

Die verschiedenen geometrischen Formen der Lichter wurden bereits wissenschaftlich untersucht und in eine genaue internationale Klassifikation eingeordnet. Die einzelnen Varianten des Nordlichts unterteilt man in zwei Hauptgruppen, je nachdem, ob sie eine strahlenförmige Struktur haben oder nicht. Innerhalb dieser Klassifikation spricht man von Strahlen, Vorhängen und Kronen oder von ruhigen und pulsierenden homogenen Bögen, von pulsierenden Flächen und von schwachem Glühen. Schon diese paar Begriffe genügen, um den «unruhigen» Charakter des ganzen Phänomens zu verdeutlichen.

In einer mittelalterlichen norwegischen Handschrift von 1200 wird das Nordlicht in poetisch klingender Sprache beschrieben. Die Aurora borealis «erscheint als in der Ferne aufsteigende, kräftige Feuerzunge. Gepunktete Pfeile unterschiedlichster Größe schießen steil in die Lüfte, so daß mal der eine, mal der andere hoch über allen steht, und leuchtende Wogen lodern wie glühende Stichflammen auf.» «Manchmal sprüht es Funken wie ein glühendes Schmiedeeisen. Wenn die Nacht vorüber ist und der Morgen dämmert, beginnt es zu verblassen und verschwindet schließlich bei Tagesanbruch ganz.»

Der Forscher Robert Edwin Peary, der 1909 als erster den Nordpol erreicht haben soll, war von der Aurora borealis regelrecht verzaubert. Als man ihn nach zwanzigjähriger Forschungsarbeit in Grönland fragte, warum er immer noch hartnäckig durch diese trostlosen Gegenden zöge, die sich wie ein Ei dem anderen glichen, antwortete er, daß er nach Nordlichtern suche. «Ich habe so viele gesehen und werde ihrer doch nicht müde.»

Zu Pearys Zeit hatte man noch eine recht unklare Vorstellung von den Leuchterscheinungen. Man erklärte sich das Polarlicht als Widerspiegelung des Sonnenlichts durch die Eisdecke. Sicherlich war diese Erklärung ein entscheidender Fortschritt im Vergleich zu der 2000 Jahre älteren Theorie Aristoteles', des berühmtesten Wissenschaftlers und Philosophen der Antike. Obwohl der große Denker weit entfernt von den Polargebieten in Griechenland lebte, wußte er doch um dieses Phänomen; in einem Teil seines monumentalen Werkes, den er dem Studium der Wetterkunde widmete, behauptete er, die Polarlichter entstünden durch Dämpfe, die sich beim Aufstieg von der Erdoberfläche entzündeten. Die wahre Ursache mußte man jedoch in einer ganz anderen Richtung suchen. Die Aurora borealis entsteht nicht über dem Boden, sondern im Himmel, genauer gesagt, in der Sonne.

Auf der Oberfläche unseres Zentralgestirns werden – besonders zu bestimmten Zeiten – glühende Strahlen freigesetzt, die elektrisch geladene Teilchen mit einem Überschuß an Elektronen ins All schicken. Das sind die sogenannten Sonnenwinde; sie durchqueren den Weltraum mit einer Geschwindigkeit, die zwischen 300 und 650 Kilometern pro Sekunde schwanken kann; daher legen sie die 150 Millionen Kilometer zwischen der Sonne und unserem Planeten in nicht mehr als vier Tagen zurück. Die Elektronen, die in die Bahnen des irdischen Magnetfeldes geleitet werden, treffen dann in der Atmosphäre auf Moleküle. Dadurch stellt sich eine Unzahl von Leuchtvibrationen ein, welche die Aurora borealis entstehen lassen.

Pearys Expedition an den Nordpol war natürlich ein lukratives Unternehmen. Was man ihm allerdings nicht bezahlte, war seine Leidenschaft für das Polar-

licht. In Polnähe tritt es im Schnitt nicht häufiger als fünfzigmal pro Jahr auf. Sehr viel öfter zeigt sich die Aurora borealis jedoch in dem Gürtel zwischen dem 60. und 70. Grad nördlicher Breite, der die Hudsonbai, Alaska, Grönland, Island, Skandinavien und die sibirische Küste berührt. In diesen Gebieten werden im Durchschnitt 243 Polarlichter pro Jahr gezählt. In Regionen mit gemäßigterem Klima ist die Leuchterscheinung viel seltener zu beobachten. In Mitteleuropa wird sie nur einmal oder höchstens zweimal in zehn Jahren sichtbar.

Für diejenigen, denen der entsprechende wissenschaftliche Hintergrund fehlt, ist die Aurora borealis ein riesiges, beunruhigendes, farbenschillerndes Ge-

Weltraumaufnahme des Nordlichtes. Kreisförmig steht die Aurora borealis über dem «Dach der Welt». Bei günstigen Bedingungen schillert sie in mehr als hundert Kilometer Höhe wie ein gleißend helles Leuchtkegel und legt sich als riesiger Ring um den geomagnetischen Pol. Spacelab III, Aufnahme von [illegible]5.

spenst, das sich in der Finsternis bewegt. Man kann sich gut vorstellen, daß dieses Gespenst in früherer Zeit bei den Eskimos, die mehr als jedes andere Volk damit konfrontiert waren, unheimliche Phantasien weckte. Sie hielten die Polarlichter für ungeborene Kinder, für Fackeln, mit denen die Toten den Lebenden auf der Jagd leuchten wollten, für den Widerschein von Feuern, welche die legendären «Fleischkocher» in der Ferne angezündet hatten, und für die Seelen tanzender Tiere.

Aber auch bei vielen anderen Völkern schürten die Polarlichter tief verwurzelte Ängste. Die nordamerikanischen Indianer vom Stamm der Fox deuteten sie als Vorboten von Krieg oder Krankheit; sie sahen darin die Seelen getöteter Feinde, die wiederauferstanden waren, um Rache zu nehmen. Da die Aurora borealis häufig in Rot dargestellt wurde, assoziierte man mit ihr kriegerisches Blut. Auch im Glauben vieler europäischer Völker löste sie Schreckensvisionen aus: Man sah in ihr Schlachten schlagende Götter oder gen Himmel ziehende Drachen. Germanische Stämme vermuteten hinter den Lichterscheinungen die leuchtenden Schilde der Walküren. In einer finnischen Sage heißt es, daß am winterlichen Himmel «Feuerzungen» aufsteigen, wenn eine Wölfin mit dem Schwanz Schnee aufwirbelt.

Am Himmel über dem Flußtal des Yukon in Alaska schwebt die «Rote Krone», eine Form des Nordlichts. Nordlichter gehören zu den Erscheinungsformen des Plasmas, des vierten Aggregatzustands, in dem sich zwar ein Großteil des Universums befindet, der aber auf der Erde kaum auftritt. Spacelab III, Aufnahme von 1977.

Allerdings mußte die Mythologie schnell der Wissenschaft weichen. Das bunte Gespenst aus den Volkserzählungen hat nun Eingang in wissenschaftliche Spektrogramme gefunden. Es handelt sich dabei um Forschungen, die nicht nur für ein besseres Verständnis dieses Phänomens von Bedeutung sind, sondern auch andere wissenschaftliche Belange vorantreiben. Aus diesem Grunde wurden einige Forscher damit beauftragt, die Aurora borealis das ganze Jahr über zu beobachten. Es ist eine undankbare Aufgabe, da der Winter in diesen Breitengraden die Widerstandsfähigkeit jedes einzelnen auf die Probe stellt. Bevor hier elektrischer Strom eingeführt wurde, litten die Inuit während der langen Polarnacht an tiefen Depressionen. Und auch heute noch verlassen sie ihre Häuser nur selten, wenn die Temperatur auf fünfzig Grad unter Null fällt. Daher wird das Aufleuchten der ersten Sonnenstrahlen jedes Jahr wieder als Befreiung aus einer äußerst bedrückenden Lebenssituation empfunden.

Für die Wissenschaftler, die sich mit der Aurora borealis auseinandersetzen, ist der lange Winter jedoch geradezu ein Anreiz. Auf die Forscher wirkt er, anders als auf die Eskimos, äußerst motivierend: Während die Inuit sich bei Anbruch des Herbstes auf einen langsameren Lebensrhythmus einstellen, wissen die Wissenschaftler, daß nun der ideale Zeitpunkt für ihre Forschungsarbeiten gekommen ist.

In einer Forschungsstation etwa fünfzig Kilometer nördlich von Fairbanks in Alaska kann ich diese rege Atmosphäre hautnah miterleben. Der Ort ist mit Geräten ausgestattet, die jedem Science-fiction-Film alle Ehre machen würden. Physiker aus allen Teilen Nordamerikas arbeiten hier an der Untersuchung der Aurora borealis und ihrer Konsequenzen für die Erde. Das Unternehmen geht mit Riesenschritten voran: In nur zwanzig Jahren ist man zu mehr Ergebnissen gelangt als in den 2000 Jahren zuvor. Die Station in Fairbanks ist in gewissem Sinne auch eine Weltraumbasis, denn die Wissenschaftler beschränken sich nicht nur darauf, die Aurora borealis von unten zu beobachten, sondern sie verkürzen die Distanz, indem sie präzise Beobachtungsinstrumente in den Himmel schicken. Bei günstigen Bedingungen wird eine Zwei-Stufen-Rakete mit eingebauter Telekamera in Richtung des Polarlichtes geschossen, um so dessen Geheimnis zu lüften.

Forschungszentrum Poker Flat in Fairbanks, Alaska. Mit einer kältefesten Spezialkamera werden die Farben des Nordlichts analysiert. Hier arbeiten Physiker aus allen Teilen Nordamerikas, um die Aurora borealis und ihren Einfluß auf die Erde zu untersuchen.

Neal Brown, seit über zehn Jahren Leiter des Stützpunktes, weiht mich in die «Geheimnisse» des Observatoriums ein, das Arbeitsdaten für den Start liefert. Fairbanks ist der ideale Ort für eine präzise Beobachtung der Polarlichter, die hier durchschnittlich 300 Nächte im Jahr gesichtet werden, das heißt außer in der Sommerzeit jede Nacht. Aber nicht jede Leuchterscheinung erregt die Aufmerksamkeit der Wissenschaftler. Nur manche sind von besonderem Interesse und dienen dazu, die Forschungen zu vertiefen. Brown zeigt mir die Geräte, die die entsprechende Auswahl treffen. «Auf diesem Diagramm», erklärt er mir, «sind alle Daten eingetragen, welche die Leuchtkraft der gerade beobachteten Aurora darstellen. Wir verfügen über verschiedene Methoden, um ihre Intensität aufzuzeichnen. So können wir dann die Forscher auf die richtige Fährte leiten, damit sie ganz genau an das Polarlicht herankommen, das sie gerade interessiert.»

Das zu erreichen, ist allerdings nicht einfach. Die Telekamera in der Rakete hat ein sehr scharfes «Auge», das auch schwaches, noch Hunderte von Kilometern entferntes Licht empfangen kann. Die Aurora borealis verhält sich wie eine spröde Frau, die sich ihrer Schönheit bewußt ist und ihren eifrigen Verehrern nur die kühle Schulter zeigt. Da die Nordlichter etwa hundert Kilometer entfernt sind, setzt man eine eigentlich für militärische Zwecke gebaute Rakete ein, um an sie heranzukommen. Außerdem lassen die eisigen Temperaturen der Arktis den Treibstoff so schnell gefrieren, daß er immer wieder erwärmt werden muß. Die Gefahren, die immer beim Gebrauch hochexplosiver Stoffe auftreten, zeigen sich hier in verstärktem Maße. Die Menschen verursachen allerdings noch zusätzliche Risiken, welche die Verantwortlichen konsequent berücksichtigen müssen. Da der Stützpunkt nicht weit von Sibirien entfernt ist, wird jeder Abschuß auf den sowjetischen Radarschirmen verfolgt und unterliegt daher kontinuierlichen Kontrollen. Doktor Bering von der Universität Houston, der für diese Experimente verantwortlich ist, sagte mir dazu: «In erster Linie ist es unsere Pflicht, die Flugzeuge, die dieses Gebiet überfliegen, ständig auf dem

Radar im Auge zu behalten, damit wir nicht Gefahr laufen, daß eines abgeschossen wird. Außerdem sind wir ständig mit der Federal Aviation Administration in Verbindung, damit sichergestellt ist, daß keine Flugzeuge das Abschußgebiet durchfliegen. Über den Start einer Rakete setzen wir auch das Oberkommando der U.S. Army in Kenntnis, das die Regierungen der UdSSR und Kanadas informiert.» (Wegen der schönen Augen Helenas wurde in Troja Krieg geführt, und hier soll vermieden werden, daß wegen der schönen Augen Auroras ein Weltkrieg ausbricht.)

Die «Eroberung der launischen Dame hoch oben in den Lüften» erweist sich als besonders schwierig, wenn es darum geht, die Raketen startbereit zu machen. Natürlich muß ihr Kurs sorgfältig berechnet werden, damit sie beim Aufprall nicht in besiedelte Gebiete einschlagen. Aber das ist nur ein vorläufiger Aspekt des Problems. Wenige Stunden vor dem Start nehmen die Experten des Stützpunkts das sogenannte «Windwiegen» vor, gewissermaßen das technologische Pendant zur Kunst Robin Hoods. Bevor ein Schütze die Zielscheibe anvisiert, muß er Windrichtung und -geschwindigkeit genau abschätzen, wenn er nicht will, daß der Schuß ins Leere geht. Das gleiche gilt für die Rakete, die in Richtung des Nordlichts abgeschossen wird. Da sie nach dem Start von der Erde aus nicht mehr gesteuert werden kann, lassen sich dann auch keine Richtungsänderungen mehr vornehmen. Der Punkt, von dem aus sie die Rampe verläßt, und der Abschußwinkel sind daher für den Flugkurs von entscheidender Bedeutung. Aber wie funktioniert das «Windwiegen» eigentlich? Ich sehe es mir aus nächster Nähe an: Fünf Stunden vor dem Start wird ein Wetterballon losgelassen, der die erforderlichen Informationen liefern soll. Weitere Ballons läßt man im Abstand von dreißig Minuten folgen, um so die klimatischen Bedingungen genau im Auge zu behalten.

Die umfangreichsten Berechnungen betreffen die Position des Nordlichts, deren Bestimmung ziemlich schwierig ist. Es ist eine Lichtwand, die die Größe der Vereinigten Staaten erreichen und sich mit einer Geschwindigkeit von 110 Stundenkilometern verlagern kann. Form und Ausmaß verändern sich ständig. Ein beeindruckendes Schauspiel, aber für die Techniker ein unbequemes Ziel.

Die von meinen Gastgebern ausgewählte Aurora ist nun allmählich als flakkernder Farbtupfer auf den Geräten zu erkennen. Die Rottöne entstehen durch angeregte Sauerstoffatome. Die am häufigsten auftretende Farbpalette des Nordlichts wird durch Stickstoffmoleküle und an den Rändern zusätzlich durch Sauerstoff erzeugt. Die Forscher erklären mir dazu: «Wir haben fünf Photometer, von denen jedes eine der verschiedenen Farben des Nordlichts mißt. Durch Untersuchungen mit diesen Geräten können wir uns eine genaue Vorstellung von der chemischen Zusammensetzung der oberen Atmosphäre und von der Sonnenaktivität machen, die diese Leuchterscheinung entstehen läßt.»

Eine «Lightshow» mit enormen Energieleistungen. Neal Brown erläutert dazu: «Im Grunde genommen ist die Aurora borealis nichts anderes als eine enorme elektrische Entladung mit höchster Spannung in der Erdatmosphäre. Das Ausmaß der Entladung geht allerdings über menschliches Fassungsvermögen hinaus. Es sind mehrere hundert Millionen Kilowatt. Das dabei sichtbar werdende Licht stellt nur vier Prozent der Energie dar. Der Rest wird in Wärme, Ionisation, starke Winde und andere nicht sichtbare Emissionen umgesetzt.» Natürlich drängt sich da sofort die Frage auf, ob dieses riesige Energiepotential nicht auch für den Menschen nutzbar gemacht werden könnte. Die Antwort lautet allerdings nein, denn die Aurora borealis läßt sich nicht als Energieträger einset-

Nordlichter setzen kontinuierlich elektrische Energie in die Erdatmosphäre frei. Man muß sich das so vorstellen, als ob man in einem dunklen Raum die Hände Richtung Türklinke streckt und dabei einen Schlag bekommt. Nordlichter sind nichts anderes als gewaltige Entladungen elektrischer Energie.

Unten: *Nordlicht über Fairbanks, Alaska. Durch Nordlichter entstehen elektrische Felder, die die Korrosion der Transalaska-Pipeline verstärken und deren Wartungskosten beträchtlich in die Höhe treiben. Aber die Aurora borealis richtet nicht nur Schäden an: sie ist eines der wenigen Phänomene auf der Erde, das Plasma-Untersuchungen in der Atmosphäre ermöglicht.*

zen. Sie entsteht in so großer Höhe und über einem so riesigen Gebiet, daß jeder Versuch, die Energiemengen zu «bändigen», Utopie bleiben muß.

Die Zielsetzung der Forscher sieht denn auch anders aus. Bering meint dazu: «Die Untersuchung des Nordlichts dient dazu, auch einige Aspekte unseres Lebens auf der Erde besser zu verstehen. Es ist allgemein bekannt, daß die Nordlichter, wenn sie aktiv sind, in enger Beziehung mit dem Sonnenfleckenzyklus stehen, der insgesamt 22 Jahre dauert. Das ist für uns eine Art Wegweiser bei der Untersuchung von Phänomenen auf der Erde. Wir wissen zum Beispiel, daß sich der Dürrezyklus im Westen der Vereinigten Staaten ebenfalls über 22 Jahre er-

Rechte Seite: *Das Energiepotential der Nordlichter ist größer als die gesamte Weltenergieproduktion. Von den mehreren hundert Millionen Kilowatt Energie werden jedoch nur knapp 4 Prozent durch die Aurora borealis sichtbar. Die restliche Energie wird in Form von Wärme, Ionisierung, extremen Winden und anderen unsichtbaren Emissionen die Atmosphäre freigesetzt.*

streckt, und das ist sicherlich kein reiner Zufall. Uns gibt es vielmehr Grund zu der Annahme, daß hier die Aurora borealis im Spiel ist. Wie sie auf die klimatischen Entwicklungen auf der Erde wirkt, muß zwar noch aufgeklärt werden, aber man weiß jetzt schon mit Sicherheit, daß es solche Effekte gibt. Die enorme Kraft, die durch Nordlichter freigesetzt wird, kann sowohl für Satelliten im Weltraum als auch für bodengestützte Einrichtungen eine Reihe von Konsequenzen haben. Man denke zum Beispiel an die Erdölpipeline, die hier in Alaska, wenige Kilometer von unserer Station entfernt, gebaut wurde. Bei besonders intensiver Tätigkeit fließt in der Erdölleitung elektrischer Strom mit mehreren

hunderttausend Ampere. Folglich steigt die Korrosion der Anlage, und damit gehen auch die Wartungskosten in die Höhe.»

Wenn die Arbeiten abgeschlossen sind, wird wahrscheinlich bewiesen sein, daß die Nordlichter viel «Unwesen» treiben. Sie lösen unter anderem Schaltungen im Stromnetz aus und sorgen für Störungen im Telekommunikationssystem. Dennoch fasziniert die Aurora borealis die Experten, und zwar sicher nicht nur aus sentimentalen Gründen. Sie liefert der Forschung wertvolle Hinweise, weil sie eines der wenigen Phänomene in Erdnähe ist, das Plasmauntersuchungen in der Atmosphäre ermöglicht. Das Plasma ist ein «Zustand» der Materie, der bei uns auf der Erde fast gar nicht auftritt. Normalerweise lernt man in der Schule, daß es drei Aggregatzustände gibt: einen flüssigen, einen gasförmigen und einen festen. Es gibt aber noch einen vierten Zustand, das Plasma. Es ist genau genommen ein außergewöhnlicher gasförmiger Zustand, der durch Ionisation fast aller Moleküle entsteht. Im Labor kann man solche stark ionisierten Gase herstellen, aber in freier Natur treten sie nur äußerst selten auf. Was auf der Erde eine Ausnahme darstellt, ist im Himmel jedoch die Regel. Neal Brown erläutert dazu: «Das Universum besteht zu über 99 Prozent aus Materie im Plasmazustand. Fest- und Flüssigstoffe, Luft und Gase, wie wir sie auf der Erde haben, bilden nur einen geringen Bestandteil. Ein Sonnensturm ist eine Plasmaeruption, die von unserem Zentralgestirn ausgeht, den Weltraum durchquert, mit dem Magnetfeld und der Luft über der Erde reagiert und dann wiederum Plasma entstehen läßt. Sonnenstürme ereignen sich jeden Tag, und auch die Nordlichter folgen im gleichen Rhythmus aufeinander. Im Sommer kann man sie jedoch nicht erkennen, weil sie durch das ständig vorhandene Sonnenlicht verdeckt werden. Daher warten wir Wissenschaftler jedes Jahr voller Spannung auf die Tage der großen Finsternis.»

Die Aurora borealis überbringt uns Nachrichten aus dem mit Plasma durchsetzten Weltall und liefert auch Erklärungen für Dinge, die auf der Erde geschehen. Vielleicht kann sie uns bald auch bei der praktischen Anwendung technologischer Erkenntnisse nützlich sein, wie bei der Weiterentwicklung der kontrollierten Kernfusion, die zur Energiequelle des nächsten Jahrhunderts avancieren könnte.

Der norwegische Wissenschaftler Sophus Tromholt schrieb über das Nordlicht: «Kein Pinsel kann dieses Wunder bannen, und Worte können seine erhabene Schönheit nicht beschreiben.»

Hundert Jahre später beginnt das Nordlicht, seine Geheimnisse langsam zu enthüllen … Und dennoch stehen wir nicht weniger demütig, nicht weniger von Ehrfurcht erfüllt vor den legendären Lichtern des Hohen Nordens.

Nordlicht über der Hudsonbay in der kanadischen Arktis. Im Laufe der Jahrhunderte lieferten die überwältigend starken und außerordentlich schönen Nordlichter Stoff für zahlreiche Sagen und Mythen. Die Fox-Indianer betrachteten sie als Vorboten von Kriegen und Seuchen; sie sahen darin die Seelen getöteter Feinde, die auferstanden [illegible]en, um Rache zu nehmen. Andere deuteten die Lichter als tanzende Tierseelen, vor allem von Rentieren, Seehunden und Belugas.

Mündung des Kangiagletschers in Westgrönland.
Im Sommer geht die Sonne drei Monate lang nicht unter; sie wandert innerhalb von 24 Stunden horizontal – und nicht vertikal, wie wir es gewohnt sind – am Himmel entlang.

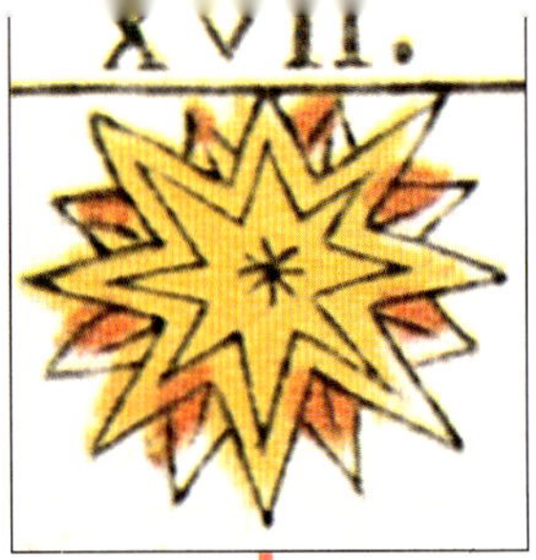

UNTER DEM POLARSTERN

Links: Die Polkappe mit der gedachten Erdachse, die senkrecht zum Polarstern führt. Der abgebildete Polarstern ist ein Ausschnitt aus einer italienischen Tarockkarte des 19. Jahrhunderts mit astrologischen Symbolen.

Seit Urzeiten war die Menschheit der nördlichen Breiten gebannt von Mitternachtssonne und Polarlicht, von dem geheimnisvollen Erdmagnetismus, Polartag und Polarnacht, fasziniert von der Vorstellung eines fernen Kontinents ewiger Kälte in Schnee und Eis. Seit die geistig fortgeschrittenen Kulturen der Menschheit im Mittelmeerraum den Polarstern als verläßlichen Richtungsanzeiger am Firmament entdeckten, trachteten sie danach, zum vermeintlichen Ende der Welt, dem Abgrund zur Finsternis, vorzustoßen. Obwohl seit der Antike Mythen und Rätsel des Erdteils hinter der einst für undurchdringlich gehaltenen Packeiskette entschleiert und gelöst wurden, ist es gerade erst 100 Jahre her, seit Fridtjof Nansen zwischen 1893 und 1895 beweisen konnte, daß im Norden um den Pol kein Land, sondern ein Ozean sich ausbreitet. Das Nordmeer sei aber von einer Land vorspiegelnden Decke aus Pack- und Treibeis überzogen. Für die Antike lag im Norden das sagenhafte Land Thule, das ein griechischer Seefahrer namens Pytheas um 310 v. Chr. erreicht oder gesichtet haben soll. Doch wohin Pytheas auch gelangte, ob «nur» nach Norwegen oder noch weiter nordwärts bis Island: Was er seinen Zeitgenossen über die Gebiete jenseits ihrer sicheren geographischen Kenntnisse mitteilte, stieß auf Unglauben. Der bedeutende Geograph Strabo konnte die Berichte von Ebbe und Flut oder ewiger Nacht und schwimmenden Bergen von Eis nicht glauben. Er nannte den ersten Entdecker, der bis zum Polarkreis vorgestoßen sein mochte, einfach «ein großes Lügenmaul». Das auf Pytheas zurückgehende Wissen der Alten Welt über den Norden ist aber schon bemerkenswert. In Thule, so berichtete der Grieche, falle zur Zeit der Sommermonate der Pfad der Sonne um den Himmel mit dem Lauf des Großen Bären zusammen. Nachts kehre die Sonne lediglich für einen Schlaf von wenigen Stunden zurück. Die Nacht sei also sehr kurz, und die Sonne gehe rasch wieder auf. Umgekehrt müsse es dem jahreszeitlichen Wechsel entsprechend im Winter sein. Schließlich gäbe es sogar Gebiete, in denen es nur einmal pro Jahr Nacht und Tag sei.

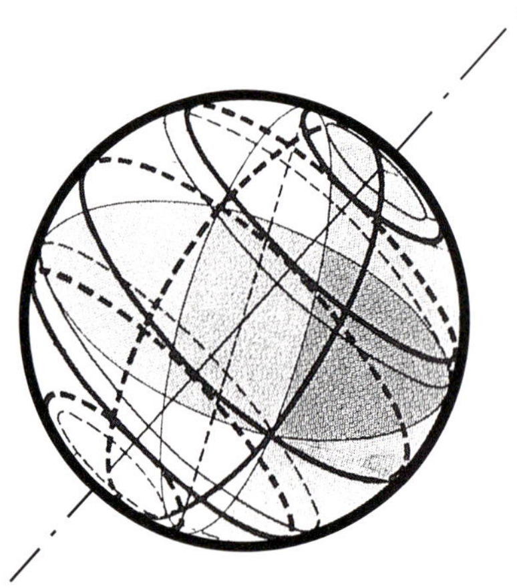

Natürlich wußten die schriftunkundigen Völker am Polarkreis mehr als der gebildetste Grieche, aber ihr Wissen gelangte nicht in die Gelehrtenstuben. Bis

Oben: Bei den Tschuktschen Nordostsibiriens bildet der Polarstern den Endpunkt einer Achse der Welt zwischen Morgen (oben) und Abend (unten). Die Milchstraße verbindet das Zentrum mit dem Morgen. Am Abend feiern Schamanen ein Opferritual.

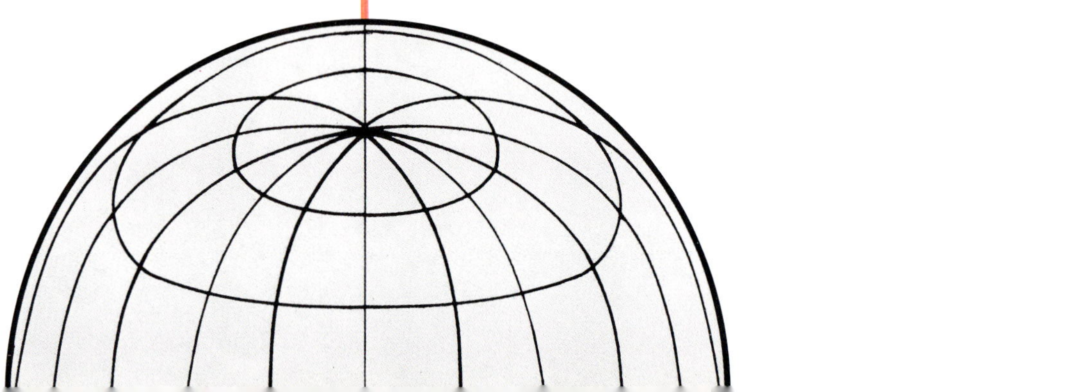

Links und Mitte auf S. 38: Betrachtet man vom Pol aus (linke Seite, Mitte rechts) den Polarstern (links), so steht dieser als gedachte Verlängerung der Erdachse im effektiven Stand zur Sonne im Mittelpunkt des Sternenhimmels.

Unten: Der Polarstern scheint bei einer Langzeitaufnahme stillzustehen; die anderen Sterne kreisen dann um ihn herum. So entstehen die effektvollen «Streichspuren».

Ganz unten: Darstellungen mythischer Weltbilder finden sich häufig auf Schamanentrommeln. Aus der Unterwelt erhebt sich als Weltachse ein Weltenbaum über die belebte Erde bis in den Götterhimmel.

zur beginnenden Neuzeit wußte die Schulweisheit der Europäer nicht, was Pytheas mit Umschreibungen wie «geronnenes Meer» meinen mochte oder was die «Meerlunge» war, eine anschauliche Begriffsbildung für die anhaltenden Sommernebel über Land und Meer des arktischen Raumes. Doch der Vorstoß nach Norden wird noch durch eine andere Leistung der Griechen ergänzt, denn sie waren nicht nur Seefahrer, sondern auch hervorragende Beobachter der Natur und des Sternenhimmels. Hipparchos von Nikäa, einer der berühmtesten Astronomen des 2. Jahrhunderts v. Chr., schrieb damals: «Am Himmelspol gibt es keinen Stern, sondern dieser Ort ist leer, und nahe ihm stehen drei Sterne, mit denen der Punkt am Pol ein fast regelmäßiges Viereck bildet.» Dies sagt auch Pytheas aus Massalia (die damalige griechische Kolonie Marseille, aus der Pytheas stammte).

Die Griechen haben aber nicht nur die ersten Aufzeichnungen über die wahrscheinliche Natur des hohen Nordens hinterlassen. Auch der Name Arktis wurde vom griechischen Wort «arktos» abgeleitet und bedeutet Bär. Damit bezeichneten sie das uns vertraute Sternbild des Kleinen Bären (auch Kleiner Wagen genannt), dessen letzter Stern (die «Deichsel» des kleinen Wagens) identisch ist mit dem Polarstern. Es ist ein astronomisches Gesetz, daß der Polarstern stets über dem Horizont bleibt, solange die Distanz des Sterns vom sichtbaren Himmelspol kleiner ist als die Höhe des Pols. Der Name Arktis wurde zur allgemeinen Bezeichnung der Meere und Landflächen rings um den Pol.

Für uns wurden die Begriffe Arktis und Polargebiet gleichbedeutend mit Norden und Eis. Das ist, erdgeschichtlich betrachtet, jedoch nicht immer so gewesen, denn das Magnetfeld unseres Planeten ist ständigen Schwankungen unterworfen. Die Erdachse ist also keineswegs stabil, sondern sie hat in der Vorzeit an verschiedenen Punkten die Erdoberfläche durchstoßen. Allerdings blieb die Richtung der Erdachse im Raum dabei wahrscheinlich konstant. Nach Alfred Wegeners Kontinentaldrifttheorie (Kontinentalverschiebung) wird nur die Oberfläche mit den Kontinentalplatten von einer Verschiebung erfaßt. Zur Ruhe ge-

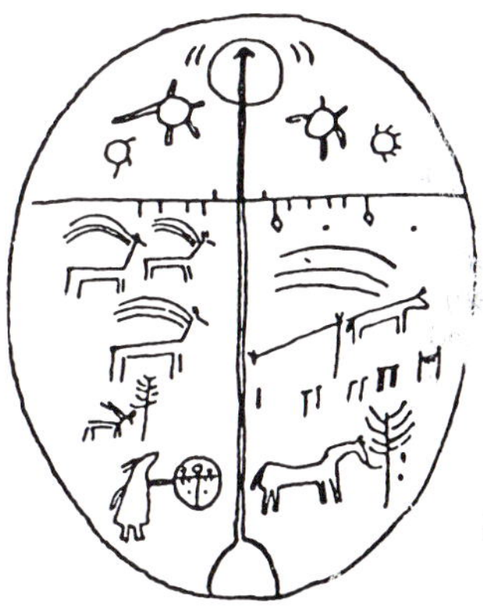

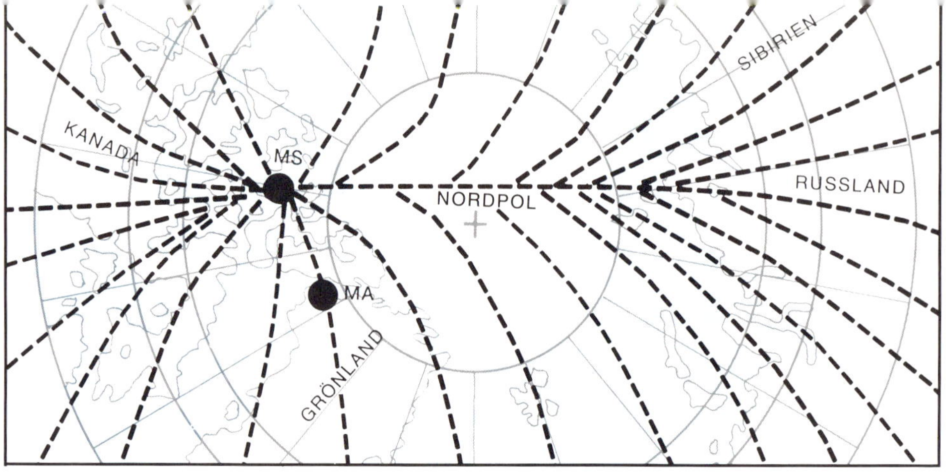

Rechts: Die Drehachse der Erde durchstößt als gedachte Linie an den als geographische Pole bezeichneten Stellen die Erdoberfläche. Diese Pole werden als «Nord- und Südpol» bezeichnet. Die geomagnetische Achse der Erde weicht von der Drehachse aber erheblich ab. Ihre Durchstoßpunkte werden geomagnetische Pole genannt. Dieser Pol der geomagnetischen Achse liegt im äußersten Nordwesten Grönlands. Der Punkt, der den Nordpol der Kompaßnadel anzieht, liegt von dieser Achse etwa um 1000 km entfernt. Nur dort wirkt die erdmagnetische Kraft senkrecht (90°) auf die Erdoberfläche. Der magnetische Südpol der Arktis ist wie der magnetische Nordpol der Antarktis nicht unveränderlich. Er verschiebt sich um bis zu 16 km pro Jahr.

kommen, das beweisen der Vulkanismus und die Erdbeben der großen Spaltensysteme, ist die Erdoberfläche nicht.

Das Gesicht der Erde wandelt sich, und Kohlevorkommen der Polregionen belegen radikale Klimaveränderungen in den Erdzeitaltern. Die Kontinentaldrift erklärt die Entstehung der eisbedeckten Pole aber nicht. Die Vereisung der Pole muß auf die Ekliptik und die Stellung der Erdachse zur Sonne zurückgeführt werden. Der Südpol liegt auf einer weggedrifteten Erdplatte, der Nordpol bildete sich dagegen auf dem freien Meer.

Oben: Auf der Nordpolkarte von 1595 ging Mercator von der Vorstellung aus, dieses Gebiet läge in einem See inmitten von vier Inseln, verankert auf einem schwarzen Felsen.

Der geomagnetische Pol, also der Pol des magnetischen Feldes der Erde, der mit dem geographisch bestimmten Pol nicht identisch ist, wandert in Zeiträumen von mehreren tausend Jahren vom geographischen Nordpolar- zum Südpolargebiet und wieder zurück. Diese sogenannte vollständige Polumkehr beansprucht allerdings Zeiträume von einigen hunderttausend Jahren. Die Wanderrouten lassen sich in den Sedimentschichten ablesen. Jüngste Untersuchungen konnten zwei Routen feststellen: einmal über Amerika, zum anderen über Ostasien und Australien.

Mit den Polen sind eine Reihe astronomischer und geophysikalischer Phänomene bzw. Gesetzmäßigkeiten verbunden, die nur hier auftreten. Am Nordpol gibt es nur eine Tageszeit, nämlich Mittag, weil die Sonne immer im Süden steht. Die Phänomene Polartag (150 Tage am Nordpol, 182 Tage am Südpol) und Polarnacht (175 zu 183 Tagen) erklären sich aus dem «Lauf» der Sonne und der Bahn der Erde: Innerhalb von 24 Stunden zieht die Sonne einen zwar nicht mathematisch genauen, aber annähernd horizont-parallelen Kreis um den Nordpol. Weil die Erde aber auf ihrer elliptischen Bahn um die Sonne dem Zentrum unseres Planetensystems im Monat Januar näher ist als im Juni, bewegt sich unser Planet in Zeiten der Sonnennähe schneller als im Zeitraum der Sonnenferne. Das erklärt die unterschiedliche Länge von Polartag und -nacht.

Der geographische Nordpol liegt exakt auf 90° nördlicher Breite über dem Packeis mitten im Arktischen Ozean, der hier 4290 m Tiefe erreicht. Stünde man am 21. Dezember am Nordpol, so sähe man in der zeitlichen Mitte der Polarnacht keinen Stern, der von uns als feststehend empfunden würde. Die Sterne scheinen alle von links nach rechts zu wandern. Auf einem über längere Zeit belichteten Film bilden dann die Sterne verschiedenfarbige konzentrische Kreise, alle verlaufen parallel zum Horizont bis zu einem inneren Raum von weniger als 2° Durchmesser, der unmittelbar über dem Nordpol liegt und leer ist.

«Aurora borealis» lautet die wissenschaftliche Bezeichnung für das Nordlicht, nach F. Nansen «alles übertreffend, was man träumen kann». Der Faszinationskraft des Nordlichts (auch Polarlicht genannt) erlagen nicht nur Touristen auf Nordlandreisen, sondern auch gewöhnlich kühl beobachtende Wissenschaftler. Der österreichische Geograph Carl Weyprecht schrieb vor über hundert Jahren von «dem breiten, flammenden Wimpel», dessen Ende sich so weit

Links: Der abendliche Sternenhimmel im Juli mit dem Polarstern (rot markiert).

Unten: Sternbilder der nördlichen Halbkugel in der Vorstellung des 17. Jahrhunderts. Auffällige Sterngruppen wurden seit Beginn der Astronomie phantasievoll zu Figuren und Figurengruppen zusammengestellt.

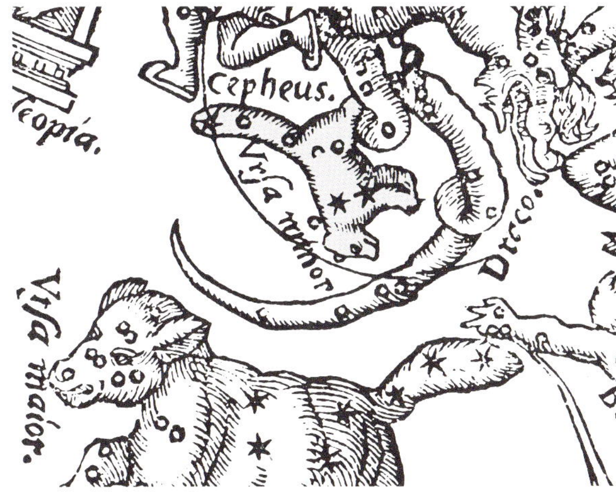

in der Ferne verliere. «Das Licht wird immer intensiver, die Lichtwellen folgen sich rascher, an dem oberen und unteren Rand des Bandes treten die Regenbogenfarben hervor, das glänzende zarte Weiß der Mitte ist unten von einem schmalen Streifen rot, oben grün eingefaßt. Aus einem Bande sind mittlerweile zwei geworden; das obere näherte sich immer mehr dem Zenit, jetzt beginnen die Strahlen daraus hervorzuschießen in der Richtung nach dem Punkt in der Nähe des Zenit, gegen den der Nordpol der freien Magnetnadel zeigt. Das Band hat ihn nahezu erreicht, und es beginnt nun für kurze Zeit ein prachtvolles Strahlenspiel, dessen Centrum der magnetische Pol ist, ein Zeichen des innigen Zusammenhangs der ganzen Erscheinung mit den geheimnisvollen magnetischen Kräften unserer Erde.»

Das Nordlicht erscheint nur in den Gebieten rund um den Nordpol im Radius von etwa 2500 km. Durchschnittlich erscheint es am Pol alle fünf Tage in den dunklen Nächten. Es ist eine besondere Strahlungsart von Sonnenlicht in den höheren Schichten der Atmosphäre. Mit dem Pol bzw. mit der geomagnetischen Achse der Erde ist, physikalisch betrachtet, die Richtungsanzeige der Kompaßnadel verbunden. Der Kompaß als Navigationshilfe bzw. als Orientierungshilfe an Land bei Nebel wird allgemein als chinesische Entdeckung angesehen. Die Araber vermittelten seine Kenntnis und Wirkungsweise erst im 12. Jahrhundert der Mittelmeerwelt. Er hat im Zeitalter der Entdeckungen eine ungeheure Bedeutung erlangt. Die Nadeln des Kompasses zeigen wohl in nördliche Richtungen, aber in der Regel nicht genau zum geographischen Nordpol. Die Kompaßnadel reagiert vielmehr auf das örtliche magnetische Feld, und das wiederum wird durch das Magnetfeld der Erde bestimmt. Beim Magnetkompaß stellt sich die Magnetnadel also auf die jeweilige erdmagnetische Nord-Süd-Richtung ein.

Weil das erdmagnetische Feld aber ständigen Schwankungen unterworfen ist und auch deutliche regionale Unterschiede aufweist, ergibt sich an vielen Orten eine Differenz zwischen der Ausrichtung der Nadel und dem exakten geographischen Norden und sogar dem geomagnetischen Pol. 1810 betrug die Abweichung für Zürich z. B. 21 Winkelgrade. Seekarten müssen wegen der Wanderung des erdmagnetischen Pols alle zehn Jahre aktualisiert werden. Mit dieser Unregelmäßigkeit bzw. Abweichung, die man wissenschaftlich als Deklination bezeichnet, können sich Pfadfinder oder Bergwanderer noch gut zurechtfinden, aber der exakte Kurs eines Schiffes oder Flugzeuges läßt sich so nicht mehr bestimmen. Genauso wenig kann ein Landvermesser nur mit der vom Kompaß vorgegebenen Richtung arbeiten. Deshalb geben topographische Karten den «veränderlichen Winkelwert der westlichen Abweichung der Magnetnadel für ein bestimmtes Jahr» an. Dieser Wert besagt, wie die Kompaßnadel zu korrigieren ist, damit die Koordinaten, den Änderungen des Erdmagnetfeldes entsprechend, stimmen. In der Schweiz z. B. beträgt die Abweichung der Nordanzeige innerhalb von zehn Jahren etwa ein Winkelgrad. Erstmals seit dem Jahre 1650 ergab sich für die östliche Schweiz im Jahr 1991 eine Übereinstimmung zwischen magnetischer und geographischer Nordrichtung. Also zeigte nur zu diesem Zeitpunkt die Kompaßnadel genau zum Nordpol.

Oben: Kompaß des 18. Jahrhunderts, von Joseph Roux für den Hafen von Marseille gefertigt.

Das gibt den Observatorien die Möglichkeit, mathematisch fast exakte Messungen vorzunehmen, die dann als Grundlage einer «Deklinationskarte der Schweiz» nach neuestem Stand dienen. Mittlerweile wurden sogenannte Gyroskope entwickelt, Kreiselkompasse, die unbeeinflußt vom Magnetfeld der Erde die wirkliche Nordrichtung anzeigen. Gekoppelt mit einem neuartigen Instrument, dem Turbomag, können sehr rasch alle magnetischen Messungen erfaßt und korrigiert werden. So entsteht also eine moderne Präzisionsmessung.

Nach den Messungen des Internationalen Breitendienstes verschiebt sich der nördliche Magnetpol pro Jahr um etwa 7,5 km in nördliche Richtung. 1980 lag er bei 77,3° nördlicher Breite 101,8° westlicher Länge. Bei seiner Entdeckung durch den Briten John Ross auf dessen Expedition nach der King-William-Insel in der kanadischen Arktis im Jahre 1831 lag er bei 70,1° n. Br. und 98,6° w. L. Die Wanderungen des Magnetpols bzw. die zeitlichen Variationen des erdmagnetischen Feldes sind auf mehrere Phänomene zurückzuführen: die Stromsysteme der Ionensphäre, Plasmaschwingungen in der Magnetosphäre, die wiederum durch die Sonnenaktivität angeregt werden. Plötzliche Variationen des erdmagnetischen Feldes werden als erdmagnetische Stürme bezeichnet. Wenn sie auftreten, kommt es zu Erscheinungen wie dem Polarlicht, zu Störungen bei der Ausbreitung von Radiowellen hoch in der Ionosphäre sowie zu Schwankungen der einfallenden kosmischen Strahlung. Für unsere hochtechnisierte Kommunikation und Versorgung führen solche plötzlich auftretenden Stürme zu Störungen des Kurzwellenempfangs, zu Schädigungen elektrotechnischer Anlagen an Bord von Schiffen und Satelliten, zum Zusammenbruch des Stromnetzes wegen plötzlicher Spannungsspitzen (so geschehen im März 1989 in der kanadischen Provinz Quebec), zum Auslösen von Strahlenalarm an Bord hochfliegender Überschall-Jets und plötzlichen Abweichungen der Kompaßnadel um mehrere Grad. Mit Hilfe von Höhenforschungsraketen, die bis 300 km hoch aufsteigen, werden zur Zeit die Wechselwirkungen zwischen dem Erdmagnetfeld und den solaren Störungen (Sonnenflecken, Sonnenwind), d. h. den unregelmäßigen Sonnenaktivitäten, erforscht (Forschungsstation in Churchill am Westufer der Hudson-Bay). Früher nahm man an, daß der Polarstern die Ausrichtung der Magnetnadel nach Norden bewirkt. Doch schon 1600 entdeckte der Engländer William Gilbert, daß man die Erde selbst als gewaltigen Magneten ansehen muß. Die Kräfte, die eine Wanderung der Pole bewirken, gehen vom Erdinnern aus. Wie das im einzelnen geschieht, ist jedoch unbekannt. Die Länge bzw. Deutlichkeit der arktischen Phänomene ist vom Beobachtungsstandpunkt abhängig. Je näher wir dem Pol kommen, sei es der geographische oder der geomagnetische, um so klarer lassen sich diese Erscheinungen erkennen.

Oben: Aurora nannten die Römer die griechische Göttin der Morgenröte. Sie kündigte die aufgehende Sonne an. Aurora borealis wurde zur Bezeichnung für das aufflammende Nordlicht.

DAS NORDLICHT

Das Nordlicht hat als noch im 19. Jahrhundert rätselhafte Erscheinung die Menschen tief beeindruckt. Das gilt nicht nur für die erste Begegnung mit diesem Lichtphänomen, sondern weil das Nordlicht in unendlichen Varianten, in unglaublichen Farbspielen und dazu noch völlig unerwartet auftaucht, auch für jedes weitere Auftreten. Fridtjof Nansen schrieb in seinem Expeditionsbericht «In Nacht und Eis» (1897) bewegt: «Worte können die Pracht nicht beschreiben, die sich unsern Augen bot. Die glühenden Feuermassen hatten sich in glänzende vielfarbige Streifen geteilt, die sich im Süden wie im Norden über den Himmel wanden und durcheinander verschlangen. Die Strahlen funkelten in den reinsten, kristallklaren Regenbogenfarben, hauptsächlich in Violett-Rot oder Carmin und im hellsten Grün. Sehr oft waren die Strahlen des Bogens am Ende rot, verwandelten sich höher hinauf in funkelndes Grün, das ganz oben dunkler wurde, und gingen in Blau oder Violett über, ehe sie im Blau des Himmels verschwanden. Oder auch die Strahlen in ein und demselben Bogen verwandelten sich von Hellrot in Hellgrün und schwankten hin und her, wie vom Sturme getrieben. Es war eine endlose Phantasmagorie von funkelnden Farben ...»

Rechte Seite: Wiederholt finden sich in Nansens Expeditionsberichten begeisterte Beschreibungen von Nordlichterscheinungen. Mehrfach hat er sie mit Farbstiften gezeichnet und danach später Holzschnitte angefertigt.

An den letzten Grenzen

Es war Oktober, und ich befand mich auf meiner ersten Reise in die Polargebiete. Wir waren in den Norden der Hudsonbai gefahren und wollten von dort aus versuchen, ein Gebiet zu erreichen, in dem jedes Jahr Hunderte von Eisbären zusammenkommen. Hier warten sie bei Anbruch des Winters darauf, daß das Meer gefriert, so daß sie den Rand des Packeises erreichen können, um dort Seehunde zu jagen. Im Winter ziehen die Bären Hunderte von Kilometern an der Küste entlang. Ihr Instinkt führt sie an die Mündung des Churchill River, wo die Bildung des Packeises wegen des Süßwassers bereits früher einsetzt. Von dort aus beginnt ihre Wanderung an den Pol.

Wochenlang zogen wir mit Motorschlitten am Rand der Tundra entlang, um diese mächtigen Raubtiere zu filmen. Damals hätte ich nicht im Traum daran gedacht, daß ich sie sogar «in Aktion» sehen würde.

Die meteorologischen Bedingungen änderten sich jeden Tag. Unsere Route führte uns oft weit ab von den kleinen arktischen Dörfern; einsam und geblendet von den unendlich weiten Eisflächen, drangen wir immer weiter in ein für uns noch unbekanntes Gebiet vor. An einem Nachmittag trafen wir drei Eskimos auf der Jagd nach Weißwalen, die an der Mündung des Churchill River leben. Der vor uns liegende Strom mündete in das bleifarbene Meer der Hudsonbai, in der unzählige kleine Eisblöcke trieben. Die drei Männer hatten den vier Meter langen Weißwal mit der Harpune gefangen und versuchten nun vergeblich, ihn auf die flachen Felsen der Bucht zu hieven. Dieses Unterfangen erwies sich als äußerst schwierig, denn der träge, über sechs Zentner schwere Leib des Tieres war zwischen den Felsen eingeklemmt. Plötzlich tauchte eine gewaltige Masse auf: ein Eisbär. Die Eskimos konnten sich gerade noch rechtzeitig in Sicherheit bringen, als sich der Bär dem toten Wal näherte. Es war ein Männchen, das hungrig versuchte, sich der unerwarteten Beute zu bemächtigen; es tat so, als hätten die Männer sie eigens für ihn erlegt. Der Eisbär schlug seine Zähne in die Brustflosse des Wals, packte mit den Tatzen den Rumpf und zog ihn langsam an Land. Die Eskimos, die zu dritt vergeblich versucht hatten, den Wal aus dem Wasser zu holen, schauten ihm frustriert zu.

Während meiner späteren Reisen in die Arktis mußte ich noch oft an diesen Vorfall denken. Das Verhalten der drei Männer hatte mich beeindruckt. Als erfahrene Jäger hatten sie sich mehrere Stunden damit abgemüht, die begehrte Beute auf die Felsen zu ziehen, aber dann mußten sie angesichts des herannahenden Bären aufgeben. Normalerweise hätten die Eskimos das Tier erschossen. In diesem Fall aber schauten sie wie gelähmt zu, wie die mächtige Muskelmasse mühelos mit einer Beute fertig wurde, die sie selbst nicht einmal zu dritt von der Stelle bewegen konnten. Ihr Verhalten machte mir klar, daß in dieser Region die Kraft des Menschen immer im Vergleich zu der gigantischen, ihn umgebenden Natur zu sehen ist. Die Eskimos betrachten sich selbst, ihr Land und die Tiere, die es bevölkern, als eng miteinander verbundene Teile eines komplexen Lebensraumes. Auch auf der Jagd sind Bären, Wale und die anderen Tiere der Arktis für sie nichts Fremdes. Die grenzenlose Eiswüste übt auf den, der sie kennenlernen will, eine unwiderstehliche Anziehungskraft aus; sie besitzt eine faszinierende Schönheit und gleichzeitig eine herausfordernde Brutalität. In dieser Region verhält sich die Natur wie ein Planet, der vom Rest der Erde unabhängig ist. «Unregelmäßigkeiten» treten besonders im Lauf der Sonne und während der Verschiebung des Eises jenseits des siebzigsten Breitengrades auf.

Von Anfang an hat mich in der Arktis die zyklopische Kraft des Eises am stärksten beeindruckt. Diese scheinbar seit Jahrtausenden unveränderte und regungslose Welt befindet sich in Wirklichkeit in ständiger Bewegung. Natür-

Rechte Seite: *Jakute mit Fellkapuze. Das Leben am Polarkreis basiert auf Jagd und Rentierzucht. Die Tiere liefern nicht nur Nahrung, sondern auch Häute und Felle für die Kleidung.*

lich erlebt man solche Phänomene am intensivsten nur vor Ort, am gefrorenen arktischen Ozean, wo die Eskimos zur Jagd aufbrechen und wo Winde und Strömungen ihre größte Kraft entwickeln.

Es ist ein kalter Nachmittag in der Arktis. Eine Gruppe von Inuitjägern zieht am Rande des gefrorenen Eismeeres entlang, etwa zwanzig Kilometer von der Küste im Norden von Point Barrow, der äußersten Spitze Alaskas, entfernt. Vor ihnen hat sich in der Eisdecke ein Kanal aufgetan. Am gegenüberliegenden Ufer treibt eine Ansammlung kleiner Eisschollen entlang. Seit zwei Wochen bin ich auf dem eisigen Meer und begleite die letzten Eskimojäger beim Walfang. Läuft man über das Packeis, vergißt man, daß sich eigentlich das arktische Meer unter den Füßen befindet. Schon der kleinste Spalt in der kilometerlangen Eisdecke, die uns mit der Küste verbindet, und ein Windstoß in die falsche Richtung würden genügen, um hoffnungslos abgetrieben zu werden. Würde jemand von einer Eisplatte auf den Kanal hinausgetragen werden, gäbe es für ihn keine Rettung. Bereits vor einigen Stunden sind zwei Boote zum Fischen auf das Wasser hinausgefahren. Vom Packeis aus beobachte ich zusammen mit den Inuit die Männer auf dem Meer, die sich, vom blendenden Weiß des Eises beinahe verschluckt, mit der Strömung hinaustreiben lassen. Sie warten auf die vorbeiziehenden Polarwale. In dieser Zeit tut sich das vor Barrow liegende Packeis, das im Winter den eisigen Ozean bedeckt hat, langsam auf, so daß die Wale ihre Wanderung ungehindert fortsetzen können. Innerhalb von zwei Wochen passieren alle achttausend Wale des gesamten Polargebietes diesen Punkt und ziehen in die Gebiete der Beaufortsee, in denen sie auch im Sommer Nahrung finden. Wer in solchen Breitengraden lebt, weiß, daß der Frühling die wichtigste Jahreszeit ist: In dieser kurzen, hellen Zeit finden die Eskimos genügend Nahrung, um sich und ihre Familien über die langen Wintermonate versorgen zu können. Und aus diesem Grund bin ich auch hier: um die uralten Jagdbräuche in der Arktis zu filmen. Denn die Jagd liefert nicht nur Nahrung, sondern stellt auch einen wesentlichen Teil der Eskimokultur dar.

Die Eskimos betrachten sich selbst und ihre Beute als eng in die Natur eingebunden. Sie nennen sich «Anuk», Mensch. Und «Mensch» wiederum bedeutet in ihrer Sprache «Jäger». Wer dieses Volk vor dem Untergang bewahren will, muß die Identität von Mensch und Jäger unbedingt respektieren. Ende des letzten Jahrhunderts wurde der Polarwal von amerikanischen und englischen Walfängern fast vollständig ausgerottet. Heute ist der Walfang für kommerzielle Zwecke verboten, und die Anzahl der Wale am Nordpol ist wieder auf achttausend Tiere angestiegen. Nur den Eskimos selbst ist es noch erlaubt, den großen Wal zu fangen, wobei natürlich die Zahl der Tiere, die pro Saison erbeutet werden dürfen, extrem begrenzt ist.

Daß hier vom Selbstverständnis des Eskimos gesprochen wird, der «immer noch Jäger» und «Teil der Natur» ist, mag überflüssig erscheinen. Fügt man aber hinzu, daß die Inuit in den letzten Jahrzehnten viele Errungenschaften und materielle Güter der westlichen Welt übernommen und sich besonders einen Teil des «American Way of Life» zu eigen gemacht haben, wird klarer, warum ich das tue. Dennoch sind die Inuit einigen Traditionen treu geblieben.

Am nächsten Tag beschließt George Amauak, der Bürgermeister von Barrow und Oberhaupt der Gruppe von Inuit-Jägern, das Camp dreißig Meilen weiter nach Nordwesten zu verlegen, wo die Packeisdecke noch geschlossen ist; dort wollen sie versuchen, die ersten Walschwärme abzupassen.

...un Uhr abends brechen wir auf. Die uns umgebende Landschaft ist ...ls das flache, glattgeschliffene Packeis des arktisch-kanadischen Archi...an das ich gewöhnt bin. Hier sind die vom Nordpolarmeer kommenden

Stürme so gewaltig, daß sie innerhalb von wenigen Minuten kilometerlange Eisflächen spalten und aufeinanderschieben können. Die so entstandenen riesigen Eisblöcke stapeln sich übereinander und bilden regelrechte Berge, die meilenweit an der Küste entlangtreiben. Während wir mit unserem Schlitten zwischen den meterhoch aufragenden, grünlichen Eismauern, die auch *pressure ridge* genannt werden, hindurchfahren, kommen wir an anderen Inuitcamps vorbei, deren Bewohner ebenfalls auf das Aufbrechen der Eisdecke warten. Tief in der Nacht erreichen wir eine Fläche, auf der wir unser Lager aufschlagen können. Die Sonne steht niedrig zu unserer Rechten, es ist windstill, und die Temperatur ist auf minus dreißig Grad gesunken. Wir sind erschöpft von der Fahrt: Für dreißig Meilen haben wir über vier Stunden gebraucht, weil wir zwischendurch mehrmals die Motorschlitten samt Gepäck durch die engen Eiskorridore hindurchschleppen mußten.

Blick über ein Eisfeld auf die Nordküste der kanadischen Baffin-Insel. Deutlich erkennt man die Mündungen mehrerer Gletscher.

Vor unserem Lagerplatz entdeckt George einen mehrere hundert Meter langen Spalt in der Eisdecke am Fuße der *pressure ridge*. Wir beschließen, hier unser

Lager zu errichten und abzuwarten, daß Strömung und Wind den Riß weiter öffnen, damit die Wale hindurchschwimmen können.

Gegen zwei Uhr morgens legte ich mich schlafen. Bevor ich mich in mein Zelt zurückzog, beobachtete ich noch, wie die Männer ihre Ausrüstung für den Walfang fertig machten. Die schwache Sonne spiegelte sich auf dem Eis wider. Sie stand in einem beinahe violetten Rot am Horizont und warf ihre leuchtenden Strahlen auf die durchsichtigen Wände der Eisblöcke. Ihr Widerschein war so stark, daß unser Zelt sich von innen rot färbte. Ich zündete meinen kleinen Campingkocher an, um darauf zwei Eisstücke aus Süßwasser zu schmelzen, die ich vom Packeis aufgesammelt hatte. Während ich darauf wartete, daß mein Teewasser kochte, kroch ich in meinen Schlafsack. Die Karibufelle bildeten zwischen mir und dem eisigen Untergrund eine wärmende Schutzschicht. Draußen hörte ich die Inuit reden, die noch die ganze Nacht weiterarbeiten wollten. Aus dem Nachbarzelt drangen Klänge eines Radiosenders herüber, der für die Kommunikation zwischen allen benachbarten Camps sorgte.

In jener Nacht waren über hundert Lager in dieser Gegend aufgeschlagen worden, und alle warteten darauf, daß die Eisdecke aufbrach. Zu Beginn des Frühlings waren die Inuit aus allen Dörfern an der Nordküste Alaskas zusammengeströmt. Als ich am nächsten Morgen wach wurde, waren die Stimmen der Jäger verschwunden. Ich hörte nur noch einen kaum merklichen Nachhall, wie man

Ein Inuitjäger wandert über den gefrorenen Ozean in der Admiralty Bay. Das Meer unter der Eisdecke ist Hunderte von Metern tief.

ihn an ruhigen Tagen an den italienischen Stränden in der Nähe der Wasserlinie zu vernehmen meint. Sofort begriff ich, daß der Spalt sich geöffnet hatte und daß der Rand der Eisdecke nah an mein Zelt herangerückt sein mußte. Innerhalb einer einzigen Nacht hatte sich der Rand der eisigen Arktisgewässer bis auf wenige Meter an unser Camp herangeschoben, das wir am Abend zuvor in der Mitte einer immensen Eisfläche errichtet hatten. Zum ersten Mal wurde mir richtig bewußt, wie brüchig das Packeis im Frühling ist: Es kann sich plötzlich öffnen und sich durch die Kraft des Windes von der Küste lösen, wobei es alles andere mit sich reißt. In der Ferne, auf der anderen Seite des Meeres, sah ich den *pressure ridge*, der noch vor einigen Stunden vor uns gelegen hatte. Mit dem Fernglas erkannte ich auch die riesigen Eisblöcke, deren Widerschein mein Zelt von innen erleuchtet hatte.

Ich war zu dieser Expedition ursprünglich mit der Erwartung aufgebrochen, den Walfang aus nächster Nähe zu erleben. Daneben machte ich jedoch eine weitere großartige Erfahrung, die man nur verstehen kann, wenn man sie selbst erlebt hat: die Bewegung des Packeises auf dem Nordpolarmeer. Mit seiner ganzen beeindruckenden Kraft offenbarte sich mir dieses Phänomen auf einer meiner späteren Reisen in den Westteil des Arktisarchipels, wo wir einen Film über die Weißwale drehen wollten. Pünktlich auf die Minute setzte unser Flugzeug «Twinotter», das für die Landung auf dem Eis eigens mit Kufen ausgestattet wor-

Inuitjäger vor Point Barrow, der äußersten Spitze Nordalaskas, an der die Polarwale vorbeiziehen.

Jedes Lebewesen der Arktis hat sich seiner Umgebung angepaßt. Einige Tiere graben Höhlen in den Schnee, andere halten bis zum Einzug des Frühlings Winterschlaf, wieder andere verfügen über einen speziellen Stoffwechsel oder über einen besonderen Körperbau.
Einige Möwen verbringen das ganze Jahr in der Arktis und werden nur selten weiter südlich gesichtet. Da sie längere Beine und schärfere Krallen haben als die meisten anderen Vögel, können sie sich gut am Eis festhalten.

den war, in der Mitte des großen Lancasterkanals auf, über 140 Meilen von der Insel Cornwallis entfernt, von der aus wir eine Stunde zuvor gestartet waren. Es war zwei Uhr nachmittags an einem strahlend hellen Tag im Juni. Nach einer Stunde hatten wir schließlich unsere gesamte Ausrüstung ausgeladen, und das Flugzeug ließ uns allein auf dem Eis zurück. Um uns herum breitete sich auf diesem Teil des Meeres eine unendliche Packeisfläche aus: Hinter uns erstreckte sich eine riesige Eisdecke, die im Westen am Horizont verschwand, und vor uns lagen die Gewässer des Lancaster Sound, auf dem das Eis mittlerweile schon geschmolzen war. In den ersten Frühlingstagen bricht es langsam auseinander und wird dann vom Wind und den Meeresströmungen in das Nordpolarmeer getrieben. Wir schlugen unser Lager auf.

Ich stand sozusagen mitten auf dem Meer, vierzig Meilen von der nächsten Küste im Süden der Prinz-Leopold-Insel entfernt. Ich bewegte mich auf der Oberfläche des gefrorenen Ozeans, der an dieser Stelle über 600 Meter tief ist. Um in Meeresnähe zu sein, bauten wir unser Zelt am Ufer des Kanals an der äußersten Kante des Eises auf. Außerdem hatten wir hier auch die beste Position, um eventuell vorbeiziehende Wale filmen zu können. Ich kniete auf dem Boden und versuchte, einen Zeltpflock in das Eis zu schlagen; das war schwieriger als angenommen, denn die Oberfläche war an dieser Stelle besonders hart. Ich hielt einen Moment inne, um zu überlegen, wo ich den Pflock leichter in das Eis treiben könnte, aber bevor ich weitermachte, wurde ich von den Felsenriffen abgelenkt, die in der Ferne aus der Eislandschaft emporragten. In diesem Augenblick spürte ich zum erstenmal, wie sich das Eis unter meinen Füßen bedrohlich bewegte. Langsam glitt mein Blick an der weiten Packeisfläche entlang, die uns von der Insel trennte. Mit den Augen versuchte ich, nach und nach abzuschätzen, wie weit sich die gesamte Fläche, auf der ich mich befand, bewegt hatte. Kilometerlange, durch den eisigen Ozean aufgeworfene Wellen zeichneten sich unter dem eisigen Teppich ab. In regelmäßigen Abständen hob und senkte sich die Fläche wie das Atmen eines riesigen Zyklopen. Angesichts der Natur um mich herum fühlte ich mich unendlich klein. Ich spürte ihre Kraft und empfand Angst, aber gleichzeitig faszinierte mich dieser Kontrast von Schönheit und Brutalität. Und genau hier liegt auch der charakteristische Widerspruch der Arktis. Er macht den ungeheuren Reiz dieser Region aus, einen Reiz, der auch heutzutage die Forscher noch genauso in seinen Bann zieht wie vor Jahrhunderten die ersten Entdecker der Arktis.

Die Natur der Nordpolarregion hat schon immer all diejenigen angezogen, auf die unbekannte Länder und Meere eine große Faszination ausübten. Kurz nachdem die Schiffe der ersten Entdecker ausgelaufen waren, folgten ihnen die Walfänger in die Polargebiete.

Das wichtigste Kapitel in der Odyssee der ersten Seefahrer, die in die Arktis fuhren, ist sicherlich die dramatische Suche nach der sagenumwobenen «Nordwestpassage». In den letzten Tagen auf dem Lancasterkanal, dem Meeresarm, der den Eingang zu dieser «Passage» kennzeichnet, kehrten meine Gedanken immer wieder zu diesem Mythos zurück.

Die lange Geschichte der Nordwestpassage geht bereits auf die ersten Monate des 19. Jahrhunderts zurück, als die Matrosen des englischen Walfängers «Scoresby» sowohl in der östlichen Arktis als auch an der gegenüberliegenden Seite im Norden der Beringstraße Wale gefangen hatten. Zu ihrer großen Überraschung fanden sie in ihrer reichen Beute auch die typischen Harpunen, die die Waljäger auf der anderen Seite des Ozeans verwendeten. Diese Entdeckung war der unwiderlegliche Beweis, daß es einen Meereskanal geben mußte, der den Pazifik mit dem Atlantik verband. Die Suche nach diesem Kanal hatte die berühmtesten Seefahrer über 300 Jahre lang an die furchterregendsten Grenzen der bekannten Welt geführt. Deshalb rief die Entdeckung der Matrosen von der «Scoresby» bei den englischen Seeleuten große Begeisterung hervor. Man sah nun mehr als einen Grund, Unternehmen zu finanzieren, die sich zum Ziel setzten, die «Nordwestpassage» zu entdecken. Würde es gelingen, dieses Ziel auch wirklich zu erreichen, so würde das dem Ansehen der englischen Admiralität als größter Seemacht der Welt außerordentlich zur Ehre gereichen. Die Wissenschaftler wiederum waren von der Idee fasziniert, in den letzten noch unerforschten Teil der Welt vorzudringen. Außerdem hatten die günstigen Wetterverhältnisse in diesem Jahrzehnt dazu beigetragen, daß ein erheblicher Teil des Packeises zwischen Grönland und Spitzbergen geschmolzen war; daraufhin plante man eine Reihe von Expeditionen. Aber im Grunde hatte die Natur den Seefahrern eine «Falle» gestellt, denn die folgenden hundert Jahre sollten in Wirklichkeit eine der größten Tragödien in der Erforschung der Arktis mit sich bringen. Oft waren die Forscher und ihre Mannschaften während der langen Polarwinter dazu gezwungen, gegen das mächtige Eis anzukämpfen. Die Eintragungen in den Logbüchern spiegeln wider, wie schrecklich solche Zeiten für die Seeleute gewesen sein müssen: «Wer nicht weiß, was ein Seemann während der winterlichen Stürme in der Arktis empfindet, für den ist auch der Begriff Eis bedeutungsleer», schrieb John Ross, der im Winter das Eismeer durchkreuzt hat-

Im Verhältnis zur großen Zahl der nordischen Meervögel sind sichere Brutplätze verhältnismäßig selten. Manches Vogelpaar muß, wie diese Dickschnabellumme, mit einem unbequemen Nistplatz vorliebnehmen.

te. «Das Eis ist hart wie Stein. Es erhebt sich zu gläsernen Bergen, durch die sich ein reißender Strom seinen Weg gräbt. Donnernd treffen sie mit mächtigem Aufprall aufeinander, schmettern sich wie im Kampf riesige Eisblöcke ab oder schlagen sich in Stücke, bis ihr Gleichgewicht ins Schwanken gerät und sie, tiefe Schluchten einreißend, mit peitschendem Knall in das Meer stürzen.»

Gefangen im unendlichen Eis und den gewaltigen Winden ausgeliefert, beim jähen Krachen des Packeises vor Schreck erstarrend und vom Dunkel der ewigen Polarnacht verschluckt, erlebten die Seeleute Augenblicke der Todesangst.

Die erste große Expedition, die die englische Admiralität organisierte, um die Nordwestpassage ausfindig zu machen, stand unter dem Befehl von John Ross. Am 18. April 1818 lichteten die beiden Schiffe «Isabella» und «Alexander» die Anker. Sie waren mit einer zusätzlichen Kimmung versehen worden, die den Rumpf verstärkte, damit sie sich besser einen Weg durch das Eis bahnen konnten.

Ross segelte an der Küste Grönlands entlang und wandte sich dann in Richtung Westen. Nach fünf Monaten erreichte er die Gewässer des Lancaster Sounds, der Mündung in die Nordwestpassage, an der die anderen Expeditionen in den vorangegangenen Jahrhunderten aufgeben mußten. (Dort hatten wir unser Lager aufgeschlagen; ich verbrachte an dieser Stelle einige Wochen auf dem Packeis und spürte zum ersten Mal auch die immense Kraft des Eises.)

Ross' Schiffe segelten langsam gen Westen. Tagelang waren sie von dichtem Nebel und Packeis umgeben. Doch die Mitglieder der Besatzung waren zuversichtlich, denn in dem noch 45 Meilen entfernten Kanal glaubten sie die ersehnte Passage zu finden. Außerdem befanden sie sich auf dem richtigen Kurs zur Westküste der Arktis. Allerdings beging Ross einen folgenschweren Fehler, der nicht nur seine Expedition nutzlos machte, sondern auch seinen Ruf für Jahre ruinierte. Als eines Tages eine Gebirgskette im Kanal auftauchte, welche die Weiterfahrt unmöglich zu machen schien, gab er seiner Mannschaft den Befehl, umzukehren. Was Ross dort gesehen hatte, war aber in Wirklichkeit nichts anderes als eine Luftspiegelung, wie sie für die Polargebiete typisch ist. Sie wirkte so echt und vollkommen, daß Ross nicht nur beschloß, zurückzufahren, sondern diese Szene außerdem in einer später berühmt gewordenen Skizze festhielt.

Nach Ross' Expedition wurden im Laufe der nächsten Jahre noch zahlreiche andere Unternehmen in der Arktis unter dem Befehl der englischen Admiralität in Angriff genommen. Man segelte auf der Höhe des siebzigsten Breitengrades und versuchte, die arktische Küste so weit wie möglich zu erkunden, wobei man niemals das Ziel aus den Augen verlor, die Nordwestpassage zu finden. William Parry war dabei am erfolgreichsten. Im Juli 1819 fuhr er in die Meerenge des Lancaster Sounds, bei optimaler Temperatur und eisfreiem Wasser. «Es ist einfacher, sich die fiebrige Angst, die in unseren Augen glühte, vorzustellen, als sie zu beschreiben», vermerkte Parry in seinem Logbuch. Für ihn war die Möglichkeit, in Gebiete vorzudringen, in die bis dahin noch kein anderer westlicher Forscher seinen Fuß gesetzt hatte, in greifbare Nähe gerückt. Mit großer Geschwindigkeit fuhr er den Kanal Hunderte von Meilen hinauf, wobei er einer Reihe von Inseln seinen Namen gab. Nachdem er die Sommerset-Insel passiert hatte, setzte er seine Reise Richtung Süden entlang der Küste fort. Der Sommer neigte sich bereits seinem Ende zu, und es bildete sich das erste Packeis. Der Kapitän änderte den Kurs und fuhr in Richtung Westen bis zum Lancaster Sound zurück. Er bewältigte die gesamte Strecke innerhalb weniger Tage und erreichte schließlich das sogenannte «mehrjährige» Eis, das nicht einmal in den Sommermonaten schmilzt und ihm bei 112° 51' geographischer Länge die Weiterfahrt

Linke Seite: *Baßtölpel sind rings um den arktischen Raum verbreitet. Auf ihren Brutplätzen trifft man oft auf Tausende von Tieren.*

Oben: *Der gänsegroße Baßtölpel, der zur Familie der Pelikane gehört, sucht in 10 bis 20 m Höhe fliegend nach Fischen und erbeutet sie in jähem Tauchstoß. Dabei taucht er beim Verfolgen der Fische bis zu 20 Meter tief.*

Folgende Doppelseite: *Die Rentierzucht bildet die Lebensgrundlage der Völker im nördlichen Sibirien und in Lappland. Alles vom Ren wird verwendet: die Zugkraft des Tieres, seine Haut, seine Sehnen, sein Fleisch und sein Geweih, das früher zur Herstellung von Werkzeugen diente und heute zu Zierobjekten verarbeitet wird.*

versperrte. Bis hierher hatte Parry den Weg zum Wellingtonkanal gefunden und auf seiner Fahrt die Cornwallis-, Griffith-, Bathurst-, Byam Martin- und Melville-Insel sowie den Barrowsound mit Namen benannt. Bei Einbruch des Winters suchte die Expedition an der Südostküste der Melville-Insel Schutz in einer Bucht. In den ersten Novembertagen senkte sich die Polarnacht über die Inseln. Von nun an würde die Sonne drei Monate lang nicht mehr aufgehen. Parry schrieb: «Auch auf große Entfernung konnte man in der ruhigen, eisigen Luft noch den Klang der Stimmen vernehmen, welche die unwirkliche Stille durchbrachen, die uns umgab.» Die Temperatur sank auf minus 50 Grad.

Ende April kündigte sich das Ende des Winters an. Da die Schiffe im Juni immer noch im Eis festlagen, beschloß Parry, die Erforschung des Lancaster Sounds mit Schlitten fortzusetzen. Im August, als die Sonne die Schiffe aus dem Eis befreit hatte, trat man die Rückreise an. Am 3. November 1820 lief die Expedition in ihren englischen Heimathafen ein, wo man ihr mit Beifallsstürmen

einen begeisterten Empfang bereitete. Und dies zu Recht, denn Parry und seine Leute hatten einen grundlegenden Beitrag zur Suche nach der Nordwestpassage geleistet. Sie hatten bewiesen, daß im Westen des Lancaster Sounds ein 600 Meilen langer Seeweg existierte. Nach Parrys Entdeckung machten sich auch andere Forscher, wie zum Beispiel Simpson, auf die Reise. Er segelte in die entgegengesetzte Richtung, das heißt von Alaska zum Atlantik hin, und machte dabei eine Verbindung ausfindig, die zwar auch auf den 110. Längengrad zuführte, ihn aber auf einem anderen Breitengrad kreuzte. Die Entdeckung des letzten Gliedes in der Kette und damit die Möglichkeit, eine Verbindung vom Nordatlantik zum Pazifik herzustellen, schien nun in greifbarer Nähe. Im Grunde ge-

Links: *Schwimmende Elchkuh; ein Jagdhund treibt sie in Richtung des Jägers.*

Oben: *Rentiere ziehen die Schlitten dieser Tschuktschen-Karawane. Der dritte Schlitten wurde mit der großen Plane für das Zelt beladen.*

nommen handelte es sich nur noch darum, den Lancaster Sound zurückzufahren und auf der Höhe des 110. Längengrades nach einem Weg in Richtung Süden zu suchen, der diesen mit einer zweiten, etwa 900 Meilen vom amerikanischen Kontinent entfernten Passage verbinden könnte.

Die Führung des neuen Unternehmens übertrug man Sir John Franklin, der gerade von einer dreijährigen Expedition am mittleren Teil der Nordküste Kanadas zurückgekehrt war und dabei zu Land und zu Wasser 5550 Meilen zurückgelegt hatte.

Aber noch einmal sollte die Arktis ihr eifersüchtig gehütetes Geheimnis vor den Seeleuten verbergen.

Franklins Expedition war gleichzeitig die faszinierendste und auch dramatischste in der Geschichte der Entdeckung dieser Region. Die Erfolgsaussichten waren hervorragend, und außerdem hatte Franklin sich ausgiebig über die Polargebiete kundig gemacht, indem er Rat bei erfahrenen Seeleuten einholte, welche die Region ausgezeichnet kannten. Folglich war er über alle bis dahin gesammelten Erfahrungen genauestens informiert, und zudem hatte er im Kampf gegen

Oben und rechts: *In Rentierfelle gekleidete Tschuktschen. Die Rentierfelle isolieren optimal gegen die Kälte. So wie für die Anhänger anderer Kulturen ist auch für die Tschuktschen-Nomaden der Fortbestand ihrer Identitätssymbole von grundlegender Bedeutung. Die Fundamente sind das Nordpolarmeer und seine Tierwelt. Am meisten müssen sie heute den Verlust ihrer Bindung zur Natur befürchten.*

das Eis einige neue Strategien ausgearbeitet. Im Mai 1845 verließ er England mit der «Erebus», die unter dem Befehl von Fitzjames stand, und der «Terror» unter der Führung von Crozier, einem altgedienten Arktisfahrer. Die Schiffe waren mit Vorräten für drei aufeinanderfolgende Polarwinter beladen. Am 26. Juli wurden sie zum letzten Mal gesichtet. Der Walfänger «Aberdeen» berichtete, sie hätten sich hinter einem großen Eisberg ungefähr am Eingang zum Lancasterka-

Schlafendes Tschuktschen-Kind auf einem Schlitten.

nal befunden. Fünfzehn Jahre lag das Schicksal Franklins und seiner Männer im dunkeln; und auch das, was man später über sie erfuhr, ist nur der Teil einer Geschichte, deren Ausgang im ewigen Eis begraben liegt.

Die weitere Route und der Verbleib der beiden Schiffe blieben in der Tat ein Rätsel. Was man heute noch darüber weiß, ist aus den Wracks der Schiffe, die später gefunden wurden, sowie aus den Erzählungen einer Gruppe von Eskimos abzuleiten, die die letzten Überlebenden der Expedition angetroffen hatten. Im ersten Jahr segelten die Schiffe vermutlich den Lancaster Sound bis zum Kap Walker hinunter, wo ihnen wahrscheinlich die Eismassen die Fortsetzung der Reise unmöglich machten; man nimmt an, daß sie dann den Kurs änderten und die Nordküste der Cornwallis-Insel ansteuerten, weiter an der Beechey-Insel entlangfuhren und dann im Wellingtonkanal beschlossen, zu überwintern. Hier starben drei von Franklins Männern. Das ist nur deshalb bekannt, weil ihre Gräber gefunden wurden. Im darauffolgenden Sommer war es besonders warm, und nun beging Franklin einen entscheidenden, tödlichen Fehler: Die Schiffe fanden durch das eisfreie Meer einen Weg zur Sommerset-Insel und nach Prince of Wales Island, dem heutigen Peelsound. Sie segelten einige Tage in Richtung Süden, wahrscheinlich in der Annahme, sie stünden kurz vor ihrem ersehnten Ziel, der Entdeckung der Nordwestpassage; dann stießen sie auf Packeis. Nachdem sie sich wieder befreit hatten, befanden sie sich nur noch wenige hundert Kilometer von der Route entfernt, die Simpson bereits nach Westen hin ausfindig gemacht hatte. Vor ihnen teilte sich die Meerenge ungefähr auf der Höhe von King William Island nach Westen und Osten. Da Franklin sich auf die Erfahrungen seines Vorgängers James Clark Ross stützte, hätte er darauf gewettet, daß

Vom Großen Sklavensee aus unternahm Sir John Franklin 1821 in leicht zu transportierenden Kanus eine Expedition, um die arktischen Küsten Kanadas zu erkunden. Zeitgenössischer Stich.

King William Island im Süden durch eine Landenge mit dem nordamerikanischen Kontinent verbunden ist, so daß der einzig mögliche Weg im Westen gelegen hätte. Die Expedition wurde also im westlichen Kanal fortgesetzt, endete aber schon nach wenigen Meilen in einer Sackgasse aus «mehrjährigem» Eis, das vom arktischen Eismeer an die Westküste von King William Island getrieben war. Der Winter 1846 war außergewöhnlich hart, und die beiden Schiffe saßen über zehn Kilometer von der Küste entfernt fest. Sie wurden vom Wind hin- und hergeworfen und drohten durch die knarrende Packeisdecke zu brechen. Vermutlich hoffte Franklin darauf, daß das Eis schmolz, was aber aufgrund seiner Beschaffenheit nicht geschah. In diesem Winter – es war bereits der zweite, den man in der Arktis zugebracht hatte – starb Franklin. Ein Teil seiner Besatzung hielt noch ein weiteres Jahr durch und verbrachte den dritten Winter unter noch schlechteren Bedingungen. Weitere Männer fielen der Kälte und dem Skorbut zum Opfer; im Frühling war die Zahl der Toten schließlich auf 24 gestiegen, und die Vorräte waren fast völlig erschöpft. Zwei Monate später ließen die restlichen Überlebenden die Schiffe zurück und versuchten verzweifelt, den nordamerikanischen Kontinent mit Schlitten zu erreichen. Niemand überlebte diesen Kampf gegen das Eis: Die körperlichen Anstrengungen und vor allem der Hunger kosteten die gesamte Besatzung das Leben.

Im Winter 1848, nachdem man drei Jahre lang keine Nachrichten von Franklins Schiffen erhalten hatte, bereitete man in England die ersten Rettungsexpeditionen vor. In den folgenden Jahren gab es eine regelrechte Welle der Begeisterung für die Arktis. Die Forschungsvorhaben wurden nicht nur von der Admiralität, sondern auch von Privatleuten gefördert. Mehrere Schiffe verließen nun die englischen Häfen. Leider standen diese Unternehmungen häufig unter dem Befehl junger, ehrgeiziger Offiziere, die mehr von dem Bestreben nach persönlichem Ruhm besessen waren als von ihrer Pflicht, der Franklin-Expedition zu Hilfe zu kommen. Viele wollten selbst die Nordwestpassage entdecken, mußten sich aber dann damit begnügen, einigen Inseln und Meeresgebieten ihre Namen zu geben. Dennoch war die Begeisterung so groß, und die finanziellen Mittel flossen so reichlich, daß die Rettungsexpeditionen indirekt doch dazu beitrugen, die letzten noch unbekannten Gebiete der nordamerikanischen Arktis zu entdecken.

Was das Schicksal Franklins betrifft, so traf der Forscher John Rae fünfzehn Jahre nach dessen Tod eine Gruppe von Eskimos, die auf King William Island einige Überlebende auf der Suche nach Nahrung getroffen hatten; die Seeleute hatten die Eskimos angefleht, ihnen beim Jagen zu helfen. Da diese jedoch sehr wohl wußten, daß die Männer vollkommen geschwächt waren, und da außerdem die Zahl der Tiere, die das Gebiet bevölkerten, zu gering war, um alle zu sättigen, machten sie sich im Schatten der Dunkelheit davon und ließen die Seeleute allein. Sie erzählten, welche Angst sie beim Anblick der totenbleichen Männer mit den weit geöffneten Pupillen empfunden hätten, die sie mit Waffen bedrohten und sie zwangen, zusammen mit ihnen Tiere zu jagen, die sie selbst nicht hätten erbeuten können. Die Eskimos kehrten einige Monate später an die gleiche Stelle zurück und fanden dort die sterblichen Überreste der qualvoll zugrunde gegangenen Männer.

Wer sich an diesem Ort befindet oder dort sein Lager aufschlägt, kann sich der Erinnerung an das dramatische menschliche Schicksal von damals nicht entziehen. Manchmal, wenn ich auf den richtigen Augenblick zum Filmen oder auf bessere Bedingungen zum Fotografieren wartete, schien es mir, als ob ich Franklins Schiffe in den Lichtreflexen und Spiegelungen der fern am Horizont liegenden Eisberge wie riesige Boote dahinziehen sähe. Solche Visionen beeinflußten mich je nach meiner augenblicklichen Verfassung: War ich deprimiert oder

Was in Wirklichkeit auf der Polarexpedition Sir John Franklins von 1845 bis 1848 geschah, blieb nahezu 140 Jahre lang ein Geheimnis. Da seine aufs modernste ausgerüsteten Schiffe «HMS Erebus» und «HMS Terror» verschwanden, konnten alle Versuche, den Ablauf der Ereignisse zu rekonstruieren, nur unbefriedi-

gend ausfallen. Im Jahr 1981 fand ein Wissenschaftlerteam unter der Leitung des Anthropologen Dr. Owen Beattie in der Arktis drei viktorianische Seeleute, die mehr als 138 Jahre nach ihrem Tod aus dem Permafrost von Beechey Island exhumiert werden konnten. Einer davon war der 20jährige Oberheizer John Torrington.

Unten: *Packeis im Frühling in der Baffinbay, Aufnahme aus 1000 Metern Höhe.*
Die Arktis ist eines der Gebiete der Erde, über die noch recht wenig bekannt ist. Bis auf einige Unerschrockene haben ihre eisigen Festungen bisher noch jeden abgeschreckt. Der Unterschied zwischen Festland und Meer wird durch das Eis verdeckt, das in vielerlei Hinsicht das Bild der Polarregion prägt.

wegen des Windes und der dadurch entstehenden Bewegungen des Eises besorgt, steigerte sich meine Angst, oder ich fühlte mich sogar hilflos einer lebensbedrohenden Gefahr ausgeliefert. Wohl an keinem anderen Ort auf der Welt empfindet man dieses Gefühl so intensiv, denn in der Arktis erlebt man Augenblicke, in denen man meint, die Vergangenheit würde wieder zum Leben erweckt: Die Erinnerung an die Abenteuer der ersten Forscher ist hier so lebendig, daß man das Gefühl hat, alle Gefahren noch einmal mit ihnen zu erleben.

Befindet man sich im äußersten Norden der Arktis, hat man trotz Radio und Motorschlitten auch heute den gleichen besorgniserregenden Gedanken im Hinterkopf wie früher, es könne einen irgendeine Notsituation zu einer Entscheidung zwingen, von der möglicherweise Leben oder Tod abhängen. Es ist zum Beispiel immer noch gefährlich, sich auf die Erfahrungen derjenigen zu stützen, die vor einem selbst ein bestimmtes Gebiet erforscht haben. Franklin vertraute den Vermutungen, die Ross in seinem Tagebuch geäußert hatte; der aber hatte, wie ich oben beschrieben habe, seine verhängnisvolle Fahrt auf dem falschen Kanal fortgesetzt, was auch für Franklin in einer Katastrophe endete. Bei der

Rechte Seite: *Ein von der Grönlandkappe abgebrochener Eisberg in der Bucht von Disko.*
Die launenhaften, unruhigen Bewegungen des Ozeans modellieren die Eisberge in ständig neue Formen. Diese überwältigenden Gebilde sind viel komplexer, als man sich vorstellen kann.

Ausarbeitung unserer Route haben auch wir uns auf die Erfahrungen derjenigen verlassen, die schon vor uns hier waren, denn für die Arktis gibt es keine anderen Informationsquellen. Außerdem muß man sich immer vor Augen halten, daß die sich ständig verändernde, trügerische Landschaft der Polargebiete einen leicht täuschen kann. Diese scheinbar unbewegliche, gläserne Welt ist um so irreführender, als schon der geringste Windstoß oder ein unmerklicher Strömungswechsel die Eisberge und -ebenen vollkommen verwandeln und innerhalb weniger Stunden eine neue Landschaft aus ihnen formen können.

Links: Der protestantische Missionar Hans Egede (1686 – 1758), der mit der Christianisierung der Eskimos in Westgrönland begann. Der Norweger wurde zum «Grönland-Apostel» erhoben.

ABENTEUER NORDPOL

Oben: Die älteste authentische Darstellung des Eskimos durch Europäer befindet sich auf einem 1654 entstandenen Gemälde eines dänischen Meisters (Nationalmuseum Kopenhagen).

Die Forschungsexpeditionen in der Arktis waren und sind, früher und heute, das Gemeinschaftswerk mehrerer Nationen, und sie wurden meist von Wissenschaftlern mehrerer Fachbereiche durchgeführt. Die Expeditionen erfordern nämlich eine aufwendige Vorbereitung, wissenschaftlich klare Zielvorstellungen und ein Einstellen auch auf unvorhersehbare Bedingungen wie Klimaumschwünge, Nichteinhalten von Zeitplänen oder den Ausfall technischer Installationen. Selbst bei dem im Sommer 1991 durchgeführten Forschungsprojekt «Arktis 91», an dem norwegische, schweizerische, amerikanische, schwedische, deutsche und russische Wissenschaftler beteiligt waren, mußte eines der beteiligten Schiffe, die amerikanische «Polarstar», wegen eines nicht mehr zu behebenden Defekts nach vier Wochen wieder nach Süden abdrehen.

Die Erfolgsbilanz der großen Nationen, die Polarforschung betrieben, ist überaus beeindruckend. Die Engländer erforschten seit Henry Hudson 1607 – 1611 die Ostküste Grönlands bis 73° nördlicher Breite, erreichten die Hudson-Bay, 1778 die Nordostküste Sibiriens (F. Cook), 1789 den Mackenzie-Fluß in Kanada, 1810 – 1822 die Grönland-See, 1819 – 1820 die Barrow-Straße, 1825 – 1827 die Victoria-Insel vor Kanada, 1829 – 1833 die King-William-Insel und 1852 den Parry-Archipel. Seitdem die Russen 1725 – 1730 unter der Leitung des Dänen Vitus Bering die Halbinsel Kamtschatka und das Bering-Meer erforschten, rissen ihre spektakulären Expeditionserfolge nicht mehr ab: Ihre «Große Nordische Expedition» von 1734 – 1743 führte zur Erforschung der Sibirischen Nordküste, der Bering-Straße, Alaskas und der Aleuten. 1816/17 erkundeten sie die Küste Alaskas; 1837 folgte Nowaja Semlja, 1843/44 die Taimyr-Halbinsel. 1855 gelang ihnen die erste Fahrt mit einem Eisbrecher in den Gewässern nördlich von Spitzbergen. Zwischen 1912 und 1924 fanden 130 russisch-sowjetische Expeditionen statt. Damals gelangen die ersten erfolgreichen Arktisflüge über Nowaja Semlja und dem Barents-Meer. Seit 1928 wurden solche Arktisflüge zur Routine. Sowjetischen Kapitänen gelang 1932 die erste Passage der nordöstlichen Durchfahrt der Arktis im Sommer. 1936 eröffnete die Sowjetunion mit dem Flug von Los Angeles nach Moskau über die Polarroute ein neues Zeitalter interkontinentaler Verbindungen. Das machtpolitische Interesse an der Arktis, die man nun auch als strategische Position erkannt hatte, war damit erwacht. Durch weitere weltweit beachtete Nonstopflüge zeichnete sich die Sowjetunion unmittelbar vor dem Zweiten Weltkrieg aus (Nonstop Moskau – Portland über 9000 km, Moskau – Kalifornien über 10000 km).

Rechts: Henry Hudson, Vitus Bering und der Schotte Sir Alexander Mackenzie

Die amerikanischen Entdeckungen und Rekordleistungen beginnen mit der Entdeckung des Humboldt-Gletschers in Nordkanada auf der Expedition von 1853–1855. Nach mehreren kleineren Expeditionen gelang R. E. Peary 1891/92 die Durchquerung von Grönlands äußerstem Norden. 1905/06 stieß er bis auf 87° N in Richtung Pol vor. 1946 übertrumpften die Amerikaner mit einem Flug von Honolulu (Hawaii) über die kanadische Arktis bis nach Kairo über 15 200 km die sowjetischen Rekordflüge. 1931 begannen die amerikanischen U-Boot-Vorstöße mit einer Tauchfahrt bis zum Packeisrand (81°59′ nördlicher Breite). Die «Nautilus», ein Atom-U-Boot, unterquerte 1958 den Nordpol. Bis 1962 wurden solche Fahrten fortgesetzt. Ein Jahr darauf gelang mit zwei einmotorigen Kufenflugzeugen die Landung am Pol. Ihre Echolotmessung lieferte

zum ersten Mal genaue Angaben über die Meerestiefe unter dem Eis: 4000 m wurden errechnet. In Snowmobilen kam R. Plaisted 1968 bis zum Pol. Mit den Namen amerikanischer Polarforscher sind aber auch zwei bis heute stark bezweifelte Leistungen verbunden. 1908 behauptete Frederick Cook, er habe am 21. April den Nordpol erreicht. In 85 Tagen wollte er angeblich 2200 km zurückgelegt haben. Noch zweifelhafter mutet der Bericht des sonst sehr verdienstvollen Forschers Robert E. Peary an. Nach seinen Angaben brauchte er

Ganz oben: Fridtjof Nansen

Oben: Die «Fram», Nansens Schiff, im meterhohen Packeis nach der gewaltigen Eispressung vom 10. Januar 1895.

Frederick A. Cook

Sir John Franklin

James Clarke Ross

Robert E. Peary

Oben rechts: Fridtjof Nansen und Hjalmar Johansen mit ihren Hundeschlitten beim Aufbruch zum Nordpol 1895. Sie erreichten den Pol nicht.

mit den Begleitern, seinem schwarzen Diener und vier Eskimos, für die Strekke vom Nordwesten Grönlands bis zum Pol und wieder zum Ausgangspunkt zurück, also für insgesamt 1532 km, nur 36 Tage. Auf dem Hinweg wollte er 35 km pro Tag geschafft haben, auf dem nicht minder strapaziösen Rückweg sogar 48 km pro Tag. Bedenkt man, daß der zähe Nansen an manchen Tagen nur 5 km schaffen konnte, so erscheinen Zweifel an solchen unbewiesenen Rekorden angebracht.

Die deutsche Polarforschung setzt ein mit dem Hamburger Friedrich Mertens, der erstmals wissenschaftliche Untersuchungen im Meer um Spitzbergen (1671) durchführte. Der große deutsche Mineraloge Karl Gieseke widmete sich zwischen 1806 und 1813 der geologischen Bestimmung der Gesteine Grönlands. Später ausgebeutete Mineralölvorkommen wie die Kryolith-Lagerstätten von Ivigtut sowie die Mineralvorkommen ganz Westgrönlands verdanken ihm die Entdeckung. Bis zu den Expeditionen von 1827 auf Spitzbergen und der Bäreninsel blieb dies aber die einzige Großtat. Mit der deutschen Nordpolarexpedition von 1869/70 unter Carl Koldewey nach Nordostgrönland beginnt jedoch die intensive wissenschaftliche Auseinandersetzung der Deutschen mit der Polarregion. Ihre erste geophysikalische Expedition in Grönland wurde von Alfred Wegener durchgeführt. Auf drei Stationen machten die Wissenschaftler im Winter 1929/30/31 ihre Forschungen: an der Ostküste, auf 1000 m Höhe am Westrand Grönlands und im Inland bis auf 3000 m. Die Expedition nahm ein tragisches Ende, denn der große Gelehrte verirrte sich und erfror. Wissenschaftlich brachte seine Expedition aber eine reiche Ernte ein. In der Folgezeit löste die politische Entwicklung Deutschlands mehr Emigrationen als Expeditionen aus. Erst in jüngster Zeit wird die deutsche Polarforschung wieder in internationaler Zusammenarbeit aktiv. Der Stolz der deutschen Polarforschung, das Forschungsschiff «Polarstern», erreichte über Meer im Rahmen des Forschungsprogramms «Arktis 91» den Nordpol.

Bei allen großen seemännischen Leistungen der Neuzeit waren auch die Briten dabei. Ihnen gebührt nicht nur die Ehre, wie auch andere den Rand des Treibeises (bei Spitzbergen) erreicht zu haben, sondern englischer Unternehmungsgeist startete von Spitzbergen aus die erste sorgfältig geplante Polarexpedition. Dr. Irving, ein Schiffsarzt, hatte auch wissenschaftliche Instrumente mit an Bord genommen, deren Fertigung früher ebenfalls eine britische Domäne war. Irving untersuchte speziell Salzgehalt und Temperatur des arkti-

Knud Rasmussen

Alfred Wegener

Adolf Erik Nordenskjöld

Links: Die tragisch gescheiterte Franklin-Expedition 1845–48. 129 Menschen starben, von Kälte und Hunger ausgezehrt.

Oben: Die Entdeckung und Erforschung der Arktis ist mit ihrer geographischen Erschließung noch längst nicht beendet. Heute steht die Rekonstruktion der Besiedlungs- und Klimageschichte im Vordergrund. Am Kap Deschnjow war ein frühes Siedlungsgebiet der Eskimos. Russische Archäologen konnten diese alte Eskimosiedlung ausgraben.

Unten: Roald Amundsen bestimmte die Marschrichtung mit Hilfe eines Sextanten.

schen Ozeans sowie das spezifische Gewicht des Wassers, und er begann mit der Erforschung der Meeresfauna. Der Vorstoß bis zum Pol konnte aber nicht gelingen, das Packeis stellte noch eine unbezwingbare Barriere dar. Die Briten waren aber vor allem an der Erkundung neuer Seerouten interessiert, so an der Entdeckung der Nordmeerpassage: 1743 setzte die britische Admiralität den gewaltigen Betrag von umgerechnet 400000 Mark für die Auffindung der vermuteten Nordwestpassage aus. 1818 wurde der Preis erneuert, und für das weniger ambitiöse Ziel der Erreichung des 110. westlichen Breitengrades wurden immerhin 100000 Mark ausgesetzt. Edward Parry entdeckte in Verfolgung dieser Ziele 1819/20 die Barrow-Straße sowie die Banks-Inseln und 1821/23 die Meeresstraßen zwischen der Baffin-Insel und dem kanadischen Festland. 1827 erreichte er nördlich von Spitzbergen 82°45′ nördlicher Breite. John Ross entdeckte die King-William-Insel und den magnetischen Pol auf 70°5′ N 96°46′ W. Auch die Kartierung der Nordküste Kanadas ist eine britische Leistung. Beim Versuch aber, eine nordwestliche Durchfahrt zu erzwingen, kam 1848 die gesamte Besatzung der von Sir John Franklin geführten Schiffe «Erebus» und «Terror» um, insgesamt 129 Mann. Jahrelang suchten über 40 Rettungsexpeditionen vergeblich nach ihrem Verbleib. Nachdem den Briten ein Vorstoß mit Schiffen bis 83°5′ nördlicher Breite gelungen war, beteiligten sie sich kaum noch im großen Stil an der Erforschung der nördlichen Halbkugel. Ihr berühmtester Polarforscher, Robert F. Scott, leitete in Konkurrenz zu dem erfolgreichen Norweger Roald Amundsen eine Expedition zum Südpol. Das Wettrennen mit dem Norweger verlor er, obwohl er bis zum Pol vorstieß. Im März 1912 kamen Scott und seine Begleiter in Schneestürmen um.

Nachdem der Schwede Adolf Erik Nordenskjöld 1878/79 die Nordostpassage mit der «Vega» bezwungen hatte und sein Landsmann Fridtjof Nansen mit Schiffen bis 86°4′ nördlicher Breite vorgedrungen war, rückte das Ziel, den Pol zu erreichen, in greifbare Nähe. Schon von Nansens erster Inlandeisdurchquerung Grönlands 1888 hatte die Weltpresse unter sensationellen Schlagzeilen berichtet. Ein Wettrennen zum Pol zeichnete sich ab. Der Amerikaner Peary erreichte 1891/92 84°17′ nördlicher Breite. 1897 scheiterte der Versuch des Schweden, den Pol mit einem Freiballon zu erreichen, 1900 brachen die Italiener Umberto Cagni und Luigi Herzog von Aosta mit 13 Schiffen und 104 Hunden nach Norden auf. Cagni kam immerhin bis 86°34′ und rückte, in Kilometern ausgedrückt, 54 Kilometer weiter zum Pol vor als Nansen. 1903/06 bezwang der Norweger Roald Amundsen die Nordwestpassage. Per Schiff, zu Fuß, mit Schlitten, durch die Luft: Zahlreiche Expeditionen drängten nordwärts, doch trieb nicht wissenschaftliches Interesse die Männer an, sondern mehr und mehr die Ruhmessucht, das Verlangen, der Erste am Pol zu sein. Frederick

Rechts: Das Luftschiff «Italia» unmittelbar vor dem Start in Spitzbergen zur letzten Fahrt 1928. Am 23. Mai gelang Umberto Nobile die Umkreisung des Nordpols. Kurze Zeit später wurde die «Italia» vom Wind zu Boden gedrückt; die Gondel schlug auf dem Eis auf und wurde abgerissen. Das Luftschiff erreichte wieder Höhe und flog davon.

Umberto Nobile

Cooks und Robert Pearys Behauptungen, sie hätten den Pol am 21. 4. 1908 bzw. am 6. 4. 1909 erreicht, wirkten zwar sensationell, aber bald meldeten sich berechtigte Zweifler: Peary gelangte aber zumindest in unmittelbare Nähe des Pols. Wahrscheinlich liegt bei ihm eine Selbsttäuschung vor. Allgemein gelten seine Beobachtungen als ungenau.

Mit dem erstmaligen Einsatz von Flugzeugen durch die Russen auf Nowaja Semlja (während der Expedition 1912 – 1924) begann für die Arktis ein neues Zeitalter. Selbst Roald Amundsen lernte das Fliegen und startete 1923 (noch vergeblich) und 1925 (gleichzeitig mit dem Amerikaner Lincoln Ellsworth) zu einer Überquerung des Polarbeckens. Den Pol konnten sie aber nicht überqueren: Als sie mit ihren Flugbooten notlanden mußten, waren sie bis auf 87°44' gelangt. Als erster soll der Amerikaner Richard E. Byrd, nach wiederum umstrittenen Aussagen, am 9. Mai 1926 mit dem Flugzeug den Pol überflogen haben. Zwei Tage später startete das norwegische Luftschiff «Norge». An Bord waren außer der Besatzung bekannte und erfahrene Persönlichkeiten: Amundsen, Lincoln Ellsworth und der Italiener Umberto Nobile. Sie überflogen tatsächlich den Pol und das gesamte Polarbecken. 1977 gelangte mit dem sowjetischen Eisbrecher «Arktika» das erste Schiff über Wasser zum Pol.

Unten: Holzschnitt vom Untergang der «Polaris» am 10. Oktober 1872.

Links: Dem russischen Eisbrecher «Krassin» gelang es, bis zu Nobiles Gruppe vorzustoßen und die Überlebenden zu retten.

Größere Bedeutung für die Wissenschaft als das Erreichen des Pols hatten die Expeditionen von Knud Rasmussen, eines Halbeskimos und echten Grönländers, der 1909/10 die «Cape York Station Thule» gründete, und die Expeditionen von Mylius Erichsen und Lauge Koch, die 1906/08 begannen. Diese dänischen Expeditionen in die Kolonie Grönland bescherten dem Nationalmuseum in Kopenhagen 15000 Sammelobjekte der Eskimokultur sowie grundlegende Erkenntnisse in den Bereichen Kartographie, Klimatologie, Anthropologie, Geologie und Geophysik. Die zum Teil bahnbrechenden dänischen Forschungsarbeiten wurden in einer mehrere Dutzend Bände umfassenden Publikationsreihe «Meddelelserom Grønland» veröffentlicht. Schon bald waren mehrere hundert Mitarbeiter an dieser Buchserie beteiligt.

Die Anstöße zur wissenschaftlichen Aufbereitung der entdeckten Land- und Eisflächen, der Meere und Passagen, gingen vom Ersten (1882/83) und Zweiten (1932/33) Internationalen Polarjahr aus. Das Zeitalter der Entdeckung und Erschließung des arktischen Raums ging zu Ende, die noch heute anhaltende Epoche der wissenschaftlichen Spezialisierung begann. 1948 wurden bislang die letzten größeren Inseln, drei der kanadischen Arktis, mit Hilfe der Lufttopographie entdeckt.

Unten Mitte: Aus eigener Kraft konnten die Schiffe der frühen Polarexpeditionen sich keine Fahrtrinnen schaffen. Oft mußten die Mannschaften bereits die Ausfahrt aus den Winterhäfen aufbrechen. Die Besatzungen der «Hecla» und «Griper» mußten im September 1819 das Eis mühevoll aufsägen.

Unten: Das deutsche Schiff «Hansa» der 2. Deutschen Nordpol-Expedition von Carl Koldewey 1869/70. Vor Nordostgrönland wurde die «Hansa», eines der beiden Schiffe Koldeweys, von Packeismassen erdrückt und mußte aufgegeben werden.

Im stillen Kreislauf des Lebens

Drei Monate im Jahr umhüllt das winterliche Dunkel nördlich des Polarkreises die Arktis wie ein Mantel. Die einzige Lichtquelle ist dann der Mond. Mit den ersten Strahlen des Frühlings beginnt die Arktis, sich langsam zu verwandeln. Anfangs scheint die Sonne nur eine halbe Stunde; aber von Tag zu Tag nehmen ihre Kraft und Dauer zu, und schließlich erweckt sie alles zu neuem Leben. Eigentlich kann man nur im Frühling verstehen, wie wirklichkeitsfremd unser traditionelles Bild von der Arktis ist, jene Vorstellung von einer in düstere Farben getauchten Welt, die majestätisch in ihrer reglosen Stille ruht und in grenzenlose Einsamkeit versunken ist. Die sogenannte «Eiswüste» ist zwar ein eisiger Dschungel, aber einer voller Leben. Angezogen durch den «Sogeffekt» der Beringstraße, warten im März am südlichen Rand der «Cuckisee» über achthunderttausend Meeressäugetiere auf die Eisschmelze. Dazu gehören etwa sechshunderttausend Seehunde, zweihundertfünfzigtausend Walrosse und die gesamte Walbevölkerung der westlichen Arktis. Zur gleichen Zeit bauen auch im Y. H. Valley in Alaska 24 Millionen an Küsten und Gewässern lebende Zugvögel ihre Nester.

Es ist auch die Zeit des Erwachens für die Menschen, die sich auf so unglaubliche Weise, im Einklang mit der Tierwelt und ganz bescheiden, als eine Art unter vielen den Gesetzen der Polargebiete angepaßt haben. Vor nunmehr zehntausend Jahren gelangten die Eskimos in die Arktis und fanden in der eisigen Landschaft ihre neue Heimat. Sie haben die Rückkehr des Sonnenlichtes sehnlichst erwartet. Als Nomaden des Eises haben sie in ihren Schneehütten überwintert. Dem arktischen Winter ist ein dunkler, eisiger Herbst vorausgegangen, der die Menschen in tiefe Depression fallen läßt; solche Gefühle werden in der Sprache der Inuit als «perlerorneq» bezeichnet, was soviel heißt wie «die Last des Lebens spüren».

Zu Beginn des Monats April ziehen viele Bewohner aus den Küstendörfern auf das unendliche Packeis hinaus, um dort zu jagen. Tausende von Kilometern ziehen sie mit Schlitten über die unermeßlich weite Eisdecke an den Küsten entlang. Früher war die Jagd für die Eskimos die einzige Möglichkeit, Nahrung zu finden und Vorräte für die langen Wintermonate anzulegen, in denen sie wegen der Dunkelheit zur Untätigkeit verdammt waren. Seither wiederholen sich die alten Jagdrituale jedes Jahr aufs neue.

Seit man die reichen Bodenschätze entdeckt hat, landen auf den Eisflächen, die ehemals nur mit Hundeschlitten befahren werden konnten, hochmoderne, mit Technikern und Ausrüstung beladene Hubschrauber. Deshalb sind die Eskimos in diesen Gebieten mittlerweile nicht mehr die einzigen Menschen. Die natürliche Grenze, welche die Industriestaaten einst von der Arktis trennte, wurde von der Technologie durchbrochen. Die unschätzbar reichen Energie- und Rohstoffvorkommen üben offenbar eine unwiderstehliche Anziehungskraft aus. Ein großer Teil des Erdöls für die Vereinigten Staaten stammt heute aus Nordalaska, wo jeden Tag 1,8 Millionen Barrel Rohöl gefördert werden. Entlang der Küste liegen zahlreiche Forschungsstationen, die nach neuen Erdölquellen suchen.

In der östlichen Arktis, auf den Cornwallisinseln, sind große Blei- und Zinkbergwerke in Betrieb, und auf Baffinland, einem Archipel im kanadischen Teil des Polargebiets, befinden sich reiche Uranvorkommen. Durch den intensiven Abbau von Bodenschätzen, der in nächster Zukunft bevorsteht, wird nicht nur der Mensch selbst in der Arktis neuen Schaden anrichten, sondern auch die Verschmutzung durch den Materialtransport wird immer mehr zunehmen.

Die wachsende Industrialisierung – wenn sie nicht in angemessenem Maße betrieben wird – könnte die Arktis in einen Kreislauf schneller Prozesse drängen, die innerhalb weniger Generationen das natürliche Gleichgewicht zer-

Rechte Seite: *Der atomgetriebene Eisbrecher «Arktika» und ein Begleitschiff. Die Eisdecke über dem Polarmeer kann eine Dicke von über 3 Metern erreichen. Oft müssen dann zwei Eisbrecher eingesetzt werden, um eine Fahrrinne in das Eis zu fräsen.*

stören würden, welches die Natur in Millionen von Jahren mühevoll geschaffen hat. Berühmte Anwaltskanzleien in Toronto setzen sich vehement für die Rechte der Eskimos ein und bezichtigen die Menschen aus den Industriestaaten, sie wollten über die Zukunft einer Region entscheiden, über deren Natur und Bewohner sie kaum etwas wissen. Nicht ohne Grund geben sich die Eskimos gegenüber den Menschen aus dem Süden mißtrauisch: Sie sind der Überzeugung, daß diese sich zu weit vom Rhythmus der Natur entfernt haben und nicht mehr im Einklang mit der Schöpfung leben. Voller Entsetzen nennen sie uns «diejenigen, die die Natur verändern».

In der scheinbar unvergänglichen Eislandschaft der Arktis kann man sich kaum vorstellen, wie leicht ein solches Gleichgewicht ins Wanken gerät und daß der Mensch dies alles zunichte machen kann.

Nahezu undenkbar scheint das auch, wenn man sich auf dem «Dach der Welt» befindet, an der Westküste Grönlands, wo das letzte Relikt der Eiszeit, der

Tausende von Walrossen ruhen sich an den Küsten der kleinen Insel Round aus, die in der Brisco-Bay im subarktischen Teil Alaskas liegt. Sie aalen sich tagelang in der Sonne, wobei sich ihre Hautfarbe von braun nach rosa verändert. Ihre Stoßzähne werden bis zu einem Meter lang.

Kangiagletscher, ins Meer übergeht. Hier erlebt man eines der größten Naturereignisse in der Arktis. Die stählern glänzende Gletscherzunge schiebt sich in einen breiten Fjord und fällt nach etwa dreißig Kilometern sanft ins Meer ab. Der Gletscher entspringt unmittelbar aus der riesigen Eiskappe, die über 2000 Kilometer hinweg die Fläche Grönlands bis an die Ostküste hin bedeckt. Im Laufe der Jahrtausende hat das Gewicht dieser Kappe bewirkt, daß die Felsen der Insel um etwa dreihundert Meter unter den Meeresspiegel sanken.

Um den Gletscher zu filmen, hätte ich ihn zuerst mit dem Hubschrauber anfliegen und dann den Fjord noch ein Stück weiter zu Fuß hochsteigen müssen. Nur so hätte ich seine Spitze erreichen können, von der sich die Eisberge ablösen. Da ich mich aber gegen Ende des Frühjahrs in diesem Gebiet befand, zu einer Jahreszeit also, in der das Wasser nicht mehr gefroren ist, so daß die riesigen Eisschollen, die den Winter überdauert hatten, in einem sandigen Flußbett dahintrieben, war dies nicht möglich. Daher landete ich mit dem Jet Ranger, einem kleinen Hubschrauber, auf einem flachen Felshügel am südlichen Ufer des Fjordes. Sobald die Rotoren stillstanden, war ich von absoluter Stille umgeben. Ein überwältigender Anblick: Vor mir lagen Hunderte von scheinbar unbeweglichen, aufeinandergeschichteten Monolithen. Von meinem Beobachtungspunkt aus konnte ich kilometerweit nach Westen und Osten blicken. Der einzi-

ge Laut, den ich ab und zu vernehmen konnte, war das Knacken der abbrechenden Eisblöcke, die in die Tiefe stürzten, so daß die hoch aufragenden Wände ein lautes Echo zurückwarfen. Dieses Schauspiel erlebt man nur im Juni. Aufgrund der steigenden Temperaturen setzt sich die Eismasse, die seit November des vorangegangenen Jahres als unbeweglicher und geschlossener Block unerschütterlich über dem Felsen ruht, langsam in Bewegung und preßt die Eisberge in den Golf von Disko.

Ein dänischer Naturforscher des 19. Jahrhunderts sagte einmal über diesen Ort: «Ich muß zugeben, daß mich der Anblick dieser von Gott verlassenen Eiswüste seltsam berührt hat.»

Es war schwierig, mit der Kamera eine Vorstellung von den Ausmaßen der Eismasse zu vermitteln. Deshalb beschloß ich, den Hubschrauber noch einmal aufsteigen zu lassen, um ihn vor den wuchtigen Wänden zu filmen. Während er sich seinen Weg durch den Fjord suchte, überflog er hoch aufragende Eisspitzen, die an die Gipfel der Alpen erinnerten, und ich stellte fest, daß ich bei der glasklaren Luft die Entfernung dieser bläulichen Gipfel gar nicht richtig eingeschätzt hatte. Der Hubschrauber wurde in der Ferne immer kleiner und verschwand schließlich ganz aus unserem Blickfeld. Die Fluggeräusche, deren Echo in dem eisigen Korridor widerhallten, waren jedoch immer noch gut zu hören. Als er endlich die Gletscherzunge erreichte, war er auf die Größe eines Stecknadelkopfes geschrumpft. Ich versuchte, ihn mit dem Sucher meines Fotoapparates einzufangen, aber die Wand, die sich über ihm erhob, war so gewaltig, daß ich sie nicht ganz auf das Bild bekam. Sie war mindestens achtzig Meter hoch. Der Hubschrauber benötigte mehrere Minuten, um die gesamte Fläche zu überfliegen. Man konnte sich nun leicht vorstellen, daß die Eisformationen, die sich von den Wänden als riesige Kolosse ablösten, etwa achtzig Meter hoch und mehrere hundert Meter tief sein mußten.

Wir waren Zeugen eines der beeindruckendsten Naturereignisse der Erde. Fast alle Eisberge der Arktis lösen sich nämlich von dieser Gletscherzunge ab. Die Süßwassergletscher über Grönland sind extrem langsam fließende Eisflüsse und lassen in Kontakt mit dem Salzwasser des Meeres monolithische Eisberge entstehen. Es handelt sich dabei im Grunde genommen um ein ganz einfaches Phänomen: Aufgrund der höheren Temperaturen brechen von dem Gletscher Stücke ab, von denen viele ebenso groß wie das Kolosseum in Rom zu sein scheinen. Allerdings ist mit bloßem Auge nur ein Achtel von ihnen sichtbar, der Rest bleibt unter Wasser verborgen. Hat man die Bucht von Disko erreicht, kommt man in Gebiete, in denen das an den Seiten der Eisblöcke heruntertropfende Süßwasser Rinnen bildet, die für die Nahrungskette in der Arktis von lebenswichtiger Bedeutung sind. Die Flüsse führen diese gefrorenen Eisschollen manchmal Tausende von Kilometern mit sich, eine Reise, die bis zu zwanzig Jahre dauern kann. Da sich das Eis äußerst langsam voranschiebt, kann es sogar vorkommen, daß es zweitausend Jahre an der gleichen Stelle lagert, bevor es schließlich das Meer erreicht und sich ablöst. Folglich wäre es sogar denkbar, daß das Wasser, welches ein aus der Polkappe über Grönland entstandener Eisberg heute in gefrorener Form transportiert, zuvor zu Wolken gehörte, die in der Antike den alten Griechen Schatten spendeten.

Die Wissenschaftler nutzen die kurzen Sonnenmonate, um an ihren Projekten zu arbeiten. Sie kommen aus allen Teilen der Welt nach Resolute, in die größte Forschungsstation, wo im Rahmen des «Polar Continental Project» intensiv Forschung betrieben wird. Resolute liegt in Höhe des siebzigsten Grades nördlicher Breite im Zentrum des Arktisarchipels auf der Cornwallisinsel. Von dort aus brechen die Expeditionen in die entlegensten Orte auf. Derzeit laufen rund zwei-

Rechte Seite: *Im Süden der Beringstraße vor der Küste Alaskas trifft man auf verschiedene Walarten, von denen aber nur der Buckelwal, auch Bowhead genannt, die Fähigkeit besitzt, sich durch die Eisdecke einen Weg in die Polargewässer zu bahnen. Hier durchstößt ein gewaltiger Buckelwal die Wasseroberfläche; aufgenommen im Frederick Sound in Alaska.*

Die Buckelwale sind durch den jahrhundertelangen Raubzug der Walfänger selten geworden. Im Bild trifft ein Buckelwal auf eine Gruppe Belugas.

hundert Forschungsprojekte. Man untersucht zum Beispiel die Dynamik des Meereises oder die Wanderrouten der Wale, man entnimmt den Walen Gewebeproben für Labortests, und man erforscht den Stoffwechsel der Eisbären. Jedes Jahr enthüllt die Welt über und unter dem ewigen Eis den Wissenschaftlern neue Geheimnisse.

Das Tauchen unter dem Packeis ist eine einzigartige Erfahrung, denn hier erhält die Arktis eine neue Dimension. Die verborgene weiße Unterseite des Eises verschmilzt mit dem undurchdringlichen Dunkel des Wassers, in das niemals ein Sonnenstrahl gelangt. Ähnlich wie im All hat man auch hier das Gefühl, in einer bewegungslosen Tiefe zu schweben, deren Grenzen unbestimmbar sind. Der Taucher hat den Eindruck, er sei ein schwarzer Punkt, der sich vor weißem Hintergrund in einem zweidimensionalen Rahmen bewegt. Eine Szenerie, die

nahezu ideal scheint, wenn man sich die Unberührtheit und Reinheit der Landschaft vorstellen will. Aber auch hier sind die Spuren der Umweltverschmutzung durch hochgiftige Pestizide deutlich zu erkennen. Die Eskimos der östlichen Arktis werden langsam durch chemische Substanzen vergiftet, welche die aus Süden kommenden Winde über Tausende von Kilometern bis in diesen Teil der Welt getragen haben. Wie Untersuchungen kanadischer Biologen gezeigt haben, findet man bei einigen Inuits von Baffinland die höchsten PCB-Werte (polychlorierte Biphenyle), die, mit Ausnahme der Opfer von Industrieunfällen, je bei Menschen gemessen wurden. Diese Unkrautvernichtungsmittel können zu Krebserkrankungen führen und die Schwangerschaft gefährden. Einige von ihnen sind bereits seit Jahren weltweit verboten. Da sie nicht abgebaut werden, verseuchen sie dennoch weiter die Natur, und von den Meeresströmen werden sie in Richtung Norden getragen. Über Mikroorganismen dringen sie dann in die untersten Ebenen der Nahrungskette ein und erreichen schließlich auch den Menschen. Um die Spuren dieser Verschmutzung zu finden, braucht man in einigen Bereichen der Arktis nur die äußere Schicht des unter Wasser liegenden Packeises abzukratzen. Umweltgifte verbreiten sich in der Arktis mühelos, die endlose Eiswüste ist den aus den südlichen Breitengraden kommenden Winden und Luftströmungen, die giftige Substanzen aus den Industrieländern heranwehen, schutzlos ausgeliefert. Besonders heimtückisch sind diese Gefahren, weil sie sich unsichtbar nähern: Die in der Atmosphäre enthaltenen Gifte setzen sich durch Niederschläge auf dem Packeis ab, sickern durch venenartige Risse in die weniger kompakten Bereiche und werden schließlich von Mikroorganismen, die auf der verborgenen Seite der Eisdecke leben, absorbiert. Die Folgen der Verschmutzung sind jedoch sehr wohl sichtbar. Das Packeis ist von schwarzen Narben durchzogen, die dunkle Flecken bilden und überall dort noch tiefer werden, wo die Mikroorganismen giftige Substanzen aufgenommen haben. Die Lebewesen in der Arktis sind aber nicht nur von diesen Giften bedroht. Infolge des bereits seit dreißig Jahren bekannten Treibhauseffekts und der damit verbundenen steigenden Temperaturen der Erdoberfläche sind die Eisformationen der Arktis Veränderungen unterworfen. Bisher sind noch keine Untersuchungen darüber durchgeführt worden, inwieweit die erhöhten Temperaturen unter anderem auch die Wanderrouten und Nahrungsgewohnheiten der drei hier lebenden Walfischarten beeinflussen: des Polarwals, des Belugawals und des geheimnisvollen und sagenumwobenen Narwals. Zweifellos liegt hier für die Wissenschaft noch eine große Herausforderung.

Nur äußerst selten bekommt man einen Narwal zu sehen. Wenn man ihn alleine oder in einer kleinen Gruppe herannahen sieht, erkennt man zuerst das schraubenförmig gedrehte Horn, das aus dem Wasser ragt. Eigentlich handelt es sich dabei um einen Zahn, genauer gesagt den linken oberen Schneidezahn, der durch seinen starken Wuchs die Oberlippe durchbohrt hat. Ist das Horn wieder im Wasser verschwunden, zeigt sich die Rundung des Rückens. Horn und Rücken in wellenartigen Bewegungen aus dem Wasser hebend, bahnt sich der Narwal seinen Weg durch das Meer. Dies ist eines der seltensten Naturschauspiele der Arktis, und nur mit viel Glück kann man es im Frühjahr zu Beginn der Wanderungen beobachten.

Auf seiner Route verläßt der Narwal die Gewässer der Arktis nicht. Im Gegensatz zu den anderen Walarten zieht er nie auf der Suche nach einem milderen Klima in Richtung Süden. Da ihm die extreme Kälte geradezu willkommen zu sein scheint, wird er nur selten unterhalb des siebzigsten Breitengrades gesichtet. Auch aus diesem Grunde wird er wohl weiterhin eines der Tiere bleiben, von denen man nur sehr wenig weiß.

Im Mittelalter war der «Stoßzahn» des Narwals eine begehrte Beute, die man als Horn eines Fabelwesens, des Einhorns, ausgab und mit großem Gewinn verkaufte. Sein Wert war etwa zehnmal so hoch wie sein Gewicht in Gold, und das daraus hergestellte Pulver galt als vorzügliches Gegenmittel bei allen Arten von Vergiftungen. Über die Funktion dieses Stoßzahnes, der nur die Männchen schmückt, gehen die Meinungen auseinander. Am weitesten verbreitet ist die Ansicht, daß es sich dabei – ähnlich wie beim Bart des Mannes – um ein sekundäres Geschlechtsmerkmal handelt, das in den Zeiten der Paarungsrituale von besonderer Bedeutung ist. In einem langen Zweikampf versucht der Narwal dabei, seinen Stoßzahn über den des Gegners zu legen und sich diesen so zu unterwerfen. Es wird aber auch die Ansicht vertreten, der Zahn diene zur Übermittlung von Tönen, und schließlich schreibt man ihm auch die Funktion einer regelrechten Waffe zu, da bereits Narwale infolge von Verletzungen durch die Stoßzähne ihrer Gegner gestorben sind. Allerdings konnte noch nicht geklärt werden, ob die Wunden bei Angriffsmanövern oder rein zufällig entstanden sind.

An der Westküste der Baffin-Insel beobachtet ein Eskimo den Kurs der ersten Narwale, die zu dieser Jahreszeit eintreffen. Die Jagd stellt den Mittelpunkt der im Laufe von Jahrtausenden gewachsenen Inuitkultur dar. Wenn im Frühling die Eisschicht langsam auseinanderbricht, wird der Rückzug der Tiere nach Norden ermöglicht.
Diese Jahreszeit, in der die Jäger einige der wertvollsten Beutetiere finden, ist jedoch auch besonders gefährlich, da die Eiskruste durch den Temperaturanstieg an Stabilität verliert.

Für die Wissenschaftler, die sich mit den Walen beschäftigen, ist das Packeis eine unberechenbare und trügerische Welt. Es können sich plötzliche Risse bilden, so daß sich riesige Eisstücke ablösen, die weit abgetrieben werden.

In der kälteren Jahreszeit können ohne Vorwarnung gewaltige Stürme über die Arktis hereinbrechen. Ich habe selbst miterlebt, wie sehr klimatische Bedingungen die Arbeiten der kanadischen Forscherin Sue Cosens und ihrer Kollegen erschwert haben. Unsere beiden Camps lagen mehr als dreißig Kilometer vom Festland entfernt nebeneinander im Lancasterkanal am Rande des Packeises. Wegen des schlechten Wetters konnten wir lange Zeit nichts unternehmen, und erst als sich die atmosphärischen Bedingungen wieder gebessert hatten, konnten Sue Cosens und ihr Kollege Larry Dueeck die für ihre Untersuchungen notwendigen Geräte installieren, um die Laute der Wale aufzuzeichnen. Dabei werden ungefähr zwei Meter unter der Eisschicht hochempfindliche Unterwassermikrofone angebracht, mit denen normalerweise unhörbare Laute aufgezeichnet werden können.

Betrachtet man das Nordpolarmeer vom Packeis aus, so meint man, eine in Schweigen gehüllte Welt zu sehen. Wenn man aber an völlig windstillen Tagen das Ohr nah an die Meeresoberfläche hält, hört man eine Vielzahl von Lauten aus der Unterwasserwelt. Es ist genau so, als lauschte man in einen Dschungel hinein: Die Säugetiere, die in den Gewässern der Arktis leben, verständigen sich miteinander, indem sie eine Reihe verschiedener Rufe ausstoßen. Am redseligsten sind die Seehunde, deren Pfiffe man kilometerweit hören kann.

Um diese Kommunikationssysteme näher zu untersuchen, setzen die Biologen hochempfindliche elektronische Geräte ein. Die Übertragungen der Unterwassermikrofone ähneln einem Klangteppich, in den Geräusche aus allen Richtungen eingewebt sind. Am seltensten hört man den Polarwal, während das Walroß die kräftigsten Laute ausstößt. Unverwechselbar sind die hohen Trillerlaute der Narwale und Belugas. Man hat das Gefühl, eine Unterwassersinfonie

Unten: *Ein Eskimo mit Hundeschlitten auf der Seward-Halbinsel in Alaska unmittelbar an der Beringstraße. Die Bewegungen der Jäger beruhen auf fundierten Kenntnissen über das Eis, die unzählige Generationen im Laufe der Zeit gesammelt haben. Durch genaue Beobachtung und die Verwendung einfacher Werkzeuge können sie die Bewegungen der Eisfläche, auf der sie gerade stehen, voraussagen.*

Links: *Ein Eskimo im Bug seines Schiffes späht nach Seehunden. Die traditionellen Jagdwaffen der Eskimos sind heute überwiegend modernen Feuerwaffen gewichen.*

Unten: *Gewässer des Trembly Sound nördlich der Baffin-Insel im Sommer.*
Eifersüchtig hütet die Arktis ihre Geheimnisse. Bei Einzug des Frühlings verwischt das Tauwetter alle Spuren der vorhergehenden Jahreszeit und läßt einen großen Teil dessen wieder verschwinden, was sich im Winter ereignet hat. Nur wenig weist darauf hin, daß hier einmal Menschen gelebt haben, denn die Eskimos haben keine Denkmäler und keine schriftlichen Zeugnisse ihrer Kultur. Jahrtausende überlieferten sie ihre Geschichte von einer Generation zur nächsten. Diese sogenannte «Kultur der Erinnerungen» ist immer noch lebendig.

zu hören, vorgetragen von einem Orchester, in dem jedes Instrument seinen Part spielt und zusammen mit den anderen zu einer harmonischen Melodie verschmilzt. In Wirklichkeit handelt es sich um ein hochdifferenziertes Klangnetz. In einer Welt, in die drei Monate im Jahr sozusagen kein Lichtstrahl vordringt, und die in der übrigen Zeit nur von gedämpftem Sonnenlicht erhellt wird, kann die Kommunikation nur über das Gehör erfolgen. Da das Sehvermögen der Meeressäugetiere nur schwach ausgeprägt oder gar nicht vorhanden ist, verständigen sie sich durch Laute, deren Geschwindigkeit teilweise 500 «Clic» pro Sekunde erreicht. Treffen diese Laute auf einen Gegenstand, werfen sie ein Echo zurück, das von den anderen Tieren unmittelbar wahrgenommen wird. Anhand des empfangenen Lautes können sie die Tiefe, die Entfernung zur Wasseroberfläche sowie die Form des Objektes bestimmen und herannahende Gefahren erkennen. Die «Echolotung» ist ein technologisches Meisterwerk der Natur. Sie ist bei den Walen so stark ausgebildet, daß sie die Präzision von Sonargeräten bei weitem übertrifft. Aufgrund dieser akustischen Fähigkeit konnten die Meeressäugetiere in ihrer dunklen Welt neues Leben schaffen. Der Belugawal, auch Weißwal oder Kanarienvogel des Ozeans genannt, verständigt sich durch drei verschiedene Rufe: Clics, pulsierende Töne und Pfiffe. Die Pfiffe sind eine Reihe an- und abschwellender Töne; die pulsierenden Töne kommen in verschiedensten Variationen vor, und die Clics dienen offensichtlich sowohl der Orientierung als auch dem Aufspüren von Fischbänken.

Die Unterwasserwelt ist heute durch eine neue Art der Verunreinigung bedroht, die «Lärmverschmutzung». Die kanadische Wissenschaftlerin sagt dazu: «Unser Anliegen ist es, in dieser Region langfristig die Auswirkungen der Lärmverschmutzung durch Schiffe und vor allen Dingen durch Eisbrecher zu beobachten. Wir untersuchen dabei erstens, wie sie sich auf das Verhalten der Belugas auswirkt, und zweitens, inwieweit das gesamte Kommunikationsnetz davon betroffen ist. Dadurch, daß ‹unser› Lärm zu den Geräuschen, welche die Wale normalerweise wahrnehmen, hinzukommt, wird ihre Fähigkeit, die Laute der anderen Wale zu hören, erheblich beeinträchtigt.» Diese äußerst schwierige Untersuchung ist sozusagen ein Wettlauf gegen die Zeit, denn die Lärmverschmutzung nimmt rapide zu. In den nächsten zehn Jahren wird die Zahl der Schiffe, die durch diese Gewässer fahren, auf neunhundert pro Jahr steigen.

In den eisigen Polargebieten sind alle Tiere einer besonders harten natürlichen Auslese unterworfen. Aufgrund der extrem rauhen klimatischen Bedingungen können nur sehr wenige der in der Arktis vorkommenden Tierarten das ganze Jahr dort leben. Von den weltweit etwa achttausend Vogelarten sind nur acht gegen den harten Polarwinter gefeit; und lediglich dreiundzwanzig von über dreitausendzweihundert Säugetierarten sind gegen die extreme Kälte gewappnet, weil sie sich den vorherrschenden Bedingungen angepaßt haben. Wie die Wissenschaftler festgestellt haben, kann zum Beispiel das gelblichweiße Fell des Eisbären, das die Polarforscher schon immer besonders fasziniert hat,

Rechts: *Eine der zahlreichen Buchten mit kargen Küsten im Osten Sibiriens. Hier scheiterten mehrere Expeditionen, die die Nordostpassage erkunden wollten.*

Folgende Doppelseite: *Das Inlandeis von Grönland erreicht bei durchschnittlicher Dicke von 1500 m eine maximale Mächtigkeit von 3400 m. Viele der Gletscher reichen bis zum Polarmeer. Die deutlichen Längsstrukturen im Gletscher entstehen durch die Eisbewegung.*

Sonnenwärme in die Haut des Tieres weiterleiten. Die langen, säbelartig gebogenen Eckzähne des Walrosses – um ein weiteres Beispiel zu nennen – sind sicherlich nicht nur eine reine Zierde, denn das Tier kann damit außerdem bis zu fünfundvierzig Zentimeter dicke Eisschichten durchstoßen und so an Sauerstoff zum Atmen gelangen. Zudem verfügt jedes Tier über seine eigenen Möglichkeiten, in der weniger kälteren Jahreszeit, wenn die beiden Welten ober- und unterhalb der Eisdecke an den neu entstandenen Öffnungen aufeinandertreffen, Nahrung aufzunehmen und zu speichern. Die einzelnen Glieder der Nahrungskette, vom Zooplankton und den mikroskopischen Algen über die riesigen Algenfelder bis hin zu Fischen, Vögeln und Säugetieren, haben sich im Laufe der

Zeit kaum verändert. An der Spitze der Nahrungskette steht der Mensch, der Eskimo; seit zehntausend Jahren lebt er in der Arktis und hat sich harmonisch in eine ihm scheinbar feindliche Welt eingegliedert, die aber dennoch sein Überleben garantiert. Würde man die Eskimos der wenigen Nahrungsmittel berauben, von denen sie leben, wäre das ihr sicheres Ende. Einen unverzichtbaren Bestandteil ihrer Nahrung stellt der Narwal dar, dessen Haut eine der wenigen natürlichen Vitamin-C-Quellen in der Arktis ist. Unverzichtbar für ihre Ernährung ist auch der tonnenschwere Polarwal, eine der drei Walarten, die das ganze Jahr über in der klirrenden Kälte der Arktis leben können und deren Fleisch sich durch einen besonders hohen Nährwert auszeichnet.

Anfang April, zu Beginn der alljährlichen Wanderung, zieht die gesamte Walbevölkerung der Polargebiete auf der Suche nach Gebieten mit größeren Nahrungsreserven an der äußersten Spitze Alaskas vorbei. Auf ihrer über dreitausend Kilometer langen Route passieren diese in den südlichen Randgebieten

Bohrturm in Alaska. Tag für Tag werden über anderthalb Millionen Barrel Rohöl allein durch die Trans-Alaska-Pipeline gepumpt.

der Beringsee beheimateten Wale zuerst den östlichen Teil der Beaufortsee, um schließlich in das Zentrum der Arktis zu gelangen. Dieser Weg birgt die größten Gefahren für die Polarwale in sich: In der Eisdecke können plötzlich Spalten und Risse entstehen und bei veränderter Windrichtung sich ganze Kanäle abrupt schließen. Von allen Walarten ist der Polarwal den Herausforderungen der Arktis am besten gewachsen, da er seinen bis zu achtzehn Meter langen und sechzig Tonnen schweren Körper gegen herannahende Gefahren einsetzen kann.

Wenn in der zweiten Aprilhälfte die bis dahin geschlossene Eisdecke in einzelne Stücke bricht, bilden sich tiefe Wasserstraßen, die es den Tieren ermöglichen, durch die Meeresenge hindurch in Richtung Arktis zu ziehen. Aus weit abgelegenen Dörfern brechen nun kleine Gruppen von Eskimojägern zu den offenen Gewässern auf, wo sie auf die Ankunft der Wale warten.

Jedes Jahr lassen die Nachkommen der längst untergegangenen Kulturen von Thule und Dorset jahrtausendealte Jagdtraditionen neu aufleben. Auch wenn die ursprünglich mit Leder bezogenen Boote heute durch Motorboote ersetzt wurden, sind Geist und Methoden der Jagd im Prinzip unverändert geblieben. Durch ihre enge, für Fremde nur schwer nachvollziehbare Bindung zu Land, Meer und Tieren sind die Eskimos in der Zeit des Wartens auf den Wal von einem tiefen religiösen Empfinden gegenüber der Natur erfüllt und sichern so den Fortbestand ihres Bündnisses mit einer offensichtlich bedrohten Welt, deren Zukunft ungewiß ist. Diese Zeit ist sowohl von der Aussicht auf Nahrung als auch von der Verehrung und Achtung des Beutetiers geprägt, das unter den Jägern geteilt wird.

Unten, links und rechts: *Eine Bohrinsel im Treibeis und ihre Schaltzentrale. Nicht nur unter dem Permafrostboden der Tundra lagern gewaltige Mengen an Erdöl, auch im Schelfgebiet der arktischen Gewässer werden Vorkommen nachgewiesen und gefördert.*

Oben: *Arbeiterin an Deck einer kanadischen Bohrinsel.*

Folgende Doppelseite: *Ein Eisbrecher hat eine Fahrrinne ins Eis gebrochen. Ein zweites Schiff mit stahlverstärktem Bug kann ohne Schwierigkeit folgen.*

Bevor die Eskimos einen Wal fangen, vergehen oft mehrere Wochen, die sie ruhig und friedlich in ihren Lagern auf der Packeisdecke verbringen. Einer von ihnen sagte mir einmal: «Hier herrscht ein großer Friede. Nur wir und das Eis sind hier. Wir wollen zwar einen Wal fangen, aber auch das Warten ist schön.» Die schwierige, mühsame Jagd dauert manchmal länger als einen Tag. Sie ist zwar sehr anstrengend und nervenaufreibend, aber für die Männer ist es dennoch die aufregendste Zeit im Jahr, auf die sie monatelang in der winterlichen Einsamkeit gewartet haben. Der Frühling bringt dann den befreienden Augenblick: Ist ein Wal erbeutet und getötet, verbreitet sich die Nachricht in Windeseile in allen benachbarten Lagern, und Hunderte von Eskimos strömen zusammen, um mitzuhelfen, den harpunierten Tierkörper an Land zu ziehen. Ein üppiger Fang, der den Dorfbewohnern über fünfzig Tonnen Rohstoffe und Nahrungsmittel liefert, genug Vorrat für die lange Winterzeit. Bei der Verteilung erhält jeder, der mitgeholfen hat, ein Stück. Ein Walfänger erklärte mir dazu: «Der untere Teil wird für das Dankfest und für Weihnachten aufgehoben. Die anderen Stücke sind für die Gemeinde. Alle Dorfbewohner, egal ob jung oder alt, können ein Stück von dem erbeuteten Wal bekommen. Monatelang sehnen wir diesen Augenblick herbei; und wenn er schließlich da ist, feiern wir ein wahres Freudenfest.»

Seit Jahrtausenden hält die Waljagd die an den Küsten Nordalaskas lebenden Inuit zusammen. Durch die damit verbundenen Rituale haben sie weiterhin an einer gemeinsamen Geschichte teil, in einer Welt, in der zwischenmenschliche Kontakte trotz modernster technischer Einrichtungen nur mühevoll aufrechterhalten werden können.

Nach dem Fest zerstreuen sich die Eskimos mit ihrem Teil der zerlegten Beute in alle Richtungen auf dem Eis. Viele von ihnen werden sich bis zur nächsten Jagd ein Jahr lang nicht mehr sehen. Wer weiß, ob diese Welt in einem Jahr, wenn die lang erwartete Sonne die weiten Eisflächen wieder erhellt, noch genauso wie heute sein wird. Denn die Landschaft, in der die Nomaden des Eises leben, ist ebensowenig unveränderlich wie auch ihr Schicksal.

Links: *Militärische Radaranlage in Barrow, Alaska.*

Oben: *Die Radarstation DET 3 in Alaska. Wegen der strategischen Bedeutung der Arktis hatten sowohl die Amerikaner wie die Sowjets Horch- und Beobachtungsstationen eingerichtet. Aber auch für die Überwachung der Zivilluftfahrt, zur Satellitenbeobachtung und wissenschaftlichen Forschung wurden Radarstationen errichtet.*

Links: *An der Mündung des Mackenzie in Alaska liegt eine bedeutende Station des amerikanischen Frühwarnsystems gegen Interkontinentalraketen.*

SCHWERPUNKTE INTERNATIONALER FORSCHUNG

Oben: Ammonit aus der Jurazeit auf Spitzbergen (Delta-Neset). Das Erscheinungsbild der Arktis ist ein Ergebnis der letzten Eiszeiten vor rund 20000 Jahren. Die Geologie reicht aber Jahrmillionen zurück; damals gehörten die arktischen Inseln noch zu einem gemäßigten Klimabereich.

Ganz oben: Das 170 Kilogramm schwere Luftsammelgerät des Max-Planck-Instituts für Aeronomie in Lindau startet am 18. Januar 1992 mit Hilfe eines Stratosphärenballons zum ersten von insgesamt drei Flügen vom Raketenstartplatz ESRANGE in Kiruna (Nordschweden).

Die besonderen klimatischen und geophysikalischen Bedingungen des arktischen Raumes begünstigen hier spezielle Forschungen. Klimatologie, besondere atmosphärische Verhältnisse sowie ökologische Sonderentwicklungen von Flora und Fauna ließen das Interesse an der Arktis wachsen und die Wissenschaft in neue Dimensionen vordringen. Die Arktis z. B. erlaubt – wie auch die Antarktis – die Rekonstruktion der Klimageschichte der Erde. 1987 führten französisch-sowjetische Eisbohrungen bei der sowjetischen Antarktisstation Wostok zur Gewinnung eines 2000 Meter langen Bohrkerns; seine Auswertung ergab Klimadaten für einen Zeitraum von 160000 Jahren. Die Erkenntnisse basieren auf der Auswertung des Kohlendioxidgehalts einzelner Bohrsegmente. Das Eis schließt nämlich Luftbläschen ein, und zwar in der atmosphärischen Konzentration früherer Zeiten. Auch die Analyse des im Wasser eingefrorenen Deuteriums, eines schweren Wasserstoff-Isotops, erlaubt eine Temperaturbestimmung der Zeit, zu der das Eis entstand. Eiskernbohrungen werden zur Zeit an mehreren Stellen der beiden Polregionen durchgeführt.

Ozonmessungen mit Lichtradar und Ballonsonden bilden eine der wissenschaftlichen Aufgaben der deutschen Arktisstation auf Spitzbergen. Diese Station, die nach dem Pionier der deutschen Polarforschung Carl Koldewey benannt wurde, liegt auf 79° nördlicher Breite und 12° östlicher Länge. Spitzbergen eignet sich aus mehreren Gründen für die Untersuchung der Ozonschicht in der Stratosphäre. Einmal bestehen hier kaum noch Einflüsse der nordatlantischen Luftzirkulation, was die Beobachtungen vereinfacht, und zum anderen ist hier das Klima mild; dennoch wird die Insel vom «polaren Wirbel», dem Zug der polaren Luftmassen, voll erfaßt. Auch Großbritannien und Japan haben, die günstigen Voraussetzungen nutzend, mittlerweile Klimastationen auf Spitzbergen errichtet. Im Sommer arbeiten auf Spitzbergen insgesamt 100 Wissenschaftler; zwischen 15 und 20 Klimatologen überwintern hier. Die von den Inseln aus gestarteten Ballonsonden liefern Grunddaten über Druck, Temperatur, Feuchtigkeit und Windstärke, aber auch exakte Angaben über die Ozonwerte.

Ein Ozonloch wie über der Antarktis besteht über dem Nordpol zwar noch nicht, aber die Forschungen über die Ursachen des Ozonabbaus sind von großer Dringlichkeit. Die Sauerstoffverbindung Ozon (O_3) in der Luftschicht zwischen 10 und 50 Kilometer (Stratosphäre) über der Erde schirmt den Einfall biologisch schädigender ultravioletter Sonnenstrahlung (UV) in die tieferen Luftschichten ab. Eine zu hohe UV-Einstrahlung durch die Atmosphäre wirkt krebserregend (Hautkrebs), begünstigt Augenerkrankungen und eine Schwächung des menschlichen Immunsystems. Sie verhindert auch das Wachstum einzelliger Algen, und das hat negative Auswirkungen auf die Nahrungsketten im Ozean, auch im Polarmeer. Eine Erklärung der chemischen Reaktion, die zum Aufspalten des Ozons führt, ist zwar einfach, wie es aber im einzelnen dazu kommt, ist noch umstritten. Sicher erscheint, daß Fluor-Chlor-Kohlenwasserstoffe (FCKW), die als Treib-, Kühl- und Lösungsmittel verwendet werden, Ozonkiller sind.

Die Arktis ist gegenüber der Antarktis insofern begünstigt, als ihre Temperatur nicht solche Extremwerte zeigt wie die Antarktis, wo das Thermometer bis auf – 80° C sinken kann. Solche Kältegrade begünstigen die chemischen Reaktionen, die zum Zerfall des Ozons führen.

Die Wanderwege des geomagnetischen Nordpols folgen, ohne daß bislang eine Erklärung für dieses erstaunliche Phänomen gefunden werden konnte, relativ festen Routen. Erst als Geophysiker des Centre des Faibles Radioactivités in Gif-sur-Yvette in Frankreich allen in drei Millionen Jahren erfolgten 48 Fällen der Polumkehr nachgegangen sind, konnten sie dafür steuernde Strukturen im Erdmantel nachweisen. 2300 Kilometer unter der Oberfläche der Erde bewirken auffällig «kühle» Gesteinskörper, die 600 Kilometer oberhalb des Erdkerns liegen, diese in der Regel festen Routen. Natürlich geben solche Befunde den Anlaß zu neuen wissenschaftlichen Fragen, z. B. nach der Entstehung dieser seltsamen Gesteinskörper.

Abgeschlossen sind die Forschungen über die Entstehung der polaren Kälteregionen noch längst nicht. Noch nicht einmal das Tiefseebecken unter dem arktischen Packeis ist in seiner geologischen Struktur ausreichend bekannt. Alle Forschungen, die von driftenden Eisschollen oder von Eisbrechern aus gemacht wurden, galten der Tiefenlotung, aber nicht dem Aufbau der arktischen Erdkruste. Die Entstehung der durch Echolot-Sondierungen festgestellten Gebirgsrücken und Becken bleibt noch immer hypothetisch. Zwar weiß man, daß der geographische Nordpol auf dem Lomonossow-Rücken liegt, aber ob er geographisch zu Eurasien oder zu Amerika gerechnet werden muß, bleibt vorerst unklar.

Der mittelozeanische Rücken unter dem Arktischen Ozean bildet eine Trennungslinie zwischen zwei uralten Erdkrustenplatten. In früheren geologischen Zeiten ist er vulkanisch aktiv gewesen. Vor wenigen Jahren nun konnte man feststellen, daß sich der Rücken pro Jahr um bis zu 10 Zentimeter spreizt und daß dabei ständig neue Erdkrusten entstehen. Bislang waren aber seismische Messungen unter arktischen Bedingungen unmöglich. Erst moderne Forschungsschiffe verfügen über die technischen Voraussetzungen, um vergleichende Messungen vom heutigen Kontinentalrand und am Lomonossow-Rükken selbst vorzunehmen. Erst nach Abschluß der Auswertung der Ergebnisse des Forschungsprojektes «Arktik 91» können über die kontinentale Zugehörigkeit des Lomonossow-Rückens verbindliche Aussagen gemacht werden.

Im arktischen Ozean sinkt kaltes Wasser in die Tiefe, und mit ihm gelangen auch gelöste Gase der Meeresoberfläche in die tieferen Meeresregionen. Das führt dazu, daß ein erheblicher Teil des durch Verbrennungen entstandenen Kohlendioxids der Atmosphäre entzogen wird. Heute werden diese Vorgänge, die sich durch Jahrzehnte und Jahrhunderte der Klimageschichte der Erde abspielten, untersucht. Sie stehen in direktem Zusammenhang mit dem weltweiten Klimaprozeß und dem drohenden Treibhauseffekt, d. h. einer möglichen Erwärmung des Klimas insgesamt. Sicher ist, daß unser heutiges Klima mit den noch unbekannten Vorgängen im «Klimamotor» Arktis zusammenhängen. Wie, das muß die Wissenschaft klären, um im Bereich Umweltschutz die notwendigen Maßnahmen durch Forschung zu begründen und somit auch politisch durchsetzbar zu machen.

Im amerikanischen «Hypothermia Laboratory» in Duluth (Minnesota) erforschen Mediziner die Reaktionen des Menschen bei Unterkühlung. Freiwillige setzen sich im eisigen Wasser und Kältekammern Tests aus, die arktischen Bedingungen (bis – 30° C) entsprechen können. Ziel der Versuche ist es, Erkenntnisse über physiologische Vorgänge des menschlichen Körpers bei solchen Belastungen zu gewinnen und eine optimale Schutzkleidung zu entwikkeln. Sinkt die Körpertemperatur von 37° C auch nur um 1 – 2° C ab, so kommt es nicht nur zu Zittern und zu Erschöpfungszuständen, sondern die Testpersonen sprechen meist nur noch unartikuliert, verlieren teilweise die

Das als Kryosammler bezeichnete Gerät enthält 15 Sammelgefäße, die mit flüssigem Neon auf – 245° C gekühlt werden und vom Boden aus per Fernsteuerung geöffnet werden können. Mit diesen Kryopumpen können trotz der geringen Luftdichte in der Stratosphäre große Luftproben ausgefroren werden. Nach rund siebenstündigem Flug

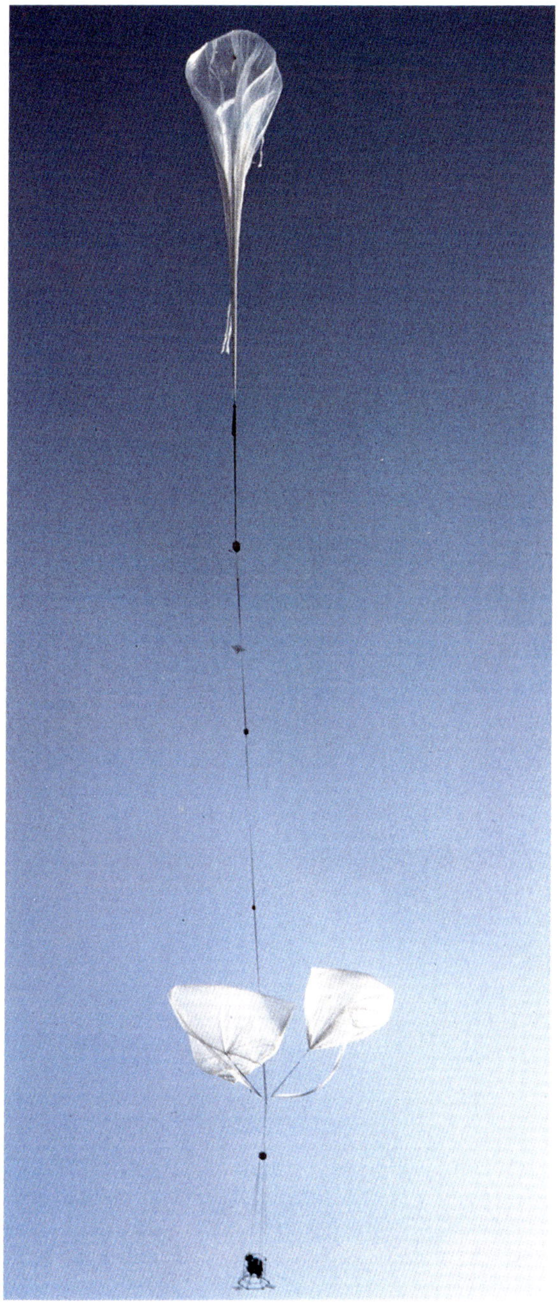

wird das Gerät vom Ballon getrennt und gelangt mit einem Fallschirm zur Erde zurück. Im Institut werden die Proben vor allem auf Fluorchlorwasserstoffe (FCKW) untersucht, die für die Zerstörung der Ozonschicht verantwortlich sind.

Kontrolle über ihren Körper, und die geistigen Fähigkeiten lassen nach. Es kann zu einem rauschhaften Zustand wie bei Betrunkenen kommen, zu Aggressionen und Unbeherrschtheiten. Streit unter erschöpften Expeditionsteilnehmern bis hin zum Totschlag sind in der Literatur ebenso bezeugt wie Lethargie und nachlassende Selbstkontrolle. Wenn man die Berichte und Tagebucheintragungen der Entdecker und Wissenschaftler liest, die sie unmittelbar nach ihren stundenlangen Märschen, unterkühlt und erschöpft niederschrieben, dann bestätigen ihre Notizen diese amerikanischen Forschungsergebnisse. Der Schweizer Klimatologe Fritz Müller beschrieb in seinen Aufzeichnungen «Zu Fuß durch das nördlichste Grönland-Peary-Land» einen stundenlangen Marsch im August 1953, bei dem noch nicht einmal extreme Kälte herrschte. Müller und sein Begleiter, ein Geograph, waren noch längst nicht durch Hunger gequält, nicht in aussichtsloser Isolierung oder sich eines drohenden Untergangs bewußt, und dennoch finden sich alle Anzeichen der Unterkühlung mit den entsprechenden Reaktionen.

«Es ist schon 12 Uhr. Die Finger und auch der ganze Körper sind steif vor Kälte. Die Temperatur ist unter Null, der Wind bläst unablässig von Westen. Wir teilen eine Büchse Thunfisch und machen uns, mit dem Gesicht gegen den Wind, auf den Rückmarsch. Jetzt sprechen wir nicht mehr, machen auch keine Notizen. Wir versuchen in einen inneren und äußeren Rhythmus zu kommen. Ich denke an die tibetischen Pendelmönche, die tagelang ohne Unterbruch im gleichen Schritt gehen. Eine leise Angst, daß wir es nicht bis zum Zelt schaffen werden, beschleicht mich. Nach fünf Stunden erreichen wir die Umbiegung nach Süden am ‹Sandsfjord-Eck›, zwei Stunden später stehen wir am Hindernisgletscher. Trotz einem starken Kaffee brauchen wir für die Kletterei und die Gletscherquerung fast doppelt soviel Zeit wie auf dem Hinweg. Zur Feier der

Bathymetrische Karten liefern Informationen über die topographischen und morphologischen Strukturen des Meeresbodens. Sie sind eine wichtige Grundlage für alle Wissenschaftsgebiete, die sich mit der Erforschung der Meere befassen. Der Meeresboden enthält in seiner Morphologie und in den Sedimenten tief eingeprägt die geologische Entwicklungsgeschichte der Erde. Kenntnisse über den Meeresboden in Form bathymetrischer Karten sind deshalb besonders für die Meeresgeologie von größter Bedeutung.
Das Forschungsschiff «Polarstern» des Alfred-Wegener-Instituts in Bremerhaven ist mit einem speziellen Fächersonarsystem ausgestattet, mit dem große Flächen des Meeresbodens vermessen werden können. Die seitwärts gerichteten Sonarstrahlen decken unter dem Schiff einen Streifen ab, der doppelt so breit ist wie die Wassertiefe unter dem Schiff. Die «Polarstern» ist weltweit das einzige Forschungsschiff, das den Meeresboden auch unter den eisbedeckten Polarmeeren präzise vermessen kann.
Unten: Die «Hovgaard-Bruchzone».

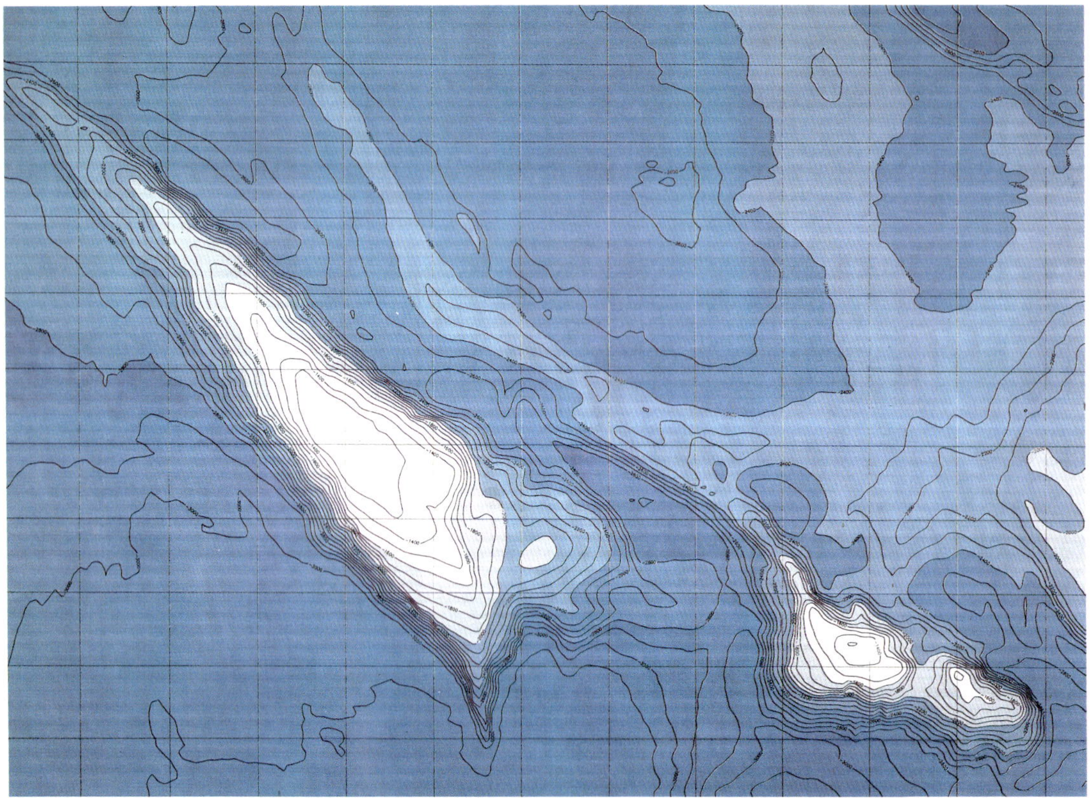

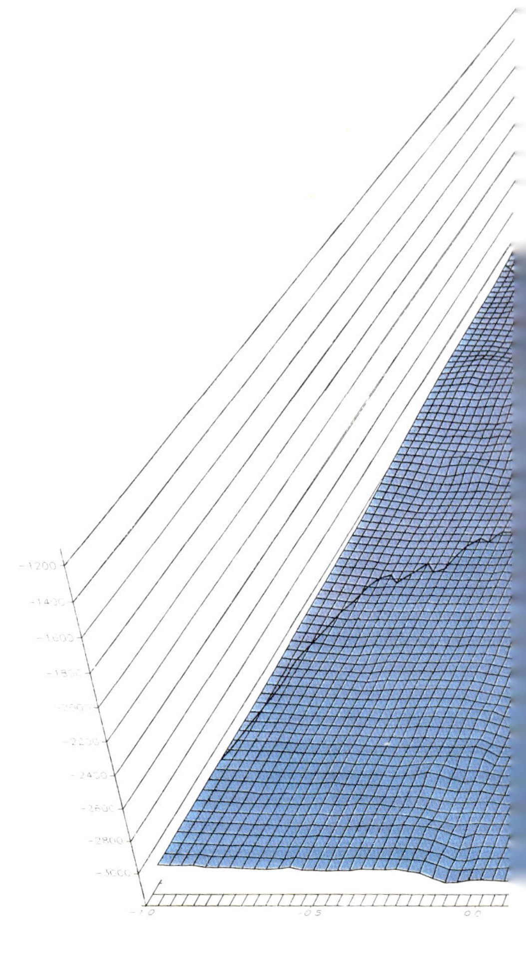

vierundzwanzigsten Marschstunde essen wir den Rest des mitgenommenen Proviantes auf: drei Dörrzwetschgen für jeden! Der Stein der dritten Zwetschge wird während der nächsten zwei Wegstunden bis zum Zelt wohl gekaut. Wir gehen wie im Traum ... bis zum Zelt. Bei der Ankunft ist es genau Mitternacht. Wir müssen etwas Warmes essen und trinken. Das Brummen des Primuskochers macht uns schläfrig. Ich notiere in meinem Tagebuch, daß Erdi beim Essen dreimal eingeschlafen ist, stelle aber später fest, daß meine Orthographie selbst bei den einfachsten Wörtern versagt hat. Um 2.00 Uhr kriechen wir in den Schlafsack. Wir versuchen noch auszurechnen, wieviel Zeit seit der letzten Tagwache vergangen ist, können uns aber nicht einigen.»

Unser Wissen, selbst über grundlegende Tatsachen der Arktis, erscheint als frisch erworben. Erst 1892 wurde von Robert Peary der Inselcharakter Grönlands nachgewiesen, Grönlands nördlichster Punkt wurde erst 1968 durch exakte Berechnungen bestimmt. 1978 konnte endlich das nördlichste Stück Land der Erde, die winzige Insel Oo daaq, benannt nach einem Eskimo, entdeckt werden.

Neu ist auch die Erkenntnis vom Ozonabbau über der Nordhalbkugel: 1992 konnten amerikanische, französische und deutsche Wissenschaftler die sich abzeichnende langjährig wirkende Zerstörung, hervorgerufen durch Ausstoß von Fluor-Chlor-Kohlenwasserstoffen (FCKW), nachweisen.

Doch nicht nur die Naturwissenschaftler können mit neuen Forschungsergebnissen aufwarten: Auch Archäologen und Frühgeschichtler gewinnen neue Einblicke in die Besiedlung des arktischen Raumes. So gruben die Russen eine alte Siedlung am Kap Deschnjow aus, und auch die Schweizer unter Leitung von Hans-Georg Bandi erforschten auf der St.-Lorenz-Insel vor Alaska Siedlungen und Gräber, die in die Zeit der sogenannten Punku-Kultur (um 500 – 1000 n. Chr.) zurückreichen.

DIE «HOVGAARD-BRUCHZONE»

Der Hovgaard-Rücken ist ein unterseeisches Gebirge im südlichen Teil der Framstraße zwischen Grönland und Spitzbergen. Er verläuft vom Mittelatlantischen Rükken bis zum Grönländischen Kontinentalhang und hat eine Ausdehnung von 160 km Länge und 30 km Breite. Die relativen Höhenunterschiede zur Umgebung betragen mehr als 1500 m. Bemerkenswert sind die ausgeprägten morphologischen Strukturen mit Steilhängen, die Geländeneigungen bis zu 16° aufweisen. Die Hovgaard-Bruchzone wurde auf den beiden «Polarstern»-Expeditionen 1991 vermessen.

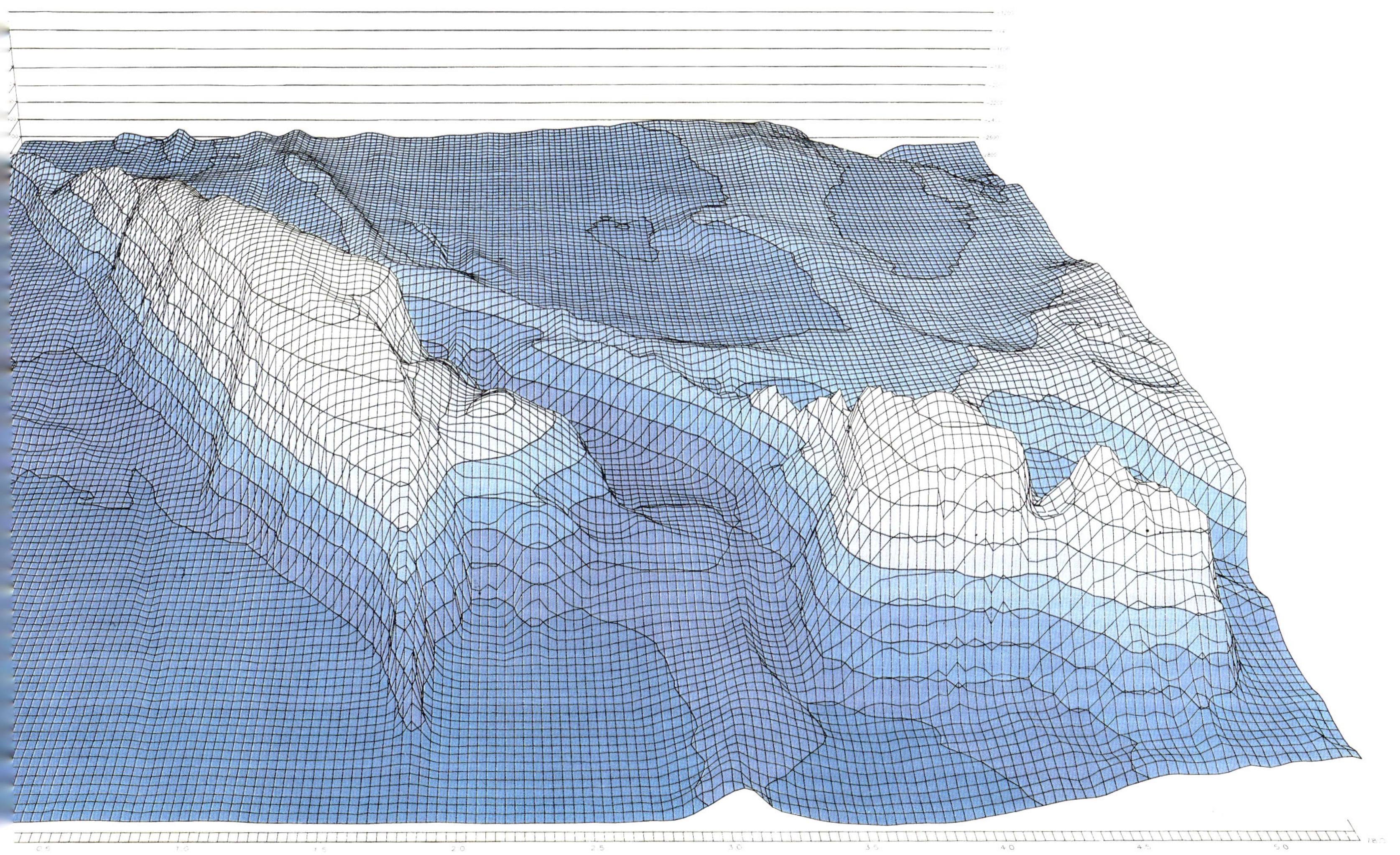

Der ewige Wanderer

Wenn der Sommer zu Ende geht, ist bereits ein großer Teil der Tierpopulationen aus der Arktis in Richtung Süden gezogen, in weniger kalte Gebiete mit besserer Aussicht auf Nahrung und Zuflucht vor Unwettern.

Ende Oktober, wenn Flüsse und Gewässer gefrieren, verläßt ein Großteil der Tierwelt – Gänse, Meeressäuger und viele andere – die Polargebiete und zieht Richtung Süden; einige Tiere, die diese außergewöhnliche Fähigkeit nicht besitzen, halten jedoch Winterschlaf. Wühlmäuse und Lemminge wiederum haben für die langen Wintermonate eine andere Überlebensstrategie parat: Sie vergraben sich unter der Schneedecke, wo sie mit äußerster Geschicklichkeit ein weit verzweigtes Nest von Gängen anlegen, dessen Bau sie den ganzen Winter über in Trab hält.

Nur ein Tier erwartet ungeduldig die Rückkehr des Frostes, der den Ozean wieder in eine geschlossene Packeisdecke verwandeln wird, auf der es dann auf der Suche nach Beute gegen seinen unstillbaren Hunger in Richtung Norden ziehen kann: der von der Jagd lebende Eisbär; er ist einer der größten Fleischfresser der Erde. Seine Lieblingsbeute sind die Seehunde und Walrosse, die an den Rändern der endlosen Packeisflächen lagern.

In den Sommermonaten wird die Eisdecke in Höhe des nördlichen Polarkreises durch die Sonnenstrahlen erwärmt; sie bricht allmählich in Stücke und löst sich schließlich langsam auf. Ende Juli ist sie dann vollständig verschwunden. Der weiße Riese verbringt diese Monate auf dem kargen Festland, wo er sich mit extrem nährstoffarmer Beute zufriedengeben muß, so daß er schließlich bis zu dreißig Prozent seines Gewichts verliert.

Bei Einzug des Winters, der den Ozean wieder in eine Eislandschaft verwandelt, zieht er über die Packeisdecke in seine Jagdreviere. Bereits zu Beginn des Winters führt ihn sein ungewöhnlich stark ausgeprägter Orientierungssinn in Gebiete mit reichhaltiger Nahrung. Auch heute können die Biologen sich immer noch nicht erklären, weshalb der Eisbär sich in dieser ewig gleichen Landschaft nicht verläuft. Man nimmt an, daß er Zeichen am Himmel folgt oder sich auf seinem Weg instinktiv an Winden und Meeresströmungen orientiert. (Dieser außergewöhnliche «siebte Sinn» hilft auch den Eskimos, sich in der monotonen, ständig veränderlichen Eiswelt nicht zu verirren.)

Die Eisbären ziehen direkt in die Gebiete, in denen Seehunde lagern. Jedes Jahr leitet ihr untrüglicher Instinkt sie von dort aus sicher zur Küste zurück, auch wenn sie sich während ihrer Wanderung Hunderte von Kilometern von ihr entfernt haben. Über das mit jedem Tag weiter zufrierende Meer, das immer neue Packeisformationen entstehen läßt, dringen sie langsam Richtung Norden vor.

Noch vor wenigen Jahren glaubte man, der Eisbär ziehe kontinuierlich am Polarkreis entlang, ohne sich länger an einem Ort aufzuhalten. Heute weiß man jedoch, daß er seinem heimatlichen Gebiet treu bleibt und immer wieder in die gleichen Gegenden zurückkehrt.

Für den weißen Riesen ist die Wanderung in den Norden lebenswichtig. Er unterbricht sie nur, wenn er zu lange nichts gefressen hat oder überhaupt keine Beute mehr findet; prinzipiell kann er allerdings mehrere Monate lang von seinen Fettreserven zehren.

Die Eskimos haben dem Eisbären schon immer große Achtung entgegengebracht und bezeichnen ihn ehrfürchtig als «Herrscher des Eises». Ihre Schamanen sahen in ihm die Inkarnation alter Jäger. Aus diesem Grund beobachten die Inuit den «Herrscher des Eises», wenn sie ihm auf dem Packeis begegnen, auch heute noch mit größter Aufmerksamkeit, denn aufgrund der alten Geschichten

Rechte Seite: *Polarbär in der subarktischen Tundra der Hudsonbay. Die Eskimos glaubten, der Eisbär sei ein höheres Wesen und gehöre zu einem Nomadenstamm, der sich auf einer endlosen Beutejagd befand. In der ganzen Welt existieren noch etwa 20 000 Exemplare, die über die zahlreichen Arktiskolonien verstreut sind: von den Inseln im äußersten Osten Alaskas über das norwegische Svålbardarchipel bis nach Grönland und Kanada.*

Folgende Doppelseite: *Wenn im Sommer in Alaska und Kanada die Lachse zum Laichen flußaufwärts wandern, leben die Bären im Überfluß. Mit raschen Bewegungen ihrer Tatzen angeln sie die Fische aus den Stromschnellen oder die Lachse kommen ihnen direkt entgegengeflogen.*

sind sie nach wie vor davon überzeugt, daß sie aus seinem Jagdverhalten viel zur Verbesserung ihrer eigenen Methoden lernen können.

Jedes Dorf hat seine eigenen Legenden, und viele Jäger glauben, daß sie wirklich etwas dazulernen können, wenn sie die Spur eines Eisbären verfolgen. Seine Geduld zum Beispiel: Auf der Jagd verbringt der Bär Stunde um Stunde unbeweglich am Rand des Packeises und wartet, bis aus einem Luftloch ein Seehund auftaucht, den er dann blitzschnell packen kann. Dabei setzt er immer dieselbe Technik ein: Mit der linken Pranke, mit der er alle in der Arktis lebenden Tiere einschließlich des bis zu mehreren Zentnern schweren Belugawals erlegen kann, versetzt er der Beute den tödlichen Schlag.

Die in der westlichen Arktis lebenden Jäger erzählen Geschichten von Eisbären, die stundenlang mit vor der Schnauze erhobener Tatze bewegunglos verharrten, als wenn sie sich im blendenden Weiß des Eises tarnen wollten. Auf diese Weise verdecken sie die schwarze Nasenspitze, die sich deutlich vom restlichen Körper und von der weißen Schneelandschaft abhebt.

Auch wenn man von erfahrenen, bewaffneten Eskimojägern begleitet wird, ist es ein aufregendes Gefühl, einem Eisbären zu begegnen. Der «König der Arktis» ist nicht nur außergewöhnlich kräftig und geschickt, sondern darüber hinaus auch äußerst intelligent und schlau. Man sollte den «Herrscher des Eises» also niemals unterschätzen ...! Diesen Rat mußte ich mir ganz besonders zu Herzen nehmen, als wir die Biologin Sue Cosens zehn Tage lang auf dem Packeis begleiteten. In dieser Zeit hatten wir unser Camp in der Nähe der Jagdreviere der Eisbären aufgeschlagen. Sue Cosens wollte Untersuchungen an Belugawalen durchführen, die im Frühjahr in diese Gebiete ziehen.

Im Lancaster Sound nördlich der Prinz-Leopold-Insel verbrachten wir dreißig Kilometer von der Küste entfernt mehrere Tage im Territorium des «Herrschers des Eises». In diesem Teil der Arktis, der bei 74 Grad nördlicher Breite und 90 Grad westlicher Länge liegt, leben zahlreiche Tierarten, die natürlich für uns interessante Studienobjekte und für den Eisbären vielversprechende Beutetiere sind. Während des gesamten Zeitraums war in dem Gebiet, in dem wir unser Lager aufgebaut hatten, auch eine Gruppe von Eisbärmännchen Tag und Nacht auf der Jagd nach Nahrung. Mein Führer Tom Tatatuapik, ein Inuit aus dem Dorf Arctic Bay, zählte in der Nähe unseres Camps zehn der riesigen Räuber.

Während wir uns ausruhten oder schliefen, lösten wir uns gegenseitig auf unserem Wachposten ab. Ich erinnere mich noch genau, wie seltsam mir zumute war, als ich mit dem Wachehalten an der Reihe war. Es war zwar Nacht, aber die Mitternachtssonne stand immer noch über uns. Der Wind blies die Schneeflocken waagerecht durch die Luft; Himmel, Eis und Erde hoben sich in unterschiedlichen Weißschattierungen voneinander ab. Aufmerksam suchte ich auf der Eisdecke nach einem vierten Weißton, oder besser gesagt nach einem Cremeweiß mit einem schwarzen Fleck und zwei roten Punkten, der Nase und den Augen des Eisbären. Die alte Winchester 300 Magnum, die Tom mir gegeben hatte, hielt ich schußbereit. Im Geiste wiederholte ich noch einmal das, was er mir als erfahrener Führer beim Ablösen der Wache für den Fall eingebleut hatte, daß ein Bär uns einen Besuch abstatten würde. «Falls er nicht innehält, sondern weiter schwerfällig und gemächlichen Schrittes auf unser Camp zusteuert, dann schieße bei etwa fünfzig Metern Entfernung einmal in die Luft, nur um ihm Angst einzujagen. Wenn er dann weiter auf dich zuhält, feuere in ungefähr zwanzig Metern Entfernung einen zweiten Schuß ab, und ziele dabei direkt vor seinen Pranken in den Schnee, so daß eine weiße Wolke aufsteigt. Wahrscheinlich wird er dann ruckartig zur Seite springen und sich davonmachen. Der dritte Schuß – sollte er überhaupt nötig sein – gilt dann schließlich

Vorhergehende Seite: *Eine Eisbärmutter und ihre Jungen ziehen über die Tundra südlich des Dörfchens Churchill in Manitoba.*
Da in diesem Gebiet ausreichend Nahrung vorhanden ist, sind hier die Bedingungen für die Fortpflanzung der Bären besonders gut.
Die Jungen werden blind, taub und nackt geboren und sind bis zum Alter von drei Jahren vollkommen von der Mutter abhängig.

dem Bären ... aber keiner von uns will ja den ‹König der Arktis› töten ... und hoffen wir, daß dieser Fall nie eintritt.» Diese Worte gingen mir auf meinem Wachposten durch den Kopf. Im Widerschein der blendend weißen Eisdecke wird einem klar, daß man sich trotz des Gewehrs nicht besonders sicher fühlt, vor allem, weil es relativ schwierig ist, einen Eisbären auszumachen, der sich von den Düften des Lagers hat anlocken lassen. Da er mit einem unglaublich starken Geruchssinn ausgestattet ist, folgt er unablässig den Reizen, die er mit der Nase wahrnimmt. Sein Geruchsorgan ist für ihn eine Art Radarsystem, das es ihm ermöglicht, Entfernung und Art der Beute zu bestimmen. Schon der schwächste, meilenweit entfernte Geruch reicht aus, um ihn aufmerken zu lassen.

sen. Als wir im Lager unseren kleinen Kocher anzündeten, konnte ich es unmittelbar mitverfolgen: Wenn der Wind beim Kochen über dem Packeis in die Richtung zog, wo in der Ferne vielleicht ein Eisbär herumtappte, brauchte man nicht einmal zehn Minuten zu warten, bis Tom mit kundigem Blick auch schon einen in der Nähe gesichtet hatte.

Wir hatten Glück. Alle Eisbären, die sich an unser Camp herangeschlichen hatten, erwiesen sich letztendlich nur als neugierige Zuschauer und nicht als hungrige Räuber, die Appetit auf Menschen hatten. Es war eindeutig, daß sie sich bereits an der reichhaltigen Beute im Lancaster Sound, wo wir arbeiteten, sattgefressen hatten. Aber nicht immer kommt man ungeschoren davon, wenn man zu Forschungsarbeiten in das Reich des «Herrschers der Arktis» eindringt. Dabei denke ich an einen Fall, den ich aus nächster Nähe miterlebt habe: Ein Archäologenteam unter der Leitung von Professor Peter Schledermann von der Universität Calgary war von unserem Stützpunkt aus zur Küste der Ellesmere-Insel aufgebrochen, um nach Spuren von Siedlungen zu suchen, die die Kultur von Thule im zwölften Jahrhundert aufgegeben hatte. Eine immer wieder auftauchende Gruppe von Eisbären zwang die Forscher schließlich, ihre Arbeiten abzubrechen.

Linke Seite und unten: *Zwei etwa fünf Jahre alte Bärenmännchen. Trotz ihrer unbändigen Kraft, mit der sie sogar einen Wal mit einem einzigen Prankenhieb außer Gefecht setzen können, benötigen die Bären für ihre Bewegungen doppelt so viel Energie wie andere Tiere. Ihr normales Tempo liegt bei vier Stundenkilometern, kann jedoch bei der Verfolgung von Beutetieren auf 40 Stundenkilometer ansteigen.*

Im Gegensatz zu den friedlichen Eisbären, die wir angetroffen hatten, waren ihre Artgenossen auf der Ellesmere-Insel völlig ausgehungert; sie versuchten in das Gebiet einzudringen, in dem die Wissenschaftler ihr Camp aufgeschlagen hatten. Die Archäologen versuchten zwar, die hungrigen Räuber durch Schüsse in deren Nähe wegzuscheuchen, aber die Eisbären ließen sich davon nicht entmutigen. Sie kamen in den folgenden Tagen noch viermal zurück. Die Forscher sahen schließlich ein, daß es immer schwieriger werden würde, die Bären durch Schüsse zu erschrecken. Um die Eindringlinge ein für alle Mal wegzujagen,

Linke Seite unten: *Die Spur eines ausgewachsenen Bären. Aus der Tiefe der Spuren kann man leicht Rückschlüsse auf Größe und Alter der Tiere ziehen.*

hätten sie jeden Tag mehr Schüsse abfeuern müssen, denn die weißen Riesen hatten begriffen, daß diese keine wirkliche Bedrohung darstellten. Sie hatten sich an das Knallen gewöhnt und es schließlich ignoriert. Da den Archäologen die Munition knapp wurde, blieben ihnen nur noch zwei Alternativen: Entweder mußten sie die Tiere töten oder ihre Arbeit unterbrechen, um im nächsten Jahr mit mehr Munition und Eskimoführern zurückzukehren. Sie entschieden sich für die zweite Möglichkeit und mußten die Ellesmere-Insel verlassen. Von dem etwa vier Flugstunden entfernten Stützpunkt des Polar Continental Shelf

Ein Bärenmännchen versperrt einem Bus in der Nähe von Churchill den Weg. Das kleine Städtchen in der kanadischen Provinz Manitoba gilt als Tor zur Oberen Arktis. Hier, am westlichen Ufer der Hudsonbay, wo die nördliche Baumgrenze verläuft, liegt der letzte Vorposten der Zivilisation. Menschen leben hier erst seit 250 Jahren, Eisbären schon seit Jahrtausenden.

Project auf der Cornwallis-Insel forderten sie Hilfe an, und ein Flugzeug holte sie ab.

Es scheint nahezu unmöglich, daß in dieser kristallenen Welt, in der das menschliche Auge unendlich weit in die Ferne schweifen kann, ohne dabei auf Spuren von Leben zu treffen, einer der größten Fleischfresser der Erde überleben kann.

Wenn er Gefahr wittert und sich auf die Hinterbeine stellt, mißt er samt Kopf über drei Meter. Er kann bis zu 500 Kilogramm schwer werden. Von seinen auf dem Festland lebenden «Verwandten», den Braunbären, hat sich der Eisbär vor ungefähr zwei Millionen Jahren getrennt, und in dieser Zeit hat er sich perfekt an das Bild der Eislandschaft angepaßt. Sowohl beim Jagen als auch beim Schwimmen bewegt er sich mit lässiger Eleganz. Mit beiden Tätigkeiten ist er seit seinen ersten Lebensmonaten vertraut, da die Mutter das Junge bereits ans kühle Naß gewöhnt, sobald es laufen gelernt hat. In der ersten Zeit klammert es sich noch fest an den Rücken der Mutter, aber dann lernt es allmählich, allein zurechtzukommen.

Leben bedeutet für den «Herrscher des Eises», unzählige Kilometer an Land und im Wasser zurückzulegen. Seine körperlichen Voraussetzungen sind für

Die Biologen wissen zwar erst sehr wenig über den riesigen Sohlengänger, sind aber schon jetzt besorgt wegen der hohen Giftkonzentrationen, die kürzlich im Fettgewebe von Bären gemessen wurden.

beide Arten der Fortbewegung ideal: Die großen Vorderpfoten setzt er als Paddel ein, die Hinterbeine dienen ihm als Steuer. Strecken von bis zu 160 Kilometern kann er im Wasser hinter sich bringen.

Am meisten wird die «Kraftmaschine der Arktis» wegen ihres Fells bewundert, das in der Vergangenheit der Anlaß für viel Blutvergießen war und es dem Tier ermöglicht, das ganze Jahr über den eisigen Temperaturen von 25 bis 50 Grad unter Null zu trotzen. Man weiß immer noch nicht genau, weshalb das gerade, borstige Deckhaar die Wärme so gut leitet. Es bedeckt den größten Teil des Körpers wie eine Bürste, die das dichte, wollene Unterfell schützt und die Haut des Eisbären immer warm hält. Hat man kalte Hände, so kann man sie

Toxische Substanzen wie das in Pestiziden enthaltene DDT, aber auch PCBs und giftige Abfälle aus der Bergbau- und Erdölindustrie haben sich mittlerweile in der gesamten Nahrungskette der Arktis eingenistet. Erwiesenermaßen nimmt der Verseuchungsgrad zu – und die Langzeiteffekte kennt noch niemand.

Oben: *Da das Sehvermögen des Polarbären bekanntermaßen schwach ausgeprägt ist, vertraut er instinktiv seinem Geruchssinn, der für ihn auf dem Eis unverzichtbar ist.*

Unten: *Ein Bär wühlt in den Resten einer Feuerstelle hinter einem Haus nach Nahrung. Das riesige Raubtier ist ein häufig gesehener Gast. Man weiß, daß er Menschen nur angreift, wenn er hungrig ist oder provoziert wird.*

schnell in seinem Pelz wärmen. Die Wärme in seinem Fell geht nicht verloren, da die weißen Deckhaare sie reflektieren und in die Haut zurückleiten, wo die im wollenen Unterfell bereits entstandene warme Luftschicht erneut aufgeheizt wird. Diese Dämmschicht schützt den Körper durch Weiterleitung und Umwandlung von Wärme vor Unterkühlung.

Seit Jahrtausenden ist der Mensch dem Reiz dieses weißen Mantels erlegen. Sein ehrgeiziger Wunsch, das wunderschöne Tier besitzen zu wollen, war sogar bis an die Höfe der Mandschurei und Japans verbreitet.

Die entscheidende Wende im Verhältnis zwischen den Menschen und dem «Herrscher des Eises» trat jedoch erst zuungunsten des letzteren gegen Ende des 17. Jahrhunderts ein, als zahlreiche Seefahrer das östliche Nordpolarmeer skrupellos nach der lukrativen Beute durchkämmten. Noch bis in die ersten Jahre unseres Jahrhunderts wurde dieses mörderische Spiel getrieben. Als begehrte Jagdtrophäe schmückte das Fell des Eisbären noch bis vor wenigen Jahren die Wohnzimmer vieler Familien.

Als erstes Land ergriff die Sowjetunion Maßnahmen zugunsten dieser bedrohten Tierart und stellte sie ab 1957 unter absoluten Schutz. Zu ähnlichen Maßnahmen entschloß man sich in den siebziger Jahren in den Vereinigten Staaten, wo die Eisbärjagd generell verboten wurde, mit Ausnahme einiger Sondergenehmigungen für die einheimische Bevölkerung. Andere Länder folgten diesem Beispiel. Es scheint fast an ein Wunder zu grenzen, daß heute trotz der von Menschenhand verursachten Tragödien in der Arktis noch rund zwanzigtausend Eisbären in zahlreichen Kolonien leben, die über ein weites Gebiet von den sowjetischen Inseln im Norden der Beringstraße bis nach Alaska und vom norwegischen Spitzbergen bis nach Grönland und Kanada verteilt sind.

Aber Schutzmaßnahmen allein reichen nicht aus, um das Überleben dieser Tierart in einer bereits durch den Menschen vergifteten Welt zu garantieren. Die Gifte stellen für die gesamte Nahrungskette der Arktis eine Gefahr dar. Da die Wanderungen der einzelnen Tierarten im selben Zeitraum erfolgen, sind sie voneinander abhängig. Vom mikroskopischen Algenwachstum über die im Wasser treibenden Zooplanktonkolonien und die großen Kabeljaubänke bis hin zu Vögeln und Meeressäugern ist die Nahrungskette ein perfekt funktionierendes System. Läßt man den Menschen einmal außer acht, dann steht an ihrer Spitze der Eisbär, dem von den Biologen eine grundlegende Bedeutung für das Ökosystem der Arktis beigemessen wird. Wenn er einen Seehund verzehrt hat – diese Tiere sind der Hauptbestandteil seiner Nahrung –, läßt er dessen Fett auf dem Eis zurück. Ganze Vogelkolonien ernähren sich fast ausschließlich von solchen Speiseresten.

Trotz ihres vollkommenen Aufbaus ist die Nahrungskette gerade deshalb so leicht zu zerstören, weil sie so einfach strukturiert ist. Da sie aus nur wenigen Gliedern besteht, erweist sich jedes davon als ausschlaggebend für die anderen und bestimmt insgesamt gesehen über das Schicksal des ganzen Systems. Im Unterschied zu anderen, komplexeren Ökosystemen in Gebieten mit milderem Klima besitzt das Ökosystem der Arktis keine besonderen Steuerungs- und Ausgleichsmechanismen. Es beruht einzig und allein auf der Gesamtheit der dort lebenden Populationen und auf der regelmäßigen, jahreszeitlichen Wiederkehr der Tauperioden. Dieser treffend als «Planet im Planeten» bezeichnete Makrokosmos wird durch ein ausgewogenes System gesteuert, dessen eng verknüpfte Einzelteile allerdings auch leicht aus dem Gleichgewicht gebracht werden können. Man kann sich unschwer vorstellen, welchen Schaden die durch den Menschen produzierten Gifte anrichten können, die sich unmerklich in die Nahrungskette eingeschlichen haben. Toxische Abfälle aus dem Bergbau, die aus den Industrieregionen Sibiriens von Luftströmungen herangeweht wurden, konzentrieren sich unbemerkt im arktischen Packeis. Schon heute bekommen die Eisbären die Folgen derartiger Verschmutzungen zu spüren, denn Wissenschaftler haben Spuren von Pestiziden in ihrem Fettgewebe nachgewiesen. Es handelt sich dabei um Substanzen, die weder vom Stoffwechsel der Eisbären noch von anderen lebenden Organismen verarbeitet werden und die man deshalb als nicht abbaubare Gifte bezeichnet.

Zu dieser unsichtbaren Verseuchung der Umwelt kommen Gefahren hinzu, die durch das bei Unfällen austretende Erdöl entstehen. Der Erdölteppich, der sich bei solchen Katastrophen ausbreitet, verringert unter anderem den Lichteinfall, wodurch die Photosynthese ernsthaft beeinträchtigt wird. Das führt zur

Unten: *Der Spätherbst ist die Zeit der Eisbären. Hunderte kann man am westlichen Ufer der Hudsonbay, bis zu 60 in der Umgebung Churchills zählen. Anfangs wurde auf die Bären, die zu nahe kamen, geschossen; heute ist ein Alarmdienst rund um die Uhr im Einsatz.*

Unten, links: *Ein hungriger Eisbär versucht, einen Zaun zu durchbrechen, um an ein Haus heranzukommen.*

Unten: *Eisbären fressen fast alles, auch gifthaltige Nahrung. Mittlerweile ernährt die Mülldeponie des Dörfchens Churchill eine gesamte Kolonie der Tiere.*

Unten: *Jagender Bär auf dem Packeis südlich des Lancaster Sound. Als vollkommene Verkörperung der Schönheit und Brutalität des Eises gilt der Bär als lebendes Symbol für die Arktis. Aufrecht auf den Hinterpfoten stehend, erreicht er eine Größe von fast drei Metern. Mit einem Gewicht von über zehn Zentnern ist er einer der größten Fleischfresser der Erde und unumstrittener Herrscher über die Tierwelt der Arktis.*

Zerstörung der untersten Stufe der Nahrungskette und hat dramatische Folgen für die übrigen Glieder des Systems.

Jedes Jahr ziehen die Tiere im Sommer in die sogenannten «Polaroasen». Dieser Ausdruck wurde in Anlehnung an bestimmte Gebiete Afrikas geprägt und ist in diesem Falle auch sicherlich zutreffend. Wie in der Sahara ist auch in der Arktis das Leben nicht einheitlich und gleichmäßig über die gesamte Fläche verteilt, sondern es konzentriert sich in einigen Nischen, in denen optimale Voraussetzungen für die Entstehung neuen Lebens herrschen. Die interessanteste unterseeische Tier- und Pflanzenwelt findet man im Lancaster Sound in der Nähe von Baffin-Land. In dieser geographisch günstig gelegenen Region, wo während der Tauperiode Land und Packeis in den eisfreien Gewässern, die durch lokale Strömungen erwärmt werden, aufeinandertreffen, sind in jedem Sommer außergewöhnlich lebensreiche Ökosysteme zu beobachten. Das üppige Pflanzenwachstum bildet die Basis der Nahrungskette, lockt die unterschiedlichsten Vögel, Land- und Meerestiere an und bietet ein in seiner Vielfalt beeindrucken-

Rechte Seite: *Die heranwachsenden Bären bilden kleine Rudel, schließen für kurze Zeit Freundschaft und tragen Scheinkämpfe aus, bei denen sie sich aber keine Verletzungen zufügen. So trainieren sie Reflexe und Bewegungskoordination als Vorbereitung auf die Jagd im nächsten Winter. Weit entfernt von menschlichen Siedlungen, kehren die mächtigen Riesen danach wieder in ihr Reich zurück, über das sie als «Könige der Arktis» herrschen.*

des Bild. Hier wimmelt das Land von Leben; nur wenige Meilen vom Lancaster Sound entfernt ruht es jedoch in nahezu lebloser Stille.

Was geschähe, wenn der Mensch in einer dieser Oasen einen Unfall verursachen würde? Das Unglück des Erdöltankers «Exxon Valdez» führt uns die möglichen Folgen dramatisch vor Augen: Durch einen einfachen Fehler des Kommandanten wurde eine Katastrophe mit verheerenden Folgen für dieses bis dahin intakte Ökosystem ausgelöst.

Im Zusammenhang mit den Eisbären darf nicht unerwähnt bleiben, daß momentan intensive Forschungsarbeiten zum Schutz des weißen Riesen betrieben werden. Manitoba, die subarktische Region Kanadas in der Hudsonbai, ist weltweit eines der Gebiete mit den meisten Eisbären. Anfang Herbst beginnt das Süßwasser des Churchill-Flusses, der die Region durchquert und schließlich in der Nähe von Kap Churchill ins Meer mündet, zu gefrieren, wodurch die Wan-

Vorhergehende Doppelseite: *Ein Eisbär ruht sich nach dem Fressen aus. Um ihn herum nagen drei Polarfüchse an seinen Nahrungsresten. Der Eisbär spielt im Ökosystem der Arktisgewässer eine wichtige Rolle. Da er an der Spitze der Nahrungskette steht, läßt er häufig das Fett seiner Opfer auf dem Eis zurück, das ganzen Kolonien von Kleintieren als Nahrung dient.*

derung der Bären in Richtung Norden begünstigt wird. Das ist der am besten geeignete Zeitpunkt für Tierzählungen und Verhaltensstudien.

Ich schließe mich dem Forschungsteam von Steve Miller an; er nimmt uns im Hubschrauber mit, damit wir die einzelnen Etappen der Zählung verfolgen können, die bereits seit einigen Jahren jeweils im Herbst durchgeführt wird.

Der Hubschrauber fliegt über schneebedeckte Wälder. Jeder von uns sucht das Gebiet mit den Augen aufmerksam ab. Miller meint, wir hätten gute Chancen, zwei oder drei Exemplare zu sichten, die bald auf das Eis zurückkehren würden. Zu diesem Zeitpunkt müßten sie schon auf der Wanderung sein. Wie er uns erklärt, befinden sich im Herbst etwa 50 bis 60 Prozent der gesamten Eisbärpopulation in diesem sogenannten Höhlengebiet; die Tiere ziehen dann weiter in Gebiete, in denen man sie leicht ausfindig machen und markieren kann.

Bisher sind im Rahmen des Forschungsprogramms bereits über 3000 Eisbären in dieser Region markiert worden. Wie die Wissenschaftler erwartet hatten, konnte man daraus wichtige Aufschlüsse über Wanderungsroute, Nahrung und Gewohnheiten der Bären gewinnen. Die von uns als Höhlengebiet bezeichnete Gegend liegt etwa 40 Meilen südlich der Stadt Churchill und ist für die Eisbären der wichtigste Zufluchtsort. Viele Weibchen bauen hier im Schnee

Von links nach rechts: *Mitarbeiter des Polar Bear Alert, der von der lokalen Polizei in Churchill als Sicherheitsdienst zum Schutz gegen die Eisbären gegründet wurde. Ein eingefangener Bär wird mit einer Nummer markiert, an der man ihn wiedererkennen kann, falls er später noch einmal gefangen werden sollte. «Rückfällige» Bären werden in andere Gebiete transportiert, damit sie nicht mehr ins Dorf zurückkehren.*

für ihre ein oder zwei Jungen, die voraussichtlich im Januar geboren werden, einen schützenden Unterschlupf und bleiben dann bis zum Ende des Frühlings dort.

Das Leben der Eisbären kann man in zwei Phasen unterteilen: Die erste reicht bis zum dritten Lebensjahr, die zweite umfaßt die darauffolgende Zeit.

Im ersten Lebensabschnitt sind die Kleinen noch sehr schutzbedürftig. Sie werden blind, taub und nackt geboren und sind während der ersten drei Jahre, in denen sie gründlich zur Selbständigkeit erzogen werden, vollkommen auf die Mutter angewiesen. Gelingt es ihnen, sich im Wasser und auf dem Land sicher zu bewegen und zeigen sie sich geschickt bei der Jagd von Beutetieren, haben sie eine prächtige Zukunft vor sich. Wenn nicht, ist das Spiel bald vorbei. Trotz der schützenden Sorge der Mutter ist die Sterblichkeitsrate der Jungen mit bis zu vierzig Prozent extrem hoch.

Nach dem dritten Lebensjahr gewinnt der heranwachsende Bär zunehmend an Sicherheit. Ist er schließlich ausgewachsen, ist er nahezu unverwundbar, da ihm alle natürlichen Feinde – bis auf den Menschen – hoffnungslos unterlegen sind. Die Überlebensrate liegt ab diesem Alter bei 95 Prozent. Die Männchen werden bis zu 28 Jahre alt, die Weibchen sogar 32. Die allein umherziehenden Männchen sind am schwierigsten ausfindig zu machen, und sie sind es auch, die die Wissenschaftler an Bord unseres Hubschraubers suchen. Während des Fluges sitzt der Biologe Malcolm Ramsey neben mir, der sich seit über zehn Jahren mit den Eisbären beschäftigt. Seine Aufgabe ist es, Geschlecht, Gewicht und Alter aller auf dem Eis gesichteten Tiere zu bestimmen und Daten der Untersuchung ihrer Ernährung zu sammeln. Ramsey erzählt mir, daß in diesem Bereich bereits interessante Forschungsergebnisse erarbeitet worden sind: So hat man zum Beispiel entdeckt, daß die Bären ihr Gewicht innerhalb von drei Monaten verdreifachen können und dann in der Lage sind, in den folgenden sechs Monaten dank der gespeicherten Fettreserven ohne jegliche Nahrung auszukommen. Um solche Erkenntnisse zu gewinnen, muß man das Tier direkt untersuchen.

Der Hubschrauber drosselt seine Geschwindigkeit und fliegt über einen soeben gesichteten Eisbären. Der Bär versucht zu entfliehen, aber da gibt Ramsey

auch schon einen Schuß mit dem Betäubungsgewehr auf ihn ab. Wir warten einige Minuten, bis die Injektion zu wirken beginnt. Das Tier macht noch einige ungelenke Sprünge, torkelt dann aber immer unsicherer weiter, weil das Betäubungsmittel seinen mächtigen Körper bereits spürbar lähmt. Es fällt zu Boden, erhebt sich noch einmal und wird scheinbar immer müder. Wir landen nicht direkt neben ihm, um keinen Schnee aufzuwirbeln. Schließlich bleibt der schwere Körper entkräftet liegen. Dr. Ramseys Absicht ist es nun, ihm einen winzigen Radiosender ins Ohr einzupflanzen. Über eine Satellitenverbindung kann man dann die jeweilige Position und Wanderroute des markierten Bären verfolgen. Ramsey, sein Assistent und ich nähern uns dem betäubten Tier mit leisen Schritten. Seine Nase steckt im Schnee, aber die geöffneten Augen signalisieren uns, daß es noch immer nicht vollkommen bewußtlos ist. Vorsichtig treten wir an den Bären heran, damit durch unsere ungewohnte Behandlung, auf

Oben: *Ein betäubter Bär wird abtransportiert.*

Folgende Doppelseite: *Rentierherde auf der Jamal-Halbinsel in Sibirien. Die großen Herden gehören auch heute noch meist den ehemaligen Staatsgütern (Sowchosen).*

die er ja nicht reagieren kann, keine bleibenden Schäden hervorgerufen werden. Als Ramsey sich schließlich sicher ist, daß nichts mehr passieren kann, beginnt er, den körperlichen Zustand des Tiers zu untersuchen. Wie er uns erklärt, wird dem Bären Penicillin injiziert, um eventuellen Infektionen durch den Einstich der Nadel vorzubeugen. Von den Eisbären, die wir oft nach Monaten wiedersehen, ist bisher allerdings noch keiner durch unseren Eingriff infiziert worden.

Auch das fast eingeschlafene Tier vor uns ist bereits auf diese Weise «erfaßt». Es handelt sich um ein etwa drei Jahre altes Männchen. Mit erfahrenem Griff tastet Ramsey den Körper ab, hebt die Pranken an und untersucht das dichte Fell. Das Tier ist mit rund 150 Kilogramm noch nicht allzu schwer, wird sich aber seiner Meinung nach gut entwickeln. Er fügt hinzu: «Wenn es ausgewachsen ist, wird es über 500 Kilogramm wiegen. Diesen Bären werde ich sicherlich

Übergewand einer Tschuktschen-Frau. Dieses prächtige Gewand, das mongolisch-chinesische Einflüsse verrät, wird aus Fellen halbjähriger Rentiere hergestellt.

noch einmal wiedersehen. Ich erinnere mich nicht mehr genau, wo er letztes Jahr gefunden wurde, aber nächstes Jahr wird er wahrscheinlich wieder in dieser Gegend sein.» Ramsey kann außerdem auch abschätzen, wie voll oder leer der Magen des Raubtiers zum Zeitpunkt der Untersuchung ist. Der Ernährungszustand dieses Tieres zeigt ebenfalls, daß der Eisbär zu den Säugetieren gehört, die im Laufe der Evolution gelernt haben, sich perfekt an eventuelle Nahrungsengpässe anzupassen.

Das Tier, dessen kräftige Bewegungen wir kurz zuvor vom Hubschrauber aus beobachtet hatten, hat in Wirklichkeit eine unvorstellbar lange «Fastenzeit» hinter sich: Nach Ramseys Einschätzung hat es mindestens seit Juli nichts mehr gefressen. Jetzt haben wir Ende Oktober. Es sind also wenigstens drei, wenn nicht sogar vier Monate vergangen, ohne daß der Eisbär eine größere Menge an Nahrung verzehrt hat. In diesem Zeitraum hat er kontinuierlich an Gewicht verloren, und jetzt lebt er auf äußerster Sparflamme. In einem Monat wird er auf dem gefrierenden Wasser wieder Seehunde jagen und an Gewicht zulegen. Nur aufgrund der Fettreserven kann der Eisbär die langen, beutelosen Zeiten überstehen. Kein anderes Säugetier kann so lange ohne Nahrung auskommen. Einige Tiere, zum Beispiel die trächtigen Eisbärweibchen, können sogar sieben bis acht Monate ohne Nahrung durchhalten.

Wir fliegen weiter. Der weiße Gigant liegt immer noch halb im Schnee vergraben unter uns, aber wir brauchen uns keine Sorge um ihn zu machen, denn Ramsey meint: «Er leidet nicht. An das, was wir mit ihm gemacht haben, wird er sich nicht erinnern, und in etwa einer Stunde wird er wieder aufwachen. Innerhalb eines halben Tages hat er sich erholt und macht sich dann wieder auf den Weg.»

Die Zeit des winterlichen Frostes rückt näher und kündigt den Beginn der Eisbärwanderungen in Richtung Norden an. Manchmal bricht die Kälte so plötzlich über die Arktis herein, daß das Packeis von einem Tag zum anderen alles gefangenhält. Der von den Menschen so gefürchtete Nordpolarwinter wird von den Tieren sehnsüchtig erwartet.

Die Spuren des arktischen Räubers, der bald auf seine lange Reise in Richtung Norden aufbrechen wird, führen mich unweigerlich auch in ein kanadisches 800-Seelen-Städtchen, zu dessen Bewohnern nicht nur Menschen, sondern auch Eisbären gehören. Churchill, das Tor zur hohen Arktis, liegt am westlichen Ufer der Hudsonbai, wo auch die Bären vorbeiziehen. Sie wandern an dem nur wenig weiter südlich gelegenen Churchill-Fluß entlang und treffen dann hier ein. Ihre Route hat sich seit Jahrtausenden nicht geändert. Die Einwohner von Churchill siedelten sich erst viel später, vor etwa 250 Jahren, hier an.

Bis vor kurzem war das Zusammenleben von Menschen und Eisbären noch eine recht gefährliche Angelegenheit. Heute hat sich die Situation jedoch zum Positiven gewandelt, denn die Einwohner nutzen dieses Nebeneinander zu ihrem eigenen Vorteil, auch wenn sie dafür einen gewissen Preis zahlen.

Sie haben ihr Städtchen «Welthauptstadt der Eisbären» getauft und es zu einer regelrechten Touristenattraktion ausgebaut. Jedes Jahr organisieren bestimmte Reiseveranstalter Fahrten für neugierige Amerikaner und Europäer, die die Eisbären «live» erleben wollen. Eines ist dabei sicher: Die «Herrscher der Arktis» enttäuschen ihre Erwartungen nie.

Im Spätherbst versammeln sich über 1000 Exemplare am Westufer der weit ausladenden Hudsonbai, und allein rund hundert weitere finden sich in der Umgebung von Churchill ein. Man kann sich unschwer vorstellen, wie schwierig es war und immer noch ist, ein zufriedenstellendes Gleichgewicht zwischen den Menschen und ihren ungewöhnlichen «Mitbürgern» zu schaffen.

Zu Beginn dieses Experiments waren Unfälle unvermeidlich. Jetzt kann man jedoch behaupten, daß man die Situation unter Kontrolle hat. Die Polar Bear Alert, ein rund um die Uhr arbeitender Überwachungsdienst, konnte die Zahl der Unfälle, nach denen die beteiligten Tiere getötet werden mußten, erheblich reduzieren.

Die Bären warten hier auf das Gefrieren des Meeres, damit sie die hohe Arktis erreichen können, wo ihnen zur Deckung des Nahrungsbedarfs mindestens zwei

Ein Jakute auf seinem Pferd.

Kilo Seehundfett pro Tag sicher sind. Probleme bereitet das Zusammenleben immer dann, wenn ein solcher ausgehungerter Bär seine Jagd nach Churchill vorverlegt und dort zuschlägt.

Die Polar Bear Alert, eine Sondereinheit der Polizei, stellt Fallen für die gefährlichsten Tiere auf und versucht, sie durch Schüsse in die Luft davonzujagen. Die Arbeit der Polizisten ist mittlerweile zum festen Bestandteil des

Moschusochsen in ihrer typischen Abwehrphalanx am Rande der Beringsee in der Nunivak Wilderness Area am Yukon in Alaska. Ihre einzigen natürlichen Feinde waren die Wölfe, die aber höchstens schwache Kälber angreifen konnten.

Lebens in der kleinen Stadt geworden, die in den Augen der Wissenschaftler nicht nur als interessantes Experiment gilt, sondern auch als Versuchsfeld für ganz neue Formen des Zusammenlebens zwischen Tier und Mensch.

Da das Sehvermögen des Eisbären schwach ausgeprägt ist, verläßt er sich in erster Linie auf seinen Geruchssinn. Er führt ihn in die Siedlung der Menschen, von der die verschiedenartigsten Gerüche ausströmen, die seine Neugier wecken. Diese ungezügelte Neugier ist für den nimmersatten Räuber während seiner ständigen Suche nach Beute, auf der er vor nichts zurückschreckt, von lebenswichtiger Bedeutung, aber in der Nähe von Menschen erweist sie sich als verhängnisvolle Gefahr.

Die Mitarbeiter des Überwachungsdienstes sorgen vor allem dafür, daß die Abfälle, die für den Bären eine Alternative zur Jagd auf dem Packeis darstellen, in der Umgebung der Stadt abgeladen werden. Mittlerweile ist diese Müllhalde zur Nahrungsquelle für eine ganze Kolonie avanciert. Auch vor gifthaltigen Sub-

stanzen machen die Allesfresser nicht halt. Für die Wissenschaftler ist das in zweierlei Hinsicht Anlaß zur Sorge: Erstens wirken sich die Gifte schädlich auf den Organismus der Tiere aus; und zweitens – und das ist weitaus beunruhigender – verliert das Tier durch diese äußerst bequeme Art der Ernährung, die ihm der Mensch anbietet, seine Fähigkeit, in der Natur zu überleben. Ich beobachte einen Eisbären, der einen Müllberg nach Essensresten durchwühlt, dabei Kanister in die Luft wirft und die Nase immer tiefer in die Abfälle der Menschen hineinbohrt. Es ist ein trauriges Schauspiel. Der wunderschöne weiße Pelz des riesigen, aus dem Müll hervorblickenden Bären trägt bereits an einigen Stellen die schwarzfleckigen Spuren des menschlichen Unrats. Aber nicht allein das ist so erschütternd. Die Szene hinterläßt in meinem Kopf auch ein Fragezeichen über das zukünftige Verhältnis zwischen Mensch und Eisbär, zwischen Mensch und Tier.

Angesichts des Winters reise ich weiter in nördlicher Richtung nach Kap Churchill, um das Verhalten der Bären zu beobachten. Die mich begleitenden Wissenschaftler machen mich auf die «Geographie» der Eisbärspuren aufmerksam. Auf den ersten Blick unbedeutend, erweist sie sich dann als sehr aufschlußreich: Sie zeigt, welche Vorkehrungen der Bär trifft, um die für die bevorstehenden Jagdmanöver nötige Energie zu sparen. Sein Bestreben, mit so wenig Kraft wie möglich auszukommen, zeigt sich an seinem langsamen, gemächlichen Gang. Dabei tritt der Eisbär mit der Hinterpfote in den Abdruck der Vorderpfote. Dieses äußerst effiziente System hilft ihm, die körperliche Anstrengung auf ein Minimum zu reduzieren und so die Körpertemperatur unter Kontrolle zu halten.

So viel Sparsamkeit ist überraschend. Allerdings muß man dabei berücksichtigen, daß der Eisbär für seine Bewegungen doppelt soviel Energie benötigt wie die meisten anderen Tiere. In normaler Gangart legt er vier Kilometer pro Stunde zurück; bei hitzigen Jagdmanövern oder auf der Flucht verbrennt er erheblich mehr, und dann kann er seine Geschwindigkeit verzehnfachen.

Kap Churchill ist ein hervorragend geeigneter Schauplatz, an dem man die soziale Organisation einer tendenziell eher ungeselligen Tierart beobachten kann. Die Bärenmutter und ihre Jungen wagen sich häufig nicht auf die lange Wanderung in Richtung Norden, sondern bleiben in der Nähe von Churchill, wo sie sich in einigem Abstand von den alleinlebenden Männchen aufhalten. Um das dritte Lebensjahr herum bauen die heranwachsenden Bären diese Entfernung langsam ab. Sie suchen die Nähe ihrer gleichaltrigen Artgenossen und schließen mit ihnen Freundschaften, die jedoch nicht immer von Dauer sind. Solche Verbindungen zeigen sich vor allen Dingen in spielerischen Kampfritualen, bei denen die jungen Tiere trotz ihrer temperamentvollen Bewegungen ihren Gegner nicht verletzen und auch sich selbst nicht verletzen lassen. Sie balgen miteinander im Schnee und tun so, als ob sie sich beißen würden, obwohl sie dabei niemals richtig zuschlagen. Was wie Energieverschwendung aussieht, hat aber eine ganz besondere Bedeutung: Die Raufereien sind keine einfachen Spielchen, sondern sie sollen Gelenkigkeit und spontane Reflexe für die später lebenswichtige Jagd trainieren.

Wenn der junge Bär seine erste Beute schlägt, muß er sich vollständig von der Mutter gelöst haben. Falls er sich während des furiosen Spiels verletzt, werden mit einem Schlag alle Aussichten auf ein erfolgreiches Bärenleben zunichte gemacht.

Es ist Ende Oktober. Mittlerweile sind alle Bären dieser Gegend auf der Wanderung. Pünktlich hat der zurückkehrende Frost die Gewässer der weiten Hudsonbai mit einer Eisdecke überzogen.

An einem strahlend hellen Nachmittag verlassen wir um drei Uhr Kap Churchill. Wir starten wieder an Bord unseres Hubschraubers «Jet Ranger». Unter uns erstreckt sich die nunmehr vollkommen verwandelte Hudsonbai endlos in die Ferne. Mein Blick schweift über die Eisfläche, die wir langsam überfliegen. Das Thermometer zeigt minus 35 Grad an. Wir überqueren einen kurzen Abschnitt der Hudsonbai und fliegen dann über eine weite Packeisfläche. Drei Eisbären – sie gehören wahrscheinlich zu der Gruppe, die wir bei den Kampfspielchen verfolgt haben – ziehen unter uns her. Der Hubschrauber macht eine Kehrtwendung und verringert die Flughöhe. Das schneeweiße Fell der Bären, eine perfekte Mischung aus Schönheit und Brutalität, wie sie nur im hohen Norden vorkommt, hebt sich unwirklich von der Eisdecke ab. Die weißen Riesen sind das Symbol der Arktis, einer immer noch einzigartigen, unvergleichlichen Welt.

Der Hubschrauber beschleunigt wieder und steuert das Dörfchen Churchill an. Ich drehe mich noch einmal um, um einen letzten Blick auf die drei gemächlich in Richtung Norden trottenden Bären zu werfen, die vermutlich noch so jung sind, daß sie zum ersten Mal allein zur Jagd auf das Packeis hinausziehen.

In einem der rauhesten Gebiete der Erde ist das eine harte Bewährungsprobe. Wenn die Bären sie bestehen, werden sie imstande sein, allein jedes Beutetier zu erlegen, um ihren unbändigen Hunger zu stillen. Dann werden auch sie zu echten «Herrschern des Eises», den unumstrittenen Königen des hohen Nordens.

Das Wandgemälde «Luzern zur Eiszeit» von E. Hodel (1927) vermittelt eine recht realistische Vorstellung vom Klima vor etwa 20000 Jahren. Rentier- und Mammutjäger lebten damals auf einem vergleichbaren Lebensniveau wie die Eskimos vor der Begegnung mit den Europäern.

FLORA UND FAUNA DER ARKTIS

Aus der Luft betrachtet erscheint die Arktis als vereiste Einöde, ohne pflanzliches und tierisches Leben; sie stellt sich dar als gewaltige Eiskappe um einen durch mathematische Berechnung bestimmten Punkt. Der Nordpol ist in der Tat nur ein abstrakt bezeichneter Ort, die Eis- und Landregionen sind aber sehr konkret. Zwar folgt der Rhythmus des Lebens hier anderen Gesetzen, und meist verwischen sich die Grenzen von Land und Meer, aber noch jeder Besucher dieser so eigenartigen Weltgegend erlag als Forscher oder Bewohner der Großartigkeit der vielfältigen Erscheinungsformen von Natur und Leben.

Die klimatischen Voraussetzungen des arktischen Raumes sind nicht so einheitlich und lebensfeindlich, wie man gemeinhin annehmen könnte. Wohl sind die Winter kalt (Januarmittel zwischen −3° und −40° C) und die Sommer kühl (Julimittel zwischen 1° und 10° C), aber regional bestehen große Unterschiede, die Leben in unterschiedlichen Formen begünstigen. Das arktische Landklima im Nordosten Sibiriens, im Nordpolarmeer, am Nordrand Grönlands und in Nordamerika hebt sich dabei deutlich ab von den klimatisch günstigeren Gebieten des arktischen Seeklimas auf den Inseln Spitzbergen und Jan Mayen, auf der Bäreninsel und im Süden Grönlands. Dazu kommt, daß seit Ende des pleistozänen Eiszeitalters vor rund 20000 Jahren wiederholte Klimaschwankungen zu verzeichnen sind. Zwischen dem 10. und 14. Jahrhundert wurde das bislang letzte Klimaoptimum erreicht: Damals konnten sich in Grönland sogar die Wikinger ansiedeln, deren Wirtschaft auf Schafzucht beruhte. Zu jener Zeit reichten die Weiden nicht nur für die Viehzucht, sondern in geschützten Buchten Westgrönlands wurde sogar Hafer angebaut. Irische Mönche ließen sich im 9. Jahrhundert auf Jan Mayen nieder. Im 15. Jahrhundert machte sich eine Abkühlung bemerkbar, die zur Aufgabe der Wikingersiedlung in Grönland führte.

Das arktische Klima erlaubt in der Tundra das Wachstum eines geschlossenen Pflanzenkleides von Moosen, Flechten, Gräsern und sogar von Blütenpflanzen. Der Schweizer Klimatologe Fritz Müller schwärmte geradezu von den intensiven Farben und dem raschen Wachstum im arktischen Frühling und Sommer: «Der Frühling ist die schönste Jahreszeit in der Arktis. Die Sonne scheint Tag und Nacht. Durch das langsame Steigen des Einfallswinkels ihrer Strahlen wird es täglich wärmer; ja, die bestrahlte Seite des Körpers fühlt sich wohlig warm an, auch wenn das Thermometer im Schatten des Wetterhäuschens noch Temperaturen weit unter Null registriert. Über den weißen

Oben: Eine arktische Lupine auf der Pribilov-Insel St. George in der Beringsee. Erstaunlich ist die große Vielfalt von Blütenpflanzen, die während des kurzen arktischen Sommers herrliche Farben zeigen.

Rechts: Einzelblüte der Diapensia. Dieser Zwergstrauch mit den kleinen Blättern ist in den gemäßigten und arktischen Gebieten der nördlichen Halbkugel zu finden. Daneben: das arktische Vergißmeinnicht.

Schneeflächen zittert die Luft wie bei uns auf den Asphaltstraßen im Sommer, nur daß im Norden die Schneekristalle glitzern und keine Autos flitzen. Der Himmel ist von einem milden Blau, das sich am Horizont in einem kaltgrünen Flimmern verliert. Zirruswolken fächern am Himmel. Erste Wassertröpfchen spielen auf den dunkelfarbigen Flechten exponierter Steine. Sie erstarren gegen Abend wieder, um sich im warmen roten Licht der Mitternachtssonne zu spiegeln. Im Sommer legen sich graue Stratuswolken auf das Gemüt. Der Regen ist langweilig, mehr ein Netzen als echte Tropfen. In dem weichen Boden sinken die Schuhe ein. Der Wind, obwohl nur schwach, belastet die Moral. Man sehnt sich nach einem Sturm, doch Gewitter gibt es fast nie in der Arktis.» Das Leben in der Arktis folgt Gesetzen, die uns als Menschen gemäßigter Klimazonen nicht vertraut sind, sondern von eigentümlichen Faktoren dieses besonderen Naturraumes abhängen. Die wichtigsten Grundlagen bilden, wie überall, wo Leben möglich ist, Licht und Wärme. Eine Pflanze benötigt Licht, damit die Photosynthese, die Basis ihrer Lebensprozesse, ablaufen kann. Biologische Systeme auf der Erde sind von der Sonne abhängig. Wie ihr Licht auf den Boden einfällt, das beeinflußt das Wachstum und die jahreszeitliche bzw. tägliche Aktivität der Pflanzen. Es mutet seltsam an, aber es ist wissenschaftlich zu untermauern: Die Arktis erhält genausoviel Sonne wie andere Regionen der Erde mit üppigem Wachstum. Nur scheint sie in der Arktis mit niedrigerem Einfallswinkel und daher ohne viel Kraft. Die unendlichen Eisflächen reflektieren die Sonnenstrahlen, bevor sie durch ihre Wärme tiefere Eis- oder Permafrostschichten auftauen können. Selbst im Sommer bestehen in den obersten 30 cm eines nicht eisbedeckten Bodens Temperaturunterschiede von 8° C.

Linke Seite, oben: Auf der Jagd nach Seehunden wanderten Eskimos immer weiter nach Süden, wo sie in Grönland auf dort seßhafte Wikinger trafen. Die Begegnungen zwischen beiden Kulturen verliefen zunächst friedlich. Erst als die Eskimos noch weiter nach Süden zogen, weil das Klima sich verschlechterte, kam es zu Zusammenstößen. Die aus dem 19. Jh. stammende Illustration zeigt die Ankunft von Eskimos in einer Wikingersiedlung

Oben: Vegetation der Tundra. Einen Frühling wie in gemäßigten Breiten gibt es hier nicht. Der Übergang vom Winter zum Sommer erfolgt rasch. Die Blütenpflanzen haben eine kurze Blühzeit, da der Sommer kurz ist und die Samen reifen müssen, bevor der Winter einbricht.

Unten, von links nach rechts:
Steinbrechpolster
Arktischer Mohn
Pollenstände der arktischen Weide

Zwar kann dunkler Untergrund Sonnenstrahlen speichern, aber er ist in seinen oberen Schichten dem andauernden Wind ausgesetzt. Selbst wenn er nur mäßig weht, kann er rasch abkühlend wirken. Fallwinde (sogenannte katabatische Winde), die in der Arktis häufig sind, brausen mit hoher Geschwindigkeit die Flanken der polaren Eisflächen hinab. Solche Fallwinde entstehen ausgerechnet dann, wenn die Sonnenstrahlen die Luftschichten über dem Eis erwärmen. Die schwerere Kaltluft sinkt. Wo Wind und Kälte verstärkt auftreten, ist kein höheres pflanzliches Wachstum mehr möglich.

Nicht allein der arktische Rhythmus des Sonnenlichts erschwert oder behindert das pflanzliche Wachstum, weil die Photosynthese von ihm abhängt; auch

Oben: Küstenseeschwalbe. Jahr für Jahr legen diese ausdauernden Flieger 17000 km zwischen dem sommerlichen Brutplatz im Norden und dem angestammten Winterstandplatz im Südpolargebiet zurück.

Unten: Schneegansmännchen mit Jungvogel. Im arktischen Gebiet gibt es mehrere Arten: Saatgans, Schneegans, auf Spitzbergen auch Ringelschnabel, Kurzschnabel und Weißwarzengans.
(Lithographie von Friedrich Eugen Köhler, 1902)

die mikroklimatischen Voraussetzungen wirken sich ungünstig aus. Bedeutsam ist die Bodenchemie der Arktis. Dort, wo die Voraussetzungen für das Leben von Moosen und niederen Pflanzen gegeben sind, zeigen sich besondere genetische Modifikationen der Arten. Niedriger und kompakter Wuchs in zeitlich kurzen Vegetationsperioden hilft Austrocknung, Kältestreß und die Wirkung der Winderosion durch mitgeführte Schneepartikel oder Sandkörner zu verringern. In den arktischen Tundren Nordgrönlands wurden Mitte Mai bei einer Lufttemperatur von $-12°$ C bei Kissenpflanzen (Steinbrechkissen) immerhin $+3°$ C gemessen, am Boden von Moospolstern sogar $+10°$ C. Auch die Mehrjährigkeit arktischer Pflanzen ist auf die besonderen Bedingungen im hohen Norden zurückzuführen. Knospen werden meist schon im Vorjahr ausgebildet. Zum Schutz gegen den Frost sind sie in der Regel behaart. Kaum gibt sie die Schneedecke frei, gehen die leuchtend farbigen Blüten auf. Samen überwintern meist ohne Schädigung, vom Schnee vor den eisigen Winden geschützt.

Doch trotz großer Anpassungsfähigkeit pflanzlichen Lebens setzt die Natur der Böden, Grundlage des Lebens aller höheren Pflanzen, dem Wachstum enge Grenzen. Die arktischen Böden sind jung und relativ flach. Zur Bildung einer Humusschicht wie bei uns kann es nicht kommen. Die sich ewig wiederholenden Wechsel von Gefrier- und Auftauphasen ermöglichen weder eine ausreichende Durchlüftung noch einen ausgeglichenen Wasserhaushalt. Weil die Entwässerung unzulänglich ist, bilden sich saure Böden, meist Sumpfböden mit kaum zersetzten organischen Bestandteilen. Während die Lebensprozesse rascher vonstatten gehen müssen, weil die Vegetationsperiode kurz ist, sind die Gärungs- und Auflösungsvorgänge organischer Reste langsam. Eine Bananenschale vergeht in der Antarktis erst in 100 Jahren; im arktischen Raum geht es zwar viel schneller, aber im Vergleich mit unseren Breiten immer noch äußerst langsam. Einen Sonderfall stellen die Böden der arktischen Inseln dar, vor allem dort, wo die Exkremente von Vogelkolonien den Boden düngen.

Oben, von links nach rechts: Polarmöwe im Sommerkleid, Schnee-Eule und Waldkauz (der nicht in der Hocharktis vorkommt) und Schneehuhn. Der Kolkrabe (darunter) gehört zu den rein hochnordischen Vogelarten.

In den Tropen ist die Artenvielfalt des pflanzlichen und tierischen Lebens am größten. Nach Norden zu nimmt die Zahl der Arten schrittweise ab. Nicht die Konkurrenz der Arten bestimmt hier ihre zahlenmäßige Verbreitung, sondern das Einvernehmen ihrer genetischen Struktur mit den besonderen Umweltbedingungen. In der kanadischen Arktis wurden 300 Pflanzenarten nachgewiesen, auf vergleichbarem Raum der Tropen aber 30000. Die Zeit seit der rund 10000 Jahre bestehenden Herausbildung des arktischen Lebensraumes war zu kurz zur Entwicklung neuer Arten. Immerhin drangen sogar Blütenpflanzen und Großtiere in den hohen Norden vor.

Zwar sind die großen Meeresbewohner und Landtiere rasch aufgeführt, aber sie haben beeindruckende Lebensformen herausgebildet. Bestimmte Prinzipien der Überlebensstrategie sind jeweils bei mehreren Arten nachzuweisen. Eine hervorstechende Anpassungstaktik ist die Fähigkeit, in einen Zustand der Kältestarre oder sogar des Einfrierens zu verfallen. Mehrere Spinnen- und Insektenarten sind den ganzen Winter hindurch gefroren und finden erst bei Temperaturanstieg im Frühjahr zu ihrem normalen Stoffwechsel zurück. Bei den nordamerikanischen Grizzly-Bären und dem Barry-Zisel ist im Winter ein sehr niedriger Stoffwechsel festzustellen. Einen regelrechten Winterschlaf halten arktische Landtiere aber nicht. Trächtige Bärinnen verbringen die Winter an Land in einer Art Halbschlaf im Schutz von Schneebänken, während die männlichen Tiere im Packeis jagen. Auch die Lemminge bleiben aktiv, allerdings in Tunneln und Nestern unter dem Schnee. Manche Tiere, vor allem die nordamerikanischen Karibu-Herden, wandern nach Süden. Die zunehmende Körpergröße von Arten, die auch im Norden Verbreitung fanden, wird durch das günstigere Verhältnis von Körpervolumen zur Körperoberfläche erklärt. Je geringer die Oberfläche der Körper, desto weniger Wärme wird abgestrahlt. Diese sogenannte Bergmannsche Regel gilt für Eisbären, Grizzly, Polarwolf, Rentiere, Moschusochsen, aber auch für die großen Meeressäuger wie Wale und verschiedene Robbenarten. Eine reichliche Behaarung, meist auffallend kurze Ohren bei Arten wie Polarfüchsen und Schneehasen, aber auch eine erhebliche Einlagerung von Fettsubstanzen (Bären, Wale) dienen der Kälteabwehr. Bei Vögeln wird die Wärmeisolierung durch ein dichtes Federkleid erreicht. Gänse bauen eine besonders dicke Fettschicht auf, bei Enten sind es die Daunenfedern, die schützen. Nicht alle arktischen Vögel, allerdings die überwiegende Mehrheit, ziehen nach Süden. Die Küstenseeschwalbe legt dabei 17000 km zurück. Schneehuhn, Schneeule, Falke, Rabe und die Elfenbeinmöwe bleiben im ewigen Schnee.

Unten: Spielende Grönlandwale und Schwertfische. Die Grönlandwale sind durch jahrhundertelange Jagd (seit dem 12. Jahrhundert) so dezimiert worden, daß die Walexpeditionen eingestellt wurden. (Lithographien von Friedrich Eugen Köhler, 1902)

Erst in jüngster Zeit wurden bei arktischen Arten auch interzelluläre Überlebensstrategien entdeckt. Bei einigen Käfern und Fischen lassen sich sogenannte Glykoproteine (ein Schutzmittel der Zellen) als gefrierhemmende Sub-

Von links nach rechts: Polarluchs, Grizzlybär und Polarfuchs. Dickes Fettgewebe und ein dichter, den Jahreszeiten angepaßter Pelzbesatz sichern das Überleben der Landtiere im arktischen und subarktischen Raum. (Illustrationen von G. Mützel aus Brehms Tierleben, 1877 – 79).

Ein etwa 40 kg schwerer Mammutstoßzahn. Bei den Stoßzähnen sind die Außenseiten stets abgeschabt. Deshalb kann man feststellen, ob ein Zahn von der rechten oder linken Seite stammt. Die Mammuts brauchten ihre Stoßzähne, um die Baumrinde (von Weiden, Lärchen oder Tannen) zu schälen oder um das Eis aufzubrechen, wenn sie trinken wollten.

stanzen nachweisen. Manche Phänomene des Kälteschutzes erinnern an den Austrockungsschutz von Pflanzen in der Wüste. Beim Steinbrech sind die Blätter lederartig ausgebildet. Beim Porst sind die Blätter stark behaart.

Auffallend für das arktische Ökosystem ist die bei größerer Biomasse geringere Produktivität. Der Vergleich mit südlicheren Systemen zeigt bei kleinerer Artenzahl eine Vielfalt von Individuen, während in den Tropen eine ungeheure Artenvielfalt jeweils relativ wenige Exemplare hervorbringt. Große Herden bzw. eine hohe Populationsdichte sind nämlich erforderlich, um das Bestehen der Art in einem klimatisch so extremen Lebensraum wie der Arktis zu gewährleisten.

Plötzliche und wiederholte Kälteeinbrüche können das Brutgeschäft von Vögeln so nachhaltig stören, daß nur ein Bruchteil der befruchteten Eier ausgebrütet wird. Zwischen den Jahren 1965 und 1975 sank auf der Wrangel-Insel durch schlechte Witterungsbedingungen im Frühjahr der Bestand der Kleinen Schneegänse von 400000 auf unter 50000. Ungewöhnlich frühe Frosteinbrüche im Herbst 1973 ließen, verbunden mit einem Unwetter, eine Eisschicht über dem Boden der kanadischen Inseln entstehen. Die hier lebenden Herden der Moschusochsen konnten nicht mehr weiden, weil sie nicht in der Lage waren, die Eisschicht zu durchbrechen. 75% des gesamten Tierbestandes gingen zugrunde. Hagelstürme im Juni, Frost im August löschen mitunter ganze Kolonien von Jungvögeln oder Hunderte von Karibu-Kälbern oder Jungrobben aus. Es gehört aber auch zum Ökosystem der Arktis, daß sich Populationen rasch erholen können. 1982 waren die Kleinen Schneegänse der Wrangel-Insel wieder auf 300000 Vögel angewachsen. Zyklische Veränderungen, bei Polarhasen etwa alle neun bis zehn Jahre, sind die Regel; sie bilden für die Arten das Risiko in dieser Umwelt.

Die Zahl der Barren Ground-Karibus sank in der Zeit von 1900 bis 1948 von 1,8 Millionen auf 700000 und dann bis 1955 auf 300000. Seitdem hat sich die Zahl stabilisiert. Bedrohlich für eine Art wird die Ungunst des Klimas nur selten, obwohl eine regionale Klimaveränderung Populationen in bestimmten Gebieten zum Verschwinden bringen kann. In Ostgrönland gibt es z. B. seit etwa 1940 die Anfang des 20. Jahrhunderts noch häufigen Rentiere nicht mehr. Ein solches Aussterben oder eine Abwanderung hat aber auch Konsequenzen für andere Tierarten. Fehlen die Rentiere, schwindet auch die Polarwolfpopulation. Wölfe leben davon, daß sie schwache Rentiere töten. Ein vergleichbares Phänomen ist auch beim Eisbärenbestand zu beobachten. Eisbären schlagen Robben, und von den Resten, die der Bär verschmäht, leben die Polarfüchse. Die Nahrungsketten sind kurz, die Veränderungen im Ökosystem dementsprechend rasch. Die Zahl der Polarfüchse kann auf 5 bis 10% ihres durchschnittlichen Bestandes fallen.

Von den weltweit nachgewiesenen 3200 Säugetierarten kommen in der Arktis, also etwa nördlich der Baumgrenze, nur 23 vor; von den etwa 8600 bekannten Vogelarten gelangten nur 70 nach Norden, um hier zu brüten, und nur sieben überwintern hier. Die biologischen Mechanismen der Stabilisierung von Populationen sind noch weitgehend ungeklärt. Nur selten sind bei einzelnen

Links: Schlafendes Eisbärweibchen. Die Eisbären machen keinen Winterschlaf. Nur das Weibchen sucht manchmal schützende Schneehecken auf, um einen kurzen Schlaf zu halten (Churchill-Gebiet, Manitoba).

Arten die Zusammenhänge so deutlich wie bei manchen Vögeln. Werden nämlich Gelege oder Jungvögel durch Kälte oder hungernde Nesträuber zerstört, so nisten bestimmte Vögel bei klimatisch günstigen Verhältnissen zwei- oder sogar dreimal im Jahr. Wodurch dieses neuerliche Nisten allerdings ausgelöst wird (etwa hormonell), ist unerforscht.

Eines der seltsamsten Tiere der Arktis ist der Moschusochse, der hier nur in einer einzigen Art vorkommt. Für seine Größe bewegt sich der Moschusochse schnell und gewandt. Auf der Flucht können sich die Tiere kilometerweit im Galopp bewegen. Sie sind sichere Kletterer, ein Erbteil der Abstammung von Arten, die einst zentralasiatische Hochebenen bevölkerten. Ein dickes Fell aus langem Oberhaar und dichtem, wolligem Unterfell läßt die Tiere auch Temperaturen von − 40° C ertragen. Wie die Bisons stoßen sie zwischen Mai und Juli ihr dichtes Wollhaar in Streifen oder Büscheln ab. Barry Lopez hat mit großer Bewunderung über dieses Tier, das die Eskimos «das Tier mit der Haut wie ein Bart» nennen, geschrieben: «Moschusochsen sind unter den Wiederkäuern einzigartig, weil sie so viel Körperkontakt suchen. Selbst wenn sie flüchten, galoppieren sie Schulter an Schulter, Flanke an Flanke. Zu den umwerfendsten Beobachtungen, die ich je gemacht habe, gehört der Anblick einer Herde Moschusochsen auf der Seward-Halbinsel, die, erschrocken über ein niedrig fliegendes Flugzeug, auf einer Hügelkuppe wendete. Sie bewegten sich wie ein einziges Wesen, bäumten sich in einer engen Wendung auf, um die Richtung zu ändern. Das wilde, gleichzeitige Schwingen ihrer langen Haarschürze war wie eine dunkle Woge, die an einer Klippe hochsteigt, bevor sie in sich selbst zurückfällt.» Moschusochsen-Forscher äußern sich oft zu diesem Synchronismus ihres Verhaltens; sie sagen zum Beispiel auch, daß eine Herde im Winter wie im Sommer in einem Rhythmus von etwa 150 Minuten frißt und ruht.

Bei der Annäherung von Feinden einschließlich der Menschen mit ihren Hunden drängen die Moschusochsen sich aneinander, manchmal sehr schnell und gelegentlich als Reaktion auf das plötzliche Brüllen eines Leitbullen. (Der Leitbulle zeichnet sich jedoch häufiger dadurch aus, daß er in solchen Situationen als letzter reagiert und sich als erster wieder entspannt.) Die Tiere drängen sich zunächst oft zu einer Frontlinie zusammen, wobei der Leitbulle in der Mitte und ein bißchen weiter vorne steht, die jüngeren Bullen an den Flanken. Wenn das nahende feindliche Tier die Richtung ändert oder wenn es sich um mehrere Tiere handelt, können die Moschusochsen auch einen Verteidigungsring bilden, Hinterteil an Hinterteil, Kälber und Jährlinge zwischen den ausgewachsenen Tieren verkeilt.

Der Moschusochse gehört zu den wenigen Großtieren, welche die Eiszeit und die Nachstellungen früher menschlicher Jäger überlebt haben. Das Mammut, der große Wolf, das Nordamerikanische Kamel, der Kurzschnauzenbär und der ältere Säbeltiger sind ausgestorben. Die genetische Entwicklung des Moschusochsen führte zu einer optimalen Anpassung an die Tundra der nordamerikanischen Arktis. Nahrungskonkurrenten hat er hier nicht, und mit seinen natürlichen Feinden wird er fertig. Doch bei allem Mut, der diesen Tieren nachgesagt wird: Vor den Menschen sind sie schutzlos.

Oben: Moschusochsen im Arctic National Wildlife Refuge. Droht einer Herde Gefahr, dann bilden die erwachsenen Tiere um die im Frühjahr geborenen Kälber einen schützenden Ring.

Die sanften Riesen

Rechte Seite: *Der Zugang zu einem Fischerhaus an der nördlichsten Spitze Alaskas. Im Hintergrund die Eisdecke des Arktischen Ozeans, vorne die aufgestellten Unterkieferknochen eines im Vorjahr getöteten Polarwals. Dahinter ein aus Walroßhaut gebautes Umiakboot, das zum Jagen benutzt wird.*
Mitte April ist das Eis nördlich der Beringstraße noch fest. Über eine Million Tiere warten dann darauf, zur jährlichen Wanderung aufbrechen zu können.

Zuerst denkt man, es sei nur eine schwarzglänzende, treibende Insel. Dann aber taucht ein riesiger Kopf auf, der fast ein Drittel des Körpers ausmacht. In seinen geöffneten Rachen würde bequem ein Ruderboot mit kompletter Besatzung passen. Im strahlend hellen Licht der Arktis wird die biblische Legende von Jonathan zu neuem Leben erweckt.

Zwei mächtige, durch S-förmige Spritzlöcher über dem Maul ausgestoßene Wasserfontänen aus winzigen Kondenströpfchen zischen bis zu fünf Metern hoch in die Luft. So setzt sich in den bleigrauen, die Nordküste Alaskas umspülenden Gewässern der unumstrittene Hauptdarsteller des arktischen Ozeans, der Grönlandwal, auch *Balaena mysticetus* oder Bow Head genannt, effektvoll in Szene.

Bis hierher hat er erst eine kurze Reise hinter sich: vom südlichen Rand des Beringmeers, vorbei am westlichen Teil der Beaufortsee bis in das Innere der Arktis. In der Vergangenheit lauerten ihm auf diesem Weg die Walfänger auf, um ihn mit ihren Harpunen zu erlegen; heute hingegen sind es Forscherteams, die seine Wanderroute untersuchen wollen. Und nur wenig weiter nördlich erwarten ihn die Inuitvölker, die an der Nordküste der westlichen Arktis lebenden Eskimos. Nur sie allein haben noch die Genehmigung, Wale zu fangen. Der Walfang ist als regelmäßig wiederkehrendes Ereignis Zeugnis einer Kultur, die immer stärker vom Untergang bedroht ist. Wer die wandelbare Welt des Packeises nicht kennt, kann sich kaum vorstellen, welchen Schwierigkeiten die Wale auf ihrer Reise ausgesetzt sind. Es kann zum Beispiel vorkommen, daß die gefrorene Meeresoberfläche, das Packeis, plötzlich aufreißt und neue Wasserstraßen entstehen läßt, oder daß es zu mächtigen Monolithen erstarrt, die die bereits vorhandenen Kanäle wieder verschließen.

Da sich die Landschaft ständig verändert, tauchen auf diesem langen Weg oft unvorhersehbare Hindernisse auf. Dennoch gelingt es dem Grönlandwal durch einen außergewöhnlichen siebten Sinn, auch die Stellen zu passieren, an die sich sonst kein anderer Wal seiner Größe heranwagen würde.

Ziel der Wanderung ist der hohe Norden und nicht etwa die südlichere Region mit milderem Klima. Wale scheuen nämlich wärmere Gewässer, weil die Natur sie für arktische Temperaturen geschaffen hat.

Die erwachsenen Weibchen sind normalerweise größer als ihre männlichen Artgenossen und können bis zu 18 Meter lang und 50 bis 60 Tonnen schwer werden. Sicherlich gab es aber in früherer Zeit, als noch 150000 bis 200000 Grönlandwale das Nordmeer bevölkerten, auch Giganten von bis zu 20 Metern oder mehr. Durch ihren gerundeten Körperbau, der im Vergleich zur Stromlinienform anderer Finnwale schwerfällig aussieht, scheint der Grönlandwal für den Kampf gegen das Eis wie geschaffen. Kein anderer vergleichbarer Wal besitzt eine teilweise bis zu einem halben Meter dicke Fettschicht, die den gesamten Körper schützend umhüllt. Der Grönlandwal ist auch der einzige, dessen Atemorgane doppelt so viel Sauerstoff im Körper verteilen können wie bei anderen Walarten. Bei ausgedehnten Wanderungen kann er bis zu einer Stunde unter dem Eis aushalten, ehe er schließlich durch einen Spalt auftauchen muß, um wieder Luft zu holen.

Seine großen Vorzüge sind jedoch auch der Grund für seinen Untergang: Das enorme, aus etwa vier Zentnern Barten bestehende Gebiß liefert wertvolles Horn. Darüber hinaus kann ein mit der Harpune erlegter Wal den Schlächtern im glücklichsten Fall bis zu 28000 Liter Öl einbringen. Fügt man dem noch die etwa hundert anderen Rohstoffe hinzu, die der Wal liefert, so wird verständlich, warum er noch bis vor wenigen Jahren, als die Öffentlichkeit für die Umweltproblematik nicht sensibilisiert war, für die Walfänger eine wahre Schatzgrube

darstellte und zum Opfer gnadenloser Fangmanöver wurde. Wirft man einen Blick auf die letzten dreihundert Jahre, in denen er verbissen gejagt wurde, ist es fast verwunderlich, daß rund achttausend der zwischen Beringstraße und Beaufortsee lebenden Riesen diese Raubzüge überlebt haben.

Erst vor dreißig Jahren wurde man sich allmählich der Gefahrt bewußt, daß hier eine ganze Tierart vom Aussterben bedroht war.

Das grausame Waltöten im Nordpolarmeer begann 1607, als der Pionier Henry Hudson von einer Reise in die Arktis mit der Nachricht zurückkehrte, daß es dort «riesige Walfischreserven» enormen Ausmaßes gebe. Diese Neuigkeit verbreitete sich in Windeseile an den Häfen und löste ein «Walfieber» mit verheerenden Folgen aus. Als erste stachen die Engländer mit Kurs auf die Arktis in See, und kurz darauf folgten ihnen die Holländer. Das Konkurrenzdenken zwischen den Walfängern aus allen Ländern spitzte sich schließlich derart zu, daß es zu bewaffneten Auseinandersetzungen kam. Das wirkliche Opfer dieses Seekrieges war jedoch, wie Farley Mowat in seinem berühmten Buch «Meer der Massaker» erzählt, der Wal selbst, dem keine Grausamkeit der Rivalen erspart blieb; noch härter wurde der Kampf, als schließlich ein dritter Konkurrent, die amerikanischen Walfänger, um die Vorherrschaft in diesem Spiel rang.

In den Zeiten, in denen das Walfangfieber seinen Höhepunkt erreichte, wurden in jeder Fangsaison 2000 Tiere getötet, und zwar von Schiffen aus einem halben Dutzend Ländern, die die arktischen Gewässer auf der Suche nach den

Linke Seite: *Hundegespann vor einem Schlitten.*

Unten: *Ein Grönland-Eskimo der Westküste kehrt mit seinem Hundegespann von der Jagd zurück.*

Ganz unten: *Vor einem Wettrennen werden die Kufen der Schlitten präpariert.*

mächtigen Beutetieren systematisch plünderten. Ein besonders harter Schlag gegen den Fortbestand der Wale waren die im 19. Jahrhundert aufkommenden, eng geschnürten Mieder, in welche die umgangssprachlich als «Fischbein» bezeichneten Barten des Wals eingearbeitet wurden. In einigen Fällen ging man nur noch mit dem Ziel auf Walfang, dieses außergewöhnlich biegsame «Produkt» zu ergattern, dessen Elastizität mit dem erst hundert Jahre später erfundenen Plastik durchaus vergleichbar war.

Fischbein konnte zu den verschiedensten Gegenständen verarbeitet werden, zum Beispiel zu Sonnenschirmgestängen, Peitschen, Kragenstäbchen, Hosenträgern, Spazierstöcken, Möbelfedern, Fensterrouleaus und Korsettstangen. Die Seefahrer machten zwar keinen Hehl aus ihrer Bewunderung für den mächtigen Wal, dessen «Schönheit und majestätische Anmut» sie gerne beschrieben, sie waren allerdings – wie der Kapitän eines Walfängers schrieb – auch nicht dazu bereit, «den Wert der Beute aus Mitleid zu opfern».

Wenn die Wale zu groß waren, als daß man sie hätte fangen können, schreckten die Fänger auch vor den kleineren Exemplaren nicht zurück. Von blindem Tötungsdrang und Profitgier getrieben, machten sie nicht einmal vor den ganz jungen Walen halt, die ihnen nur wenige Fässer Öl und eine verschwindend geringe Menge oder gar kein Fischbein garantierten.

In den ersten Jahrzehnten des zwanzigsten Jahrhunderts ging man mit ziemlicher Sicherheit davon aus, daß der Grönlandwal ausgestorben sei. Diese Annahme war jedoch falsch. Aufgrund ihrer großen Vertrautheit mit dem Eis konnten einige Exemplare den Fängern entkommen und in weniger gut zugänglichen Winkeln des Packeises Zuflucht finden. Vermutlich handelte es sich dabei nur um wenige hundert Tiere, aber ihre Zahl reichte noch aus, damit sie sich jeden Sommer paaren und nach einer zehnmonatigen Tragzeit Junge gebären konnten. Der Fortbestand der Wale war somit gesichert.

Heute stehen Grönlandwale unter Naturschutz. Im Vergleich zu früher existiert jedoch nur noch eine bescheidene Anzahl von ihnen, die sich allmählich auf einem konstanten Niveau einpendelt. Außer für die Eskimos, die die Genehmigung haben, jedes Frühjahr die zu ihrer eigenen Versorgung nötige Anzahl an Tieren zu erlegen, ist der Walfang verboten. Die Fangquoten, die mit dem Ziel festgelegt wurden, diese Tierart vor dem Aussterben zu schützen, stützen sich auf Statistiken, die von Wissenschaftlern erarbeitet wurden.

Die Monate April und Mai verbringe ich in North Slope Borough, an der äußersten Nordspitze Alaskas, mit einer Gruppe von Forschern, die die Lebenswelt des Grönlandwals und seine Gewohnheiten erforschen. Für das vorwiegend aus Amerikanern und Kanadiern bestehende Team besteht die größte Herausforderung darin, den Verantwortlichen, die über die Zukunft dieser Region entscheiden, Pläne zur Erhaltung des empfindlichen Ökosystems der Arktis zu unterbreiten. Die Forschungsmethoden sind unterschiedlich: Einige Wissenschaftler ziehen mit traditionellen Fortbewegungsmitteln im Territorium der einheimischen Inuit über das Packeis und entnehmen den von ihnen gefangenen großen Säugern Gewebeproben, die anschließend im Labor analysiert werden. Andere verfolgen die Wanderung der Wale und ihr Verhalten von Flugzeugen des Typs «Twin Otter» aus, die mit hochentwickelten technischen Instrumenten ausgerüstet sind. Sie fotografieren die Wale aus der Luft, um aus den Aufnahmen Erkenntnisse über die Größe des Tieres, seine Geschwindigkeit und den in diesem besonderen Abschnitt der Route eingeschlagenen Kurs zu gewinnen.

Die Arbeitsgruppe, der ich mich angeschlossen habe, wird von Professor George Craig geleitet. Für ihn und seine Mitarbeiter verkörpert der riesige Wal in erster Linie Musik. Die Wissenschaftler versuchen nicht, Kontakt zu den

Vorhergehende Doppelseite: *Der kräftige Leithund und sein Gespann während eines Schlittenrennens. Die Gespanne bestehen aus 10 bis 14 Hunden.*

Walen durch reines Beobachten herzustellen, sondern sie orten mit hochempfindlichen, auf seiner üblichen Route angebrachten Mikrofonen die Laute, die er unter Wasser ausstößt. Die Mikrofone übertragen die «Unterhaltung» der Wale. Die empfangenen Töne werden auf ein tragbares Aufnahmegerät überspielt, wo sie einzeln aufgezeichnet und in Schemata eingetragen werden.

Die Stimmen aus der versunkenen Welt erreichen das menschliche Ohr sogar aus größter Entfernung, denn die physikalischen Eigenschaften des Wassers werden im Packeis der Arktis noch weiter verstärkt und begünstigen die Übertragung der Laute. Wie ein Verstärker fängt das Eis sogar die leisesten Geräusche ein und vervielfacht sie, bevor sie dann weitergeleitet werden. Die Wale machen sich diese Verständigungsmöglichkeit auf außergewöhnliche Art zunutze, und deshalb kann man sie als die gesprächigsten Lebewesen ansehen.

Einige Forscher versuchen, eine besondere Theorie zu beweisen: Danach können die Wale während ihrer Wanderung von den Tieren, die vor ihnen im Rudel

Etwa 20 Kilometer vor Barrow, an der Grenze zwischen Eis und Meer, wo im April die Sonne auch nachts nicht untergeht, haben Eskimos ihr Lager aufgeschlagen und warten …

herziehen, Nachrichten darüber empfangen, ob sich die Eismassen an bestimmten Stellen öffnen oder unvorhergesehen schließen. Diese wahrscheinlich richtige Annahme ist jedoch bisher nicht endgültig belegt.

Allerdings konnte in den letzten Jahren wissenschaftlich bestätigt werden, daß die Wale tatsächlich die außergewöhnliche Fähigkeit haben, sich unter Wasser zu orientieren.

Der Gesichtssinn der Bow Heads spielt für die Wahrnehmung nur eine sehr untergeordnete Rolle, denn diese Walart verbringt während des Winters einige Monate in absoluter Dunkelheit, so daß ihre Sehfähigkeit verkümmert ist. Ihr Hörvermögen ist hingegen viel stärker ausgebildet und wird ausgiebig genutzt. Durch Echolotierung, eine raffinierte, biologisch bedingte Fähigkeit, können die Bow Heads durch eine Art natürliches Sonargerät die vor ihnen liegenden Hindernisse wahrnehmen und stehen damit innerhalb der «Wanderkultur» der Polarwale an der Spitze. Durch kontinuierliches Aussenden von Tönen und den Empfang des entsprechenden Echos, das vom Hindernis zurückgeworfen wird, können sie feststellen, ob ein Eiskorridor sich gerade schließt und ihnen den Weg versperrt. Die auf diese Weise gewonnenen Informationen – auch hier zeigt sich wieder der hohe Grad an Geselligkeit der Wale – verarbeitet das einzelne Tier nicht nur für sich allein, sondern sie werden während der Wanderung zum Gemeingut der gesamten Gruppe. Daher resultiert also die «Gesprächigkeit» der Wale, ihre kontinuierliche Verständigung untereinander, über die man immer noch so wenig weiß.

Unter der Leitung von Cristopher Clar, eines Experten für die akustische Kommunikation der Wale, hat ein anderes Forscherteam innerhalb einer Stunde über vierhundert Nachrichten aufgezeichnet. Nach Ansicht der Wissenschaftler haben diese Botschaften nicht nur einen Sinn, sondern auch einen bestimmten

Eskimos haben sich auf das offene Meer hinausgewagt und steuern ihre Boote mit altbewährter Geschicklichkeit. Hier werden moderne Zweckmäßigkeit und antike Techniken miteinander verbunden.

Empfänger. Aber diese Hypothese bleibt bisher ebenfalls unbewiesen. Bei direkter Beobachtung des Gruppenverhaltens meint man jedoch festzustellen, daß die Tiere an der Spitze eines Rudels erst einige hundert Meter vor einem den Weg versperrenden Eisblock innehalten, während die Tiere am Ende der Gruppe schon über einen Kilometer vorher einen anderen Kurs einschlagen, um das Hindernis zu umschwimmen. Meiner Meinung nach ist es unbestreitbar, daß sie die von ihren Artgenossen an der Spitze ausgesandte Warnung empfangen haben.

Dieser «Nachrichtenaustausch unter Reisegefährten» erscheint uns Menschen sehr emotionsgeladen. In jedem Fall muß es einen einfach beeindrucken, wenn man die teilweise an ein Ächzen erinnernden Klagelaute hört, die George Craigs Hydrophone übertragen. Auch wenn sich die Wale dessen natürlich nicht be-

Eine alte Jagdregel besagt, daß der Jäger, auch wenn er sich hinter einem noch so kleinen Eisberg versteckt, von den ansonsten scharfsichtigen Beutetieren nicht entdeckt werden kann. Die Eskimos wissen, daß der Wal mit gleichbleibender Geschwindigkeit immer in dieselbe Richtung zieht. Daher reicht ein Blick, um seine Position zu berechnen.

wußt sind, erweisen sich diese Klänge als wertvolle Informationsquelle für die Wissenschaftler. Jedes Geräusch trägt in gewissem Sinne eine individuelle Handschrift, denn keiner der von den Walen ausgestoßenen Laute gleicht dem anderen. Die Aufnahmen lassen auch Aussagen über die Höhe des Bestandes zu: Aus der Anzahl der aufgezeichneten Laute läßt sich nämlich die Anzahl der Tiere ableiten, die auf der Wanderung sind.

Während wir konzentriert zuhören, erklärt Craig mir: «Die Laute, die wir gerade vernehmen, werden von Tieren erzeugt, die noch ziemlich weit, mindestens fünf Kilometer, von uns entfernt sind. Die akustischen Signale ermöglichen es ihnen, auch zwischen die dickeren Eisschichten vorzudringen. Diese Wale besitzen eine biologische Technik, die nahezu unglaublich ist.»

Ganz oben: *Im Frühling treffen Wissenschaftler aus ganz Amerika in Barrow ein. Durch Beobachten können sie Geschwindigkeit und Wanderrichtung der Wale mit großer Genauigkeit bestimmen. Außerdem können sie anhand der Größe der Wale deren Alter berechnen.*

Oben: *Seit Jahrtausenden pflegen die Inuit die Tradition des Walfangs. Die Walfangriten stellen den Angelpunkt ihrer Kultur dar, ein spirituelles Band, das dem Wandel der Zeit widerstanden hat.*

Während wir weiter den stöhnenden Rufen lauschen, bietet Craig mir an, zu übersetzen. «Aufgrund der Laute, die wir jetzt gerade hören, nehme ich an, daß die Wale die Fortsetzung ihrer Wanderung in den nächsten offenen Kanal ankündigen. Da sie aber in manchen Gebieten selbst das Eis aufspalten, ist es wahrscheinlich, daß sie das auch heute tun werden: Sie versuchen dabei, die gefrorene Oberfläche an besonders dünnen Stellen zu sprengen, um aufzutauchen und Luft zu holen. Auch wenn sie unter Wasser lange ohne Sauerstoff auskommen, müssen sie doch ab und zu einen Spalt finden, um wieder Luft in ihre Lungen zu pumpen.»

Der Walgesang ist ein Phänomen, das die Wissenschaftler besonders beeindruckt. Einige behaupten sogar kühn, daß die Tiere eine Art embryonale Dichtung komponieren. Katy Payne hat zusammen mit ihrem Mann Roger über den

Gesang der Buckelwale Untersuchungen durchgeführt, die in der ganzen Welt bekannt wurden; sie kommen zu der gewagten Hypothese, daß möglicherweise jeder «Satz» mit einem Reim abgeschlossen wird. Der komplizierte Gesang des Buckelwals scheint auch andere Hypothesen zu rechtfertigen. Was die Klangvielfalt angeht, ist ihm der Grönlandwal unterlegen. Dieser besitzt aber, vom Buckelwal abgesehen, ein so reichhaltiges Tonrepertoire wie kein anderer Wal. Aus den Aufzeichnungen geht hervor, daß seine Stimmpalette – sie umfaßt sieben Oktaven – extrem breit gefächert ist. Craig hat mir außerdem von einer anderen überraschenden Entdeckung berichtet: «Jede Gruppe der in der Arktis lebenden Wale zeichnet sich durch einen individuellen Gesang aus, der scheinbar aber nicht ein ganzes «Walleben» lang gesungen wird, sondern sich von Jahr

Unten: *Seit dreizehn Jahren beschäftigt sich der Wissenschaftler David Rugh vom Staatlichen Forschungsinstitut für Meeressäugetiere in Seattle mit den Polarwalen.*

Die beiden Fotos ganz unten zeigen denselben Wal, den David Rugh bereits vor zwei Jahren an ungefähr der gleichen Stelle, im Norden von Point Barrow, während der Wanderung fotografiert hatte. Man erkennt ihn an der Hautmusterung und den Zeichen auf dem Körper.

zu Jahr ändern kann. Man hat entdeckt, daß sich dann alle Mitglieder des Rudels – wie, ist allerdings ungewiß – der neu «angestimmten» Melodie anpassen.

Das geheimnisvolle, faszinierende Konzert wird fortgesetzt. Die Stimmen der Wale werden von anderen überlagert. «Wir empfangen die Stimmen vieler Tiere», sagt Craig. «Zum Beispiel die der Ringelrobben und Bartrobben. Da ... hörst du das Pfeifen? Das war eine Bartrobbe. Wir hören auch oft die Signale der Belugas. Die Gewässer der Arktis sind ein dichter Klangdschungel. Auf dem Packeis scheint alles eher ruhig und still; aber durch unsere Echolote können wir den dumpfen Schleier dieser in Wirklichkeit klanggewaltigen, lebenssprühenden Welt lüften.»

Dem musikalischen Vortrag folgt ein visuelles Schauspiel. Zusammen mit den Forschern beobachten wir die Wale aus der Luft. Vom Hubschrauber aus, der mit hochentwickelten Aufnahmegeräten zur Erfassung statistischer Daten ausgerüstet ist, können die Wissenschaftler die Wanderroute noch aus achtzig Kilometern Entfernung von der Küste aus verfolgen. Für die Erforschung der

Unten: *Ein harpuniertes Walroß. Die Großtiere werden von Familiengemeinschaften gejagt. Vom schmalen Kajak aus ist die Jagd mit der Harpune gefährlich. Der Jäger muß sein Boot bestens beherrschen, um nicht zu kentern.*

Folgende Doppelseite: *Round Island in der Beringsee bei Alaska ist noch eine der wenigen Stellen, wo man Ansammlungen von mehreren tausend Walrossen sehen kann.*

Unten rechts: *Das zwischen 400 und 500 kg schwere Walroß wird von den Männern an Land gezogen.*

Meereskolosse ist das sehr wichtig. Früher hielt man das Packeis für eine unergründliche Masse, und es schien ein hoffnungsloses Unterfangen, die Reiseroute der Wale nachzuvollziehen. Heute hingegen, wo man die Möglichkeit hat, das Packeis von der Luft aus zu erforschen, läßt sich bei den größten Spalten, durch die die Wale hindurchziehen können, eine gewisse Regelmäßigkeit erkennen. So kann man sogar eine Karte über ihre Wanderroute erstellen.

An Bord herrscht große Aufregung. Nicht weit entfernt schwimmt eine Gruppe von Walen. Der Biologe David Rugh, der für das National Marine Mammal Laboratory der Vereinigten Staaten arbeitet und seit dreizehn Jahren für das Studium der Wale in der Arktis verantwortlich ist, zeigt mir ein beeindruckendes Durcheinander von Apparaten, mit denen das Verhalten der Riesen beobachtet werden soll. «Mit all diesen Geräten machen wir Luftaufnahmen von den Tieren, die wir sehen. Dies ist der Auslöser für den Fotoapparat; er setzt gleichzeitig den Bordcomputer in Betrieb, an den die Signale weitergegeben werden. Der Rechner zeigt dann Breiten- und Längengrad der angepeilten Position an.»

Rugh unterbricht sich. Eine riesige Silhouette zeichnet sich unter uns ab. Rugh vermutet, daß sie nur noch gut fünfzig Meter entfernt ist. Schnell gibt er seinen Mitarbeitern einige Anweisungen, damit die Aufnahme gelingt wie geplant. «Noch etwa dreißig Sekunden, dann sind wir senkrecht über ihm», spricht er in das Mikro seines Kopfhörers. «Macht euch fertig.» Dann zählt er rückwärts: «Noch fünf ... vier ... drei ... zwei ... eins ... Jetzt! Geschafft! Die Aufnahme müßte eigentlich gut geworden sein.» Auch dieses Bild erweist sich für Rughs Team als wertvoll. Mit solchen Fotos lassen sich Geschwindigkeit und Zugrichtung der Wale genau bestimmen. Darüber hinaus kann so ihre Länge errechnet werden, und man kann feststellen, wie viele erwachsene Wale und wie viele Junge dabei sind. Auch die Videoaufzeichnung erweist sich als sehr nützlich. Auf dem Bildschirm verfolge ich einen Wal, der auf eine enge Eisöffnung zuschwimmt. Einer der Forscher erklärt mir, das Tier habe die Eisdecke durchbohrt, um Luft zu holen, denn sein Körper sei von Narben und besonderen Spuren gezeichnet. Da jeder Wal eine eigene Zeichnung der Haut hat, ist es möglich, jedes einzelne Tier zu identifizieren.

Der Videofilm läuft weiter. Neue Wale tauchen auf, jedoch nicht hintereinander, denn während der Wanderung schwimmen sie in unregelmäßigen Ab-

Unten: *Aus weit abgelegenen Dörfern ziehen Inuitjäger in kleinen Gruppen an die eisfreien Gewässer, um sich dort auf den uralten Walfangritus vorzubereiten. Der Walfang, auf den die jungen Eskimos ihre Eltern bereits mit neun Jahren zum ersten Mal begleiten, ist ein Höhepunkt in ihrem Leben.*

ständen. Angesichts der Schwierigkeiten auf der Strecke muß jedes einzelne Tier seine eigene Geschwindigkeit festlegen und dabei genügend Platz haben. Es schwimmt im Rudel in einem Abstand von einigen Minuten zwischen Vorder- und Hintermann. Dieses Verhalten hat dem Wal den Beinamen «Einzelgänger der Arktis» eingebracht, auch wenn er im Grunde gar kein Einzelgänger ist. An einer Stelle des Films sehe ich zwei nebeneinander schwimmende Schattenrisse. Hier handelt es sich allerdings nicht um eine Ausnahme, sondern um eine

Mutter, die neben ihrem Kleinen herschwimmt (der «Kleine» ist allerdings etwa fünf Meter lang oder vielleicht auch mehr).

Die Walmütter in der Arktis umhegen ihre Jungen mit großer Fürsorge und lassen sie niemals allein. Dieses Verhalten war auch den Walfängern wohlbekannt; sie nutzten es gewissenlos aus, indem sie das Junge verletzten, ohne es jedoch dabei zu töten. So war es ihnen ein leichtes, die Mutter zu töten, da sie sich von dem Jungen nicht trennt und sich deshalb selbst nicht in Sicherheit bringt.

Die bisher im Rahmen solcher Walzählungen erarbeiteten Ergebnisse lassen relativ ermutigende Schlußfolgerungen zu. In den letzten Jahren befürchtete man zu Recht, daß die Eskimos mit den technisch hochmodernen Waffen aus den Industrieländern ein blutiges Walmorden inszenieren würden. In Wirklichkeit ist jedoch die Anzahl der Wale heute sogar höher als vorhergesehen.

Außer dem Menschen kann nichts und niemand die lange Reise der Wale in die sommerlichen «Weidegebiete» aufhalten. Dort stärken sie sich nach der harten Kraftprobe mit üppigen Planktonhappen. Es sieht beinahe so aus, als ob die Vorfreude auf das bevorstehende Bankett den wuchtigen, gedrungenen Körpern Flügel verleihen würde. In weniger als zwei Wochen bewältigen sie die restlichen achthundert Kilometer und erreichen schließlich Point Barrow. In diesem Gebiet liegen die Eskimos gespannt und voller Erwartung im Hinterhalt

Unten: *Um den Walbestand konstant zu halten, ist der Fang allen außer den Eskimos streng verboten. Die lederbezogenen Boote von einst sind zwar durch Motorboote ersetzt worden, ansonsten hat sich aber an der Jagd selbst kaum etwas verändert. Das Foto zeigt Inuitjäger von der Baffin-Insel.*

bereit, um den «Großen Lieferanten», wie sie ihn in ihrer Sprache nennen, in Empfang zu nehmen.

Es ist zwei Uhr morgens, und ich möchte noch einige Stunden schlafen. Ich höre, daß die Inuit sich noch unterhalten. Sie legen sich nicht zur Ruhe, sondern arbeiten die ganze Nacht durch. Während des langen, düsteren Polarwinters haben sie so viel geschlafen, daß sie jetzt, wo die geizige Sonne sie wieder mit einigen Strahlen belohnt, begieriger darauf sind, etwas zu erleben, als sich auszuruhen. Als ich aufwache, hat sich die Spalte, die auch als Crack bezeichnet wird, geöffnet. Jetzt heißt es abwarten. Während wir auf die Ankunft des «Großen Lieferanten» warten, spreche ich mit einem der Jäger. Er sagt: «Meine Familie, mein Vater und mehr noch mein Schwiegervater haben mir viel über die Listen und Regeln beim Walfang beigebracht und erteilen mir auch heute noch Ratschläge. Und auch ich gebe meine Kenntnisse weiter. Der Junge hier ist mein

Von oben nach unten: *Inuitjäger auf der Baffin-Insel. Die Inuit stammen zwar alle von demselben Volksstamm ab, haben aber unterschiedliche Jagdtechniken entwickelt.*

Die Inuit Nordalaskas gehören zu den wenigen Gruppen, die noch Polarwale fangen.

Die Inuit von der Cornwallis-Insel unterscheiden sich von den anderen Gruppen dadurch, daß sie mit ihren Schlitten große Distanzen zurücklegen.

Vorhergehende Doppelseite: *Mit ihrer engen Bindung zu Land, Meer und Tieren, die man als Fremder wohl nie ganz nachvollziehen kann, bringen die Eskimos dem Polarwal nicht nur Achtung, sondern auch tiefe Verehrung entgegen. Das Bild zeigt ein Inuitlager auf der Eisdecke nördlich von Point Barrow.*

Sohn Tony. Er ist zehn Jahre alt, genauso alt wie ich war, als ich zum ersten Mal zum Walfang hierherkam.»

Obwohl den Eskimos moderne Fahrzeuge zur Verfügung stehen, haben sie die überlieferten Methoden nicht vergessen. Sie wissen, wie man sich aus dem Hinterhalt mit dem Boot einem Wal nähert, oder wie man sich zwischen den Eismassen fortbewegt; all das geschieht mit einer Geschicklichkeit, die sich im Laufe der Zeit bewährt hat. Auch wenn der Fänger «seinen» Wal, den er im Crack entdeckt hat, einen Moment lang nicht sieht, weiß er doch, was dieser gerade macht, denn der Wal schwimmt immer mit gleichbleibender Geschwindigkeit in dieselbe Richtung.

Neben mir sind zwei Eskimos auf Eisriffe geklettert und haben den ersten Wal der Saison ausfindig gemacht. Es vergehen nur wenige Minuten, bis ihm auch

schon fünf seiner Artgenossen folgen. Jetzt kommt es auf die Fähigkeiten der Harpuniere an. In den Erzählungen der Walfänger stößt man immer wieder auf Geschichten über gekenterte Boote, die von den Walen mit Hieben der erschreckend kräftigen Schwanzflossen in die Luft geschleudert wurden. Dabei handelt es sich nicht um sagenhafte Überlieferungen, sondern wahre Begebenheiten: Die Tiere waren rasend vor Schmerz, weil Harpunen in ihrem Fleisch steckten, und sie stellten Geschicklichkeit und Widerstandsfähigkeit von Männern und Booten auf eine harte Probe.

Der Wal schwimmt mit regelmäßigen Stößen weiter. Als er auftaucht, um Luft zu holen, schleudert George, der gelenkigste der Harpuniere, seine Waffe auf das Tier. Es ist zwar getroffen, aber bis man es sicher ans Ufer ziehen kann, sind noch etliche Harpunenstiche nötig. Andere Boote kommen näher, um an

Oben: *Zur Jagdzeit ziehen Hunderte von Jägern an die gleiche Stelle, um mitzuhelfen, die Beute mit einem einfachen, aber sehr wirksamen Seilzugmechanismus auf die Eisdecke zu hieven.*
Wie in der Vergangenheit ist auch heute der Fang eines Wals immer noch Anlaß, ein Freudenfest zu feiern. Die Eskimos sind so traditionsbewußt, daß die Jagdriten bei ihnen ungefähr den Stellenwert einer Religion einnehmen.

der Beute des Teams, das am meisten Glück hatte, teilzuhaben. In der Zeit des Wartens waren sie Konkurrenten, jetzt jedoch arbeiten alle mit vereinten Kräften, um die Leiche des Tieres an Land zu schleppen. Der Kapitän des Bootes, das den Wal gefangen hat, erhält das beste Stück, der Rest wird unter die übrigen Besatzungen verteilt. In keiner anderen Gesellschaft besteht bei der Teilung der Beute ein so ausgeprägter Gemeinschaftssinn wie bei den Eskimos. Die Fänger schneiden die großen Flossen ab, die beim Transport im Wasser hinderlich sein könnten, denn das Abschleppen dauert immerhin mehrere Stunden.

Inzwischen hat sich die Nachricht von dem prächtigen Fang überall verbreitet. Hunderte von Eskimos strömen in Festtagsstimmung zusammen. Bei dieser Gelegenheit erinnern sie sich daran, daß sie sich früher einmal «Volk der Wale» nannten. So, wie es die Tradition vorschreibt, wird der Riese, der das Überleben der Inuit sichert, an Land gebracht. Mit fest in Schnee und Eis gebohrten Pflökken und kräftigen Stricken wird ein Seilzug in Gang gesetzt, der den am Ufer verankerten Wal festhält. Während der größte Teil des massigen Körpers noch im Meer liegt, werden bereits Haut- und Fettstücke abgetrennt und gekocht. Sobald die gesamte Beute an Land gehievt ist, beginnen die Eskimos mit dem Zerlegen. Lediglich Knochen, Leber und Lungen bleiben am Strand liegen, wo sie aber nicht verrotten, sondern den Meeresvögeln als Nahrung dienen.

Nach getaner Arbeit und wenn das Fest zu Ende ist, kehren die Eskimos in ihre Dörfer zurück. Sie haben nicht nur Walfett und -fleisch mitgenommen, sondern auch die Barten und die Haut, die zur Herstellung von Geschirr, Werkzeugen und Spielzeug genutzt werden.

Werden im nächsten Jahr wieder Wale in diese Gegend kommen? Die Antwort ist ungewiß, denn die Kohlenwasserstoff-Bohranlagen, die 150 Meilen weiter östlich liegen, stellen durch ihre Lärmbelastung eine Gefahr für die Arktis dar.

Die Geräusche mechanischer Transportmittel, die zehn Meilen entfernt über das Eis fahren, sind unter dem Packeis so deutlich wahrnehmbar, daß man meint, sie seien nur wenige Schritte entfernt. Man denke auch an die verheerenden Auswirkungen der von uns Menschen entwickelten technischen Errungenschaften. In Dezibel gemessen, ist der dadurch entstehende Lärm viel größer als die Laute der Meeressäugetiere, und er übertönt ihre Kommunikation. Die schlimmste Form dieser akustischen Verschmutzung erzeugen jedoch die Erdölbohranlagen und die mit ihnen zusammenhängenden Forschungsarbeiten. Um Kanäle für die Schiffahrt tiefer auszuheben und künstliche Inseln anzulegen, müssen seismische Sprengungen durchgeführt werden, die natürlich die Tiere in die Flucht schlagen und ihrer angestammten Umgebung berauben. Die Sprengungen haben dazu geführt, daß sich die Zahl der an der Nordküste Alaskas

Linke Seite, oben und unten: *Auch wenn der Kapitän eines erfolgreichen Bootes das Recht hat, für sein Lager die besten Stücke zu behalten, kommen doch alle in den Genuß des reichen Fanges.*

Die Inuit bezeichnen sich selbst als «Volk der Wale». Ihre Identität als Volk, die noch bis ins letzte Jahrhundert in vielerlei Hinsicht intakt war, wird heute immer mehr von anderen Kulturen verdrängt.

Unten: *Da die Inuit Selbstversorger sind, ist die Ernährung einer Familie mit dem Fang eines Wals fürs erste praktisch sichergestellt. Ein Exemplar liefert 50 Tonnen Rohstoffe und Nahrung; es sichert so etwa 50 Prozent der Nahrung, die ein Dorf während eines Winters verbraucht.*

lebenden Seehunde drastisch verringerte – eine schwerwiegende Zerstörung der Lebenswelt unter Wasser.

Obwohl man weiß, welch großen Schaden diese Art der «Forschung» mit Dynamit in der arktischen Fauna anrichtet, macht man trotzdem weiter, ja die Sprengungen nehmen sogar noch zu. Viele Erdölgesellschaften haben angekündigt, daß sie ihre Bohrflächen ausdehnen werden. Für den Kurs der Bow Heads stellt diese «intensive Nutzung» eine Bedrohung dar, der nur die Wissenschaftler Einhalt gebieten können. Deshalb wurde ein Team beauftragt, vor der Inbetriebnahme neuer Bohranlagen die Auswirkungen des Lärms auf die Walwanderroute zu untersuchen. Bei diesem Experiment wird ein Tonband mit Geräuschen der arbeitenden Bohrmaschinen abgespielt, und man zeichnet die daraufhin erfolgten Kursänderungen der Wale auf.

Ich war an dem Ort, wo diese Untersuchungen durchgeführt werden. Achtzig Kilometer weiter im Osten arbeitet in der Höhe der Prudhoe Bay ein Bohrschiff

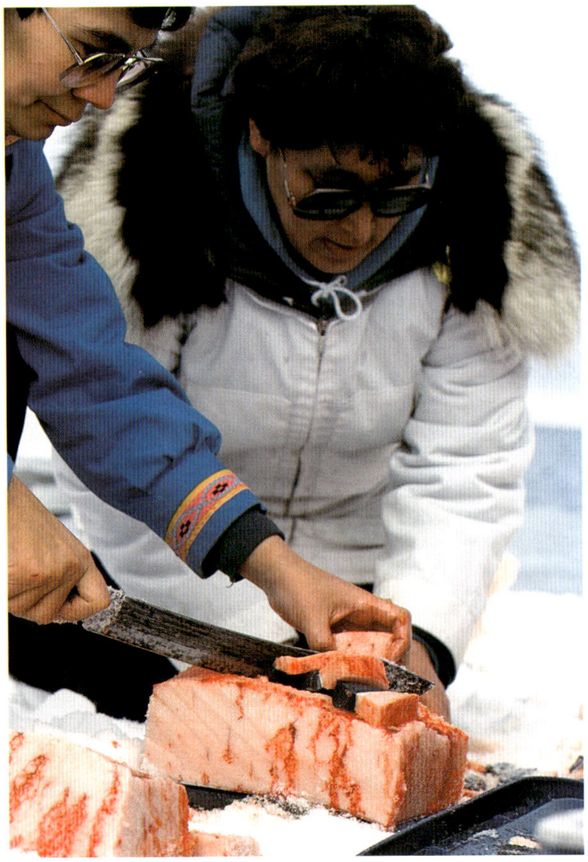

Links: *Während die Männer dabei sind, den Wal zu zerlegen, kochen die Frauen die in der Inuitsprache «muktuk» genannten Haut- und Fettstücke, die mit Genuß und Dankbarkeit für die Gabe des Arktischen Ozeans verzehrt werden.*

Rechts: Interview: «*Bei der Zerlegung des Wals erhalten der Kapitän und seine Mannschaft den mittleren Teil, der untere Teil wird für das Dankfest oder für Weihnachten aufbewahrt. Der obere Teil wird an die übrigen Helfer verteilt, zu denen auch ich gehöre. Wir erhalten alle ein Stück Fleisch und Haut (muktuk). Bis auf die Lungen wird alles verwertet.*»

rund um die Uhr. Es stellt sich ernsthaft die Frage, ob die störenden Geräusche die Wale dazu veranlassen können, ihre Route zu ändern; das kann zu unvorhersehbaren Auswirkungen für die gesamte Tierart führen und für die Menschen, die auf den Fortbestand der Wale angewiesen sind. Nach den Untersuchungen über die Bohrungen sind die Wissenschaftler zu der Schlußfolgerung gelangt, daß der momentane Lärmpegel nicht zu einer Kursänderung der Wale führen wird.

Im weißlich kalten, unwirklichen Licht sehe ich die Giganten in den Eisspalten vorbeiziehen. Ihre «Seufzer» sind für mich der erfreuliche Beweis dafür, daß sie vor Leben strotzen. Und doch kann sich kein Mensch, der sich im Einklang mit dieser verzaubernden Welt fühlt, ernsthaft mit den ersten zwar ermutigenden, aber gezwungenermaßen doch begrenzten Forschungsergebnissen zufriedengeben.

Links und oben: *Für dieses Jahr ist die Jagd beendet. Alle kehren in der Hoffnung, sich im nächsten Jahr wiederzusehen, in ihre abgelegenen Dörfer zurück.*
Seit Jahrtausenden prägt dieses Ritual das Leben der Eskimos, die mittlerweile jedoch nicht mehr selbst darüber entscheiden können, wie lange sie diese Tradition noch fortsetzen wollen. Denn die Ausländer haben ihr Schicksal in der Hand. Eine in sich geschlossene, einzigartige Lebenswelt steht auf dem Spiel: das Reich der Wale im ewigen Eis.

Die Nahrungsketten in der Arktis sind sehr kurz; deshalb sind die Auswirkungen einer Störung für die Arten lebensbedrohlich. Und darum auch ist die Erhaltung der Pflanzen- und Tierarten für die Aufrechterhaltung des ökologischen Gleichgewichts für die Arktis von besonderer Wichtigkeit.

Die Arktis unterscheidet sich durch eine Besonderheit von allen anderen Erdregionen. Während alle Kontinente von Meeren umgeben sind, liegt bei der Arktis das Meer im Zentrum – umschlossen von der Landmasse dreier Kontinente. Wissenschaftliche Forschung in einem Raum wie der Arktis ist in ihren Dimensionen gleichbedeutend mit der Erforschung eines Kontinents: im eigentlichen Sinne des Wortes uferlos, wie aber auch gleichzeitig zufällig und überraschend.

Nach Jahrhunderten der Jagd auf den Buckelwal erschien erst 1990 die bislang einzige befriedigende Darstellung über diesen bis 40 Tonnen wiegenden und 16 Meter langen Meeresbewohner. Ebenso konnte man erst in den letzten Jahren einen tieferen Einblick in das einzigartige Ökosystem des Polarmeeres gewinnen. Zwar hält die Packeisschicht etwa 95 % des Sonnenlichtes zurück, aber sie schützt die darunterliegenden Wasserschichten auch vor der Auskühlung durch die extrem kalten Winde. Die gewaltigen Eisflächen haben die Entwicklung des Lebens nicht verhindert, sondern, durch die Auslese der bestangepaßten Varianten, in spezielle genetische Ausbildungslinien gebracht. Nur wird gerade dieses komplizierte Ökosystem heute gestört. In den letzten 20 Jahren wurde z. B. durch die Klimaerwärmung, als Teil eines weltweiten Temperaturanstiegs, in der Barents-See das Meereis um zwei Drittel seines durchschnittlichen Bestands verringert. Noch vor wenigen Jahren konnten sich selbst die Meereskundler nicht vorstellen, daß die als so lebensfeindlich geltende Eiswüste der Arktis eine unglaubliche Vielfalt an Organismen hervorgebracht hat.

DIE GEFÄHRDUNG DES ARKTISCHEN LEBENS

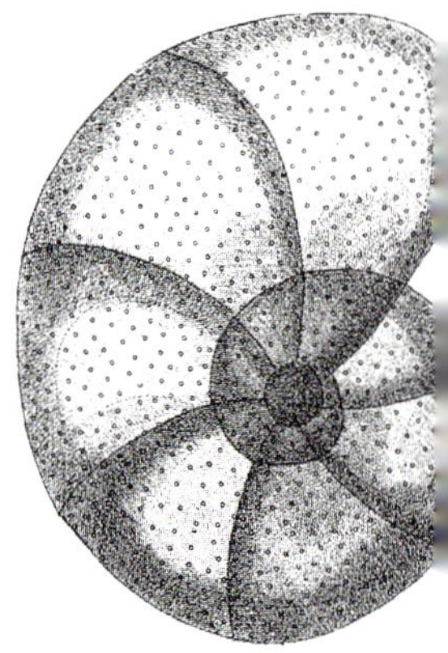

Oben, von links nach rechts:
Kieselalge (Diatomee). Illustration von Ernst Haeckel, 1898.
Wimpertierchen (Ciliaten). Illustration von Ernst Haeckel, 1898.
Vielkammerige Noninonina Koldemeyi. Kupferstich von C. E. Weber, 1874.

Oben: Dieser Schwamm wurde 1991 auf dem Lomonosow-Rücken in 1900 Meter Tiefe gefunden und mit einem Bodengreifer vom Meeresboden gesammelt. Er lebte auf feinsandigem Grund.

Im Winter verdoppelt sich die Packeisfläche über dem Polarmeer von 7 auf 14 Millionen Quadratkilometer. Doch so lebensfeindlich, wie man annehmen könnte, ist dieses Eis nicht. In seinen Spalten, Klüften, Höhlungen und den zahlreichen kleinen Kanälen hat sich eine erstaunliche Vielfalt von hochangepaßten Kleinlebewesen entwickelt. Dazu gehören mehrere Arten von Bakterien, Algen, Wimpertierchen und andere Wirbellose, die für die Nahrungsketten des Nordpolarmeeres von ungeheurer Bedeutung sind. Auf Gletschern und dem Inlandeis hat man schon längst eine auffällige Rotfärbung beobachtet, die, wie in den Alpen, von Algen hervorgerufen wird. Massenweise auftretende Kieselalgen färben das Packeis an seiner Unterseite dunkelbraun. Im Eis lebende Kieselalgen lassen langgezogene dunkle Streifen entstehen. Etwa 300 Arten dieser Kleinstlebewesen, auch Diatomeen genannt, konnte man in den letzten Jahren im Packeis nachweisen. In einem Liter geschmolzenen Eises können Abermillionen solcher Organismen leben. Geißel-, Grün- und Goldalgen bilden eine wichtige Nahrungsgrundlage für die Wimpertierchen, bereits höher organisierte Lebewesen, und die Kammerlinge. Zu dieser artenreichen Kleinlebewelt gehören auch die polarangepaßten Strudelwürmer, Rädertierchen, Faden- und Borstenwürmer, Ruderfußkrebse, Flohkrebse und Nacktschnecken, die bereits mehrere Millimeter groß werden.

Die Anpassung der Lebensvarianten an die besonderen Bedingungen des Polarmeeres verlangt außer der Kälteresistenz, daß die betreffenden Arten bei dem hohen Salzgehalt in den Rillen und Klüften und mit dem wenigen Licht, welches die Eisdecke durchläßt, überleben können. Kieselalgen können sich noch bei Salzkonzentrationen von 95 Promille und bei $-5{,}5°$ C vermehren. Vor der Vereisung schützen sich alle diese Organismen durch Ionen und Glyzerin. Die Algen, die zum Leben Licht brauchen, um die Photosynthese durchführen zu können, erreichen schon bei einer sehr bescheidenen Strahlungsintensität ihre optimale Syntheseleistung. Erstaunlich ist ein Vergleich der Algenkonzentration zwischen Polarmeer und Nordsee: Im arktischen Ozean werden mehr als 2000 Milligramm pro Kubikmeter Wasser erreicht, in der Nordsee aber nur bis zu 50 Milligramm. Die durch Bakterien, Algen und Einzeller aufgebaute lebende Biomasse und die nach ihrem Absterben verbleibenden organischen Reste bilden die wichtigsten Nährstoffe für die höheren Lebewesen, z. B. für den Krill. Gerade der Krill, eine Garnelenart, kratzt von der Unterseite des Packeises die Algen ab und ernährt sich davon. Von den Algen lebt aber nicht nur der Krill, sondern z. B. auch die Flohkrebse, die ihrerseits u. a. vom Polardorsch und in großen Mengen vom Buckelwal verzehrt werden. Vom Dorsch und anderen Fischen ernähren sich wiederum die Robben.

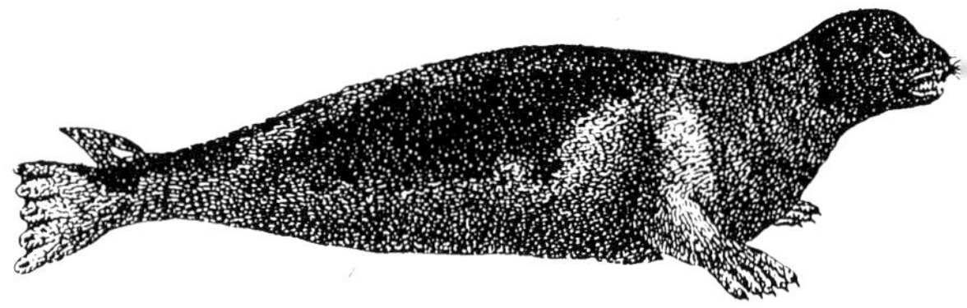

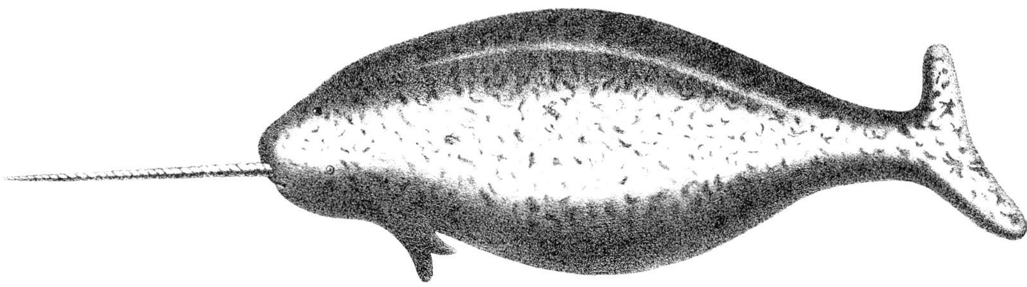

Die Grönlandrobben leben vor allem in drei Meeresregionen: im Weißen Meer, in den Gebieten südwestlich von Spitzbergen und im Labrador-Golf des St.-Lorenz-Gebiets. Nicht nur die Jäger im arktischen Raum ernähren sich zum Teil von den Meeressäugern, sondern auch die Eisbären. Die Population der Robben ging aber in diesem Jahrhundert drastisch zurück: Um 1900 zählte man im kanadischen Raum 10 Millionen Tiere; 1951 waren es etwa 3 Millionen, 1960 noch 1,2 Millionen und um 1980 nur noch 500000 Individuen. Das brutale Abschlachten der Babyrobben, deren weicher weißer Pelz ein begehrtes Modeobjekt war, hat zu dem dramatischen Schwund geführt. Erst ausdauernde internationale Proteste haben zu einer schrittweisen Einschränkung dieser «Jagd» geführt.

Kein anderes Lebewesen der Arktis hat den Menschen so stark herausgefordert wie der Wal. Eskimos, Europäer (angefangen haben die Basken im 12. Jahrhundert), Amerikaner und Japaner verfolgten die riesigen Tiere auf ihren sommerlichen Wanderungen bis ins Polarmeer. Viele Entdeckungen im arktischen Raum sind verwegenen Kapitänen auf ihren Walfangschiffen zu verdanken. Als der Engländer Hough Willoughby 1553 Nowaja Semlja entdeckte, traf er bereits auf russische Walfänger. 1810 bis 1822 unternahmen William Scoresby, Vater und Sohn, insgesamt 17 Walfangreisen, auf denen sie die Grönland-See erforschten und den nach ihnen benannten Scoresby-Sund entdeckten. Nur wenige der rund 100 in allen Meeren bekannten Walarten kommen in der Arktis vor: Blau- und Finnwal, Buckel- und Grönlandwal, dazu noch einige Vertreter der Zahnwale. Der Walfang der Eskimos hat ihren Bestand nie gefährdet, aber die seit dem 16. Jahrhundert von hochseetüchtigen Schiffen betriebene Jagd ließ ihre Zahl stark zurückgehen.

Von oben nach unten:

Grönländischer Seehund.
(Stich von August Menzel, 1851)
Gemeiner Narwal
Lemming
Eisbär
(Lithographien von C. J. Brodtmann, 1824)

Schon vor dem Zweiten Weltkrieg waren die arktischen Wale durch den Einsatz moderner Schiffe fast ausgerottet. Im 18. Jahrhundert wurden bereits jährlich etwa 1500 – 2000 Grönlandwale harpuniert und zu Tran verarbeitet. 1938 betrug der Anteil der im Norden erlegten Tiere nur noch unter einem Prozent der Gesamtmenge, die auf den übrigen Meeren gefangen wurde. Der Walfang mußte sich auf die Antarktis konzentrieren, wo der Raubbau weiterging. Erst in jüngster Zeit wurden Fangquoten eingeführt, und inzwischen erklären sich sogar die Russen und Japaner bereit, Beschränkungen zu akzeptieren.

Der Rohstoffreichtum hat im Zusammenhang mit wirtschaftlichem Pioniergeist das Interesse an der Arktis verstärkt, abbaufähige Rekordmengen von Kryolith oder Kohle lösten Jubel aus: Die Schattenseiten des Abbaus aber, der oft einem Raubbau ähnlicher erscheint als einem planvollen Vorgehen, erweckten nur wenig Aufmerksamkeit. Das prekäre Gleichgewicht der Arktis wird viel schneller gestört als die ökologischen Systeme anderer geographischer Breiten. Wer nur die Ökosysteme der gemäßigten Zonen kennt, vermag sich kaum vorzustellen, was es für die Wanderungen der Karibus bedeuten muß, wenn eine Pipeline quer durch die Arktis gezogen wird. Die gewaltigen Investitionen in Prospektion, Transport und Verarbeitung des Erdöls begünstigen geradezu zwangsläufig die Gleichgültigkeit gegenüber dem Schicksal von Tieren, die Mißachtung der Natur und ein rüdes Vorgehen gegen Menschen. Lange fand sich die kanadische Regierung nicht dazu bereit, bestimmte Lebensräume von Tieren in der Hocharktis vor Eingriffen zu schützen. Und noch schlimmer: Als sich drei Eskimodörfer weigerten, ihr Land der Provinzialverwaltung für die Energieerschließung zu überlassen, wurden diese Dörfer durch einen Verwaltungsakt der Regierung in Quebec zukünftig als «nicht existent» im Sinne des Gesetzes bezeichnet. Daß Industriemüll von der Panarctic Oils of Canada, einer staatlich geförderten Genossenschaft, einfach ins Nordpolarmeer versenkt wurde, ist für die empfindliche Meeresflora und -fauna geradezu eine Katastrophe. Der Einsatz von schweren Lastwagen, Baggern oder Raupenschleppern stellt in gemäßigten Gebieten bei vorwiegend dicker Humusschicht keine allzu große ökologische Untat dar. Aber in der Tundra auf Permafrostboden bedeutet das einen schweren, kaum wiedergutzumachenden Eingriff in die Natur. Die gewaltigen Transporter, die tonnenschweren Raupenfahrzeuge reißen, bevor die ersten Straßen gebaut sind, den Boden auf und legen die Permafrostschichten frei. Dadurch wird die ökologisch so wertvolle Pflanzengesellschaft der Moose, Flechten und Kleinpflanzen verletzt und bald abgetötet. Denn nun dringt die Sonne in den gefrorenen Boden, taut ihn tiefer als üblich auf. Es kommt zu Erosionserscheinungen, und es werden Auftauprozesse eingeleitet, die, verstärkt durch kleine wasserführende Furchen und Gräben, nicht mehr aufzuhalten sind. Diese sogenannte arktisch-anthropogene Bodenerosion verwandelt die Tundra in eine gefrorene Schlammwüste. Die Errichtung eines Bohrlochs im arktischen Raum Nordamerikas erfordert ein Umfeld von einer Quadratmeile. Bevor die 700 m tiefe Permafrostschicht durchstoßen ist, so daß das Rohöl fließen kann, ist diese Quadratmeile als Lebensgrundlage vernichtet. Die Amortisation der zwei bis drei Millionen Dollar beginnt, was den ungefähren Kosten für die Errichtung eines Bohrturmes entspricht. Pro Tag können nun durchschnittlich 10000 Barrel Öl hochgepumpt werden.

Walfang auf Spitzbergen im 17. Jahrhundert (aus Levinus Hulsius: Die XXVI. Schiff-Fahrt, Frankfurt/Main 1650)

Nicht der Mensch als Jäger oder Schlächter der Babyrobben ist der Feind des ökologischen Gleichgewichts, sondern der Mensch als wirtschaftlich kalkulierendes Wesen, wenn er die Zerstörung der Natur in Kauf nimmt.

Nur selten gab es in der Vergangenheit bei den Verantwortlichen Zeichen von Einsicht, ohne daß weltweite Empörung sie dazu zwang. Jahrzehnte dauerte es, bis man die Jagd und das beschämende Abschlachten der Moschusochsen in Nordamerika und auf Grönland einstellte. Im 19. Jahrhundert hatten Indianer und Eskimos in der östlichen Subarktis die Tiere fast ausgerottet. Aber dazu trieb sie nicht der Hunger, sondern sie wurden durch die Hudson Bay

Company oder durch Walfänger aufgestachelt. Die Company brauchte Fleisch als Handelsware, um Pelztierjäger und ihre Hunde mit Nahrungsmitteln zu versorgen. Auch die Walfänger wollten ihre Menüs aufwerten. Rücksichtslos wurden die Herden bis auf das letzte Tier zusammengeschossen. An der Nordostküste Grönlands (Hochstetter-Halbinsel, Jameson-Land um den Scoresby-Sund) gingen häufig norwegische Walfänger an Land, um die Moschusochsen zu jagen. Die Tiere wurden von den Hunden ohne Schwierigkeit gestellt und dann von den Jägern erlegt. Solche «Jagden» glichen Ausrottungsfeldzügen, und so empfanden die «Jäger» sie auch. Ein Augenzeuge von einem dieser Schiffe schrieb selbstkritisch, aber ungerührt: «Nach einer Invasion wie der unseren, wo jedes erreichbare Tier für die Verpflegung umgebracht wird, dürfte es Jahre dauern, bis die Region wieder bevölkert ist.» Hunderte der damals um 1900 vielleicht insgesamt 2000 Tiere wurden in wenigen Jahren abgeschossen.

Die Gefahr der Ausrottung stieg, als sich die europäischen Zoodirektoren für die exotischen Moschusochsen zu interessieren begannen. Um ein oder zwei Kälber fangen zu können, richteten die Tierfänger entsetzliche und sinnlose Massaker an: Weil Bullen und Kühe die Jungen in die Mitte nahmen und sie durch den Ring ihrer Leiber schützten, wurden sie alle getötet. Auch das letzte erwachsene Tier versuchte noch, die Kälber zu verteidigen. 1932 schätzten Zoologen, daß für ein gefangenes Junges fünf erwachsene Tiere erlegt werden mußten. Zwischen 1899 und 1926 dürften so rund 2000 Moschusochsen getötet worden sein. Erst nach Jahren kam es zwischen den Zoodirektoren zur Vereinbarung, keine Moschusochsen mehr bei den Tierfängern zu bestellen. Keine der arktischen Tierrassen ist aber seitdem wirksam geschützt worden, auch nicht vor dem Zugriff der Wissenschaft. Der amerikanische Ethnologe und Arktiskenner Barry Lopez stellte zusammen, welche sinnlosen «Verhaltensforschungen» gerade mit Moschusochsen getrieben wurden: «Ein Arktisreisender war neugierig, wie elastisch der Hornwulst eines Bullen sein mochte und schoß einem Moschusochsen ein 9,3 mm-Stahlmantelgeschoß in den Kopf. Ein anderer neugieriger Mensch spannte ein einen Monat altes Kalb in ein Schlittenhundegeschirr (nachdem er die Mutter des Jungtiers erschossen hatte), um zu untersuchen, ‹welche spontane Verteidigung es gegen einen in seine Flanke verbissenen Wolf› anwenden würde. Dann band er ihm einen toten Wolf auf den Rücken, um zu protokollieren, auf welche Arten es sich zu befreien versuchte.»

Der Einsatz schwerster Kettenfahrzeuge, Traktoren, Lastwagenkonvois und Schneefräsen schädigten die Permafrostböden der arktischen Gebiete dauerhaft. Dem Straßenbau fallen weitere Gebiete zum Opfer. Der Straßenunterhalt (im Bild Schneeräumfahrzeug in der Prudhoe Bay) ist aufwendig und belastet die Umwelt zusätzlich.

Leben mit dem Eis

Eines der grausamsten Schicksale in der Geschichte der Seefahrt ereilte das Schiff «Jeannette», das unter dem Oberbefehl des aus Frankreich stammenden Amerikaners George Washington De Long stand. Es ereignete sich in der zweiten Hälfte des 19. Jahrhunderts, als Seefahrer aus verschiedenen Ländern um die Wette nach der Nordostpassage suchten. Man wollte einen Weg durch die Arktis finden, der es ermöglichen sollte, an der Küste Sibiriens entlang nach Japan zu gelangen.

Die «Vega», auf der Kapitän Adolf Erik Nordenskjöld das Kommando führte, hatte als erste eine Route ausfindig gemacht und war schließlich nach einer abenteuerlichen Fahrt am 2. September 1879 in den Hafen von Yokohama eingelaufen. Die Nachricht darüber war jedoch nicht beim Marineministerium der Vereinigten Staaten angelangt. Deshalb erhielt De Long noch im selben Jahr den Auftrag, dem Kurs von Nordenskjöld zu folgen und ihm, wenn nötig, Hilfe zu leisten.

Nachdem die Rettungsexpedition die Beringstraße hinter sich gelassen hatte, benötigte sie allerdings selbst Hilfe, weil das vom Eis umschlossene Schiff langsam abgetrieben wurde. Nach einem Jahr, in dem das Schiff nicht vom Willen der Besatzung, sondern von den Launen des Eises gesteuert wurde, befand sich die «Jeannette» nur 150 Meilen nordwestlich von der Stelle, wo ihre Gefangenschaft begonnen hatte. De Long vermerkte damals im Logbuch: «Man erzählt sich, mit welcher Engelsgeduld Hiob seine unzähligen Qualen erlitt; aber er war ja auch nicht in einem Eisfeld gefangen.»

Allerdings wurde die Geduld der Seeleute nur am Anfang hart auf die Probe gestellt, denn die «Jeannette», die wie in einem Schraubstock festgeklemmt war, begann allmählich nachzugeben, so daß die im Rumpf klaffenden Lecks immer größer wurden. Bald war es unumgänglich, das Schiff zu verlassen. Offiziere und Mannschaft machten sich auf einen langen, kräftezehrenden Marsch über die Eisdecke. Sie zogen drei Boote hinter sich her, die sie, sobald wieder die Möglichkeit dazu bestand, zu Wasser lassen wollten. Als schließlich eine solche Gelegenheit kam, bildeten die Mitglieder der Besatzung drei Gruppen: Auf das erste Boot, einen größeren Kutter, stiegen einige Matrosen unter dem Kommando von De Long. Der zweite, etwas kleinere Kutter wurde von Leutnant Chipp, dem zweiten Offizier, befehligt, und das dritte Boot, ein Walfänger, wurde dem Ingenieur George Melville und den restlichen Matrosen anvertraut.

Unter schwierigsten Bedingungen brachen die drei Gruppen schließlich auf. Aber nicht alle erwartete dasselbe Schicksal: Das Schiff unter Chipps Kommando verschwand ohne jegliche Spur. Besser erging es Melville, der sich auf die Suche nach seinem Kapitän machen konnte, nachdem er sich selbst in Sicherheit gebracht hatte. Im März 1892 fand er De Long und seine Kameraden unter einem Schneehügel begraben. Neben dem Kommandanten lag dessen Tagebuch, das er mit letzter Kraft geschrieben hatte und das in ergreifender Weise bezeugt, welche Qualen er im vollen Besitz seiner Geisteskraft erlitten haben muß. Der eisige Frost hatte nur seine letzten Worte bewahrt.

Dies ist eine der bezeichnendsten Tragödien in der Geschichte der Arktis, jener Eisdecke von 14 Millionen Quadratkilometern, die sich innerhalb des Nordpolarkreises über fünf verschiedene Meere spannt. Eine Fläche, welche die Grenze zwischen Meer und Festland unter sich verbirgt und vor unseren Augen als zerbrechliche Schönheit oder als furchterregender Feind ständig neue Gestalt annimmt.

In der westlichen Welt wird der Begriff «Eis» in der Umgangssprache so verwendet, als ob man damit nur einen einzigen Zustand bezeichnen wollte, obwohl Eis in den unterschiedlichsten Formen auftreten kann.

Rechte Seite: *Eisberg des Kangerdluaqgletschers in Westgrönland, in der Nähe des Fischerdorfes Ilulissat. Nur achtzig Meter des fünf Kilometer breiten Gletschers sind oberhalb des Wassers sichtbar; der Rest bleibt verborgen. Der Gletscher schiebt sich durchschnittlich dreißig Meter pro Tag nach vorne. Abgesehen von den antarktischen Gletschern ist er der aktivste der Erde. Er produziert jährlich Eisberge mit einem Gesamtvolumen von etwa zwanzig Kubikkilometern.*

Unten: *Eisberg nördlich von Baffin Island während der Tauperiode im Frühling. Wasser ist einer der ganz wenigen Stoffe, die als Feststoff weniger wiegen als im Flüssigzustand. Deshalb treiben die Eisberge, auch wenn sie schmelzen, majestätisch auf der Wasserfläche dahin. Die unter Wasser verborgene Masse kann siebenmal größer sein als der über der Wasseroberfläche sichtbare Teil.*

Seine Form und Beschaffenheit können sich ständig verändern. Es gibt das jahreszeitliche Eis, das sich eng an das Festland klammert, sich jedes Jahr erneuert und eine Dicke von einem Meter bis 1,80 Meter erreicht. Ebenso unberechenbar ist die viel ältere und härtere Eisdecke, die auf dem Ozean treibt: das arktische Packeis, ein riesiges Gewirr einzelner Schichten, von denen jede etwa 1,50 Meter dick ist und sich über mehrere Kilometer erstreckt. Einige Schichten erreichen sogar den Durchmesser einer mittelgroßen Stadt einschließlich ihrer Randgebiete.

Diese glatt polierte Fläche wird von Menschen und Tieren wie eine «Rennpiste» benutzt. Allerdings handelt es sich dabei um die «veränderlichste und unruhigste» Schnellstraße der Welt, denn Winde und Meeresströme pressen das

Rechte Seite: *Mündung des Kangerdluaqgletschers an der Diskobay. Das Foto zeigt einen «kalbenden» Gletscher, von dem sich gerade ein Eisberg ablöst. Bei Frühlingsbeginn entstehen durch die schmelzenden Süßwassereisberge kleine Seen. Das im Meer schmelzende Süßwasser ist nährstoffreich und fördert die kurze Algenblüte.*

Packeis immer wieder in andere Formen. Durch den Druck natürlicher Kräfte entstehen sogenannte «Druckwälle», in denen sich die Eismassen teilweise bis zu einer Höhe von 15 Metern übereinanderschieben.

Es ist nicht verwunderlich, daß derartige Kräfte innerhalb weniger Minuten 80 bis 90 Meter lange und 150 bis 200 Tonnen schwere Schiffe zum Kentern gebracht haben. Heute ist es dank modernster Schiffsbautechniken möglich, Schiffe mit außergewöhnlicher Antriebsleistung herzustellen, und deshalb ist es relativ einfach, die Gefahren der Arktis zu bewältigen. Allerdings gilt das nur für die letzten zehn Jahre. In vielen Erzählungen – auch noch aus unserem Jahrhundert – wird von Schiffen berichtet, die der unnachgiebige Arm des Eises gefangenhielt und in große Not brachte.

Besonders großen Respekt zollt man dem Norweger Fridtjof Nansen. Aus dem mißglückten Unternehmen der «Jeannette» zog er richtigerweise die Schlußfolgerung, daß diese Erfahrung auch ins Positive gekehrt werden könnte. Folglich bereitete er wagemutig, aber dennoch kühlen Kopfes ein Unternehmen vor, bei dem ausdrücklich eingeplant war, daß das Schiff vom Eis eingeschlossen werden würde. Einige erklärten ihn für verrückt, andere schenkten ihm jedoch Glauben. Also stach er mit der «Fram» in See, einem eigens für eisige Regionen konzipierten Schiff, dessen Rumpf so abgerundet war, daß sich das Eis dort nicht ablagern und das Material nicht zerfressen konnte. Außerdem war es so gebaut,

Folgende Doppelseite: *Vorderseite des Kangerdluaqgletschers. Der Druck mehrerer übereinandergelagerter Schneeschichten preßt das Eis zusammen, so daß sich der Gletscher langsam über den Felsen nach vorne schiebt. Im Laufe des Jahres wird er immer weiter in die Bucht hineingezogen. Hier lösen sich bei Berührung mit dem wärmeren Meerwasser riesige Eisblöcke vom Gletscherrand ab.*

daß es durch die Umklammerung des Eises nicht zermalmt, sondern leicht angehoben wurde und weitergleiten konnte. Die Form der «Fram» war zwar recht ungewöhnlich, sorgte aber für große Stabilität. Nansen brach 1893 auf; er wollte der Route der «Jeannette» folgen, hatte aber alles vorbereitet, um zu vermeiden, daß die Expedition auf die gleiche tragische Weise endete.

Wie vorausgesehen, driftete auch die «Fram» ab. Schließlich war Nansen gezwungen, das Schiff zu verlassen, und er setzte seine Reise zusammen mit einem ebenso abenteuerhungrigen Kameraden auf einem Hundeschlitten fort. Er hatte sich zum Ziel gesetzt, den Nordpol zu erreichen, kam allerdings dort

Manche Eisberge treiben 20 Jahre lang über den Ozean; zum Schluß ist allerdings nicht mehr viel von ihrer ursprünglichen Schönheit übrig. Meeresströmungen transportieren sie langsam von den grönländischen Gletschern in Richtung Süden zum Nordatlantik.

nicht an. Immerhin erreichte er aber 86 Grad 14 Minuten nördlicher Breite und stellte damit einen Rekord auf, denn so nah am Pol war vor ihm noch kein Mensch gewesen. Obwohl Nansen auf der Rückreise zahlreiche Hindernisse überwinden mußte, traf er 1896 wieder glücklich in seinem Heimathafen ein. Einige Jahre später nahm er mit geradezu ritterlichem Eifer an der italienischen Expedition des Herzogs der Abruzzen teil, der die «Stella Polare» befehligte. Allerdings tat er das nicht nur, um diesem als Experte mit Rat und Tat zur Seite zu stehen, sondern auch, um seinen Rekord noch etwas weiter Richtung Nordpol zu verschieben.

Niemand ist sich der Gefahren des Eises so sehr bewußt wie die Inuit. Es gibt kein Dorf, in dem man nicht von Menschen erzählt, die sich von der Gemeinschaft entfernt haben und wegen plötzlich auftauchender Spalten im Packeis nie wieder zurückgekehrt sind.

Solche Ereignisse hängen wie ein Damoklesschwert über diesem Volk und haben seine Phantasie zu sagenhaften Geschichten beflügelt.

In Westgrönland erzählt man sich von Katak, dem großen Jäger, der sich zusammen mit seinen drei Söhnen – einer davon sein Adoptivsohn – an ein Loch im Eis heranschlich, um dort nach Eidergänsen zu spähen. Wie die Sage weiter berichtet, wurde Katak von einem plötzlich aufkommenden Sturm abgetrieben und fiel bösen Gestalten in die Hände, von denen er sich aber schließlich wie durch einen Zauber befreien konnte: Sein Adoptivsohn hatte sich nämlich in eine Eidergans verwandelt und Vater und Brüder auf seinen Schwingen sicher

nach Hause getragen. Die Wirklichkeit jedoch ist gnadenloser als die Macht der Phantasie. Wird man auf dem Eis abgetrieben, bedeutet das oft das unwiderrufliche Todesurteil.

Aber gerade die alte, tief verwurzelte Angst vor dem Eis hat bei den Eskimos eine Art Intuition dafür entstehen lassen, wie sie den Gefahren begegnen können. Den Beweis für diese Kunst erhielt ich, als ich im Frühjahr, wenn das Eis anfängt nachzugeben, eine Inuitgruppe zur Jagd auf dem Packeis begleitete. Auch die Inuit sind natürlich mit der Zeit gegangen und haben ihre Hundeschlitten teilweise durch Motorschlitten ersetzt. Die Lebensumstände sind aber immer noch genauso schwierig, und deshalb sind und bleiben die alten Traditionen ein lebensnotwendiger Schutz.

Links: *Ein Autokran im Distrikt Magadan in Nordostsibirien. In Magadan werden Bergbauausrüstungen hergestellt. Nordostsibirien ist reich an Bodenschätzen; deshalb wurde hier eine entsprechende Industrie angesiedelt. Der Dampf der Heizkraftwerke schlägt sich an den Fahrzeugen nieder und umhüllt sie bei der extremen Kälte mit einem Eispanzer.*

Man braucht sich nur mit diesen zeitlosen Riten intensiv auseinanderzusetzen, um zu begreifen, was es für den Menschen bedeutet, in der Arktis zu überleben. Denn die gewaltigen atmosphärischen Umschwünge, die so typisch für die Region sind, erzeugen unvorhersehbare, gefährliche Verschiebungen innerhalb der Eisdecke.

Manchmal zersprengt der Wind die sogenannten «nila», schwere runde Eisplatten, die noch relativ neu sind, und schiebt sie zu «Pfannkucheneis» mit nach außen gewölbten, gekräuselten Rändern zusammen. Dann wieder zerteilt der Wind die mächtigen Eismassen, oder er schiebt sie so zusammen, daß bis zu 20 oder 30 Meter tiefe Falten entstehen. Diese mit Schnee bestäubte, sanft geschwungene Hügellandschaft ist zwar schön anzusehen, dafür aber um so trüge-

Oben: *Longyearben, der größte Ort auf Spitzbergen. Bereits im 19. Jahrhundert wurden die Kohlevorkommen ausgebeutet. Vorher war die Insel ein zentraler Stützpunkt europäischer Walfangflotten.*

Oben: *Auf der Tschuktschen-Halbinsel am äußersten Ende Nordostsibiriens leben neben Eskimos vor allem Tschuktschen, ein Volk, das bis heute viel von seinem Brauchtum bewahren konnte, wie z. B. die kreisrunden Zelte.*

rischer, denn sie hat unzählige Launen. Da gibt es zum Beispiel die «finger-raftings», einzelne Nila-Eisschichten, die filigranartige Muster entstehen lassen, wenn sie sich überkreuzen. Dann ist da das «candle-ice», zerbrechliche Stücke aus neuem Kristalleis, die bei Windstößen klingende Töne produzieren. Oder das «needle-ice», Eisspitzen, die sich im Frühjahr bei Tauwetter auf dem Boden von Brunnen bilden. Der Einfallsreichtum der Natur scheint grenzenlos zu sein: Er reicht von der einfachen Verbindung mikroskopischer Kristalle bis hin zu bis zu 15 Meter dicken paläokristallinen Eisformationen. Die Behauptung, daß in der Arktis die Ausnahme eben nicht immer die Regel bestätigt, ist sicher nicht übertrieben.

Die unzähligen Erscheinungsformen des Eises, das Land und Meere unter sich verbirgt, hat Bewußtsein und Wortschatz der Eskimos, die ich begleite, geprägt. Sie haben zwanzig verschiedene Wörter zur Bezeichnung des Schnees und über hundert, um die verschiedenen Eisarten zu benennen. Da sie seit Jahrtausenden in dieser gefrorenen Landschaft leben, haben sie sich nicht von ihren unterschiedlichen Gesichtern täuschen lassen. Im Unterschied zu den Bewohnern der Industrieländer, die daran gewöhnt sind, ihren Zielort immer auf geradlinigem Weg zu erreichen, was auf den unendlich weit in die Ferne reichenden «Schnellstraßen» der Arktis geradezu verlockend wäre, folgen die Eskimos den Konturen des Eises, wobei sie jede kleinste Veränderung der Eisdecke im Auge behalten. Es kann vorkommen, daß die Inuit wochenlang auf der Eisdecke lagern, und zwar nicht nur die Jäger, sondern manchmal auch ganze Großfamilien. Ein großer Teil ihrer Überlebensstrategien wird seit Generationen in den Wochen während der Jagdzeit überliefert, die für den Rest des Jahres von entscheidender Bedeutung ist. Wie die Beduinen in der Wüste Afrikas wissen auch die Eskimos genau, wie und wann es zu handeln gilt, wenn man in einer kargen Umgebung überleben will. Durch die Anpassung moderner technologischer Errungenschaften an überlieferte Kenntnisse sind sie auch auf die schlechtesten meteorologischen Bedingungen vorbereitet.

Rechts: *Ein 90jähriger Dolgane. Sein ganzes langes Leben verbrachte er als Jäger.*

Es erstaunt und begeistert zugleich, die Inuit dabei zu beobachten, wie sie im Frühjahr die ersten Risse im Eis interpretieren. Für diejenigen, die nicht hier leben, sind es einfach nur Risse und nicht mehr. Für die Inuit sind es jedoch Zeichen, aus denen sie wichtige Aussagen über ihre Zukunft ablesen. Die fähigsten Jäger können mit unglaublicher Genauigkeit vorhersagen, wann die «leads», die Öffnungen, aufbrechen. Sie müssen unbedingt präzise lokalisiert werden, denn nur dort und nirgendwo anders ziehen die Tiere vorbei. Folglich müssen die Männer haargenau an der richtigen Stelle postiert sein.

Zwischen Mai und Juni beginnen die «leads», zuerst ganz langsam und dann immer schneller, sich zu öffnen. Wiederum kann ich mit eigenen Augen fest-

stellen, daß die erfahrensten Jäger, die das Eis mit all seinen Tücken genau kennen, recht hatten: Dort, wo sie vorausgesagt hatten, ist nun ein Labyrinth entstanden, das sich für die zurückkehrenden Tiere in eine regelrechte Wasserstraße verwandeln wird.

Das erste Signal neuen Lebens geben die Wasservögel. Riesige, über das Packeis fliegende Schwärme kündigen an, daß sich die Eisdecke zu öffnen beginnt, so daß Fische wieder leicht zu erbeuten sind. Diese Vögel sind die ersten Ankömmlinge einer ausgehungerten und unruhigen Population, die den kurzen arktischen Sommer mit Leben erfüllt. Etwas später treffen die Säugetiere ein. Ich beobachte die Belugas, die in einem regelrechten Festmahl riesige Mengen Tintenfische, Kabeljau und kleine Weichtiere verschlingen. Aus der Beringstraße kommende Wale ziehen vorbei, und Eisbärmütter führen ihre Kleinen an die Stellen, wo das Meer offen ist, damit sie lernen, auch in die kleinste Spalte im Eis einzutauchen, unter der sich eventuell Nahrung verbergen könnte.

Man kann sich gut vorstellen, daß sich der arktische Sommer seit Jahrtausenden nicht verändert hat und daß die Zeit hier stehengeblieben ist. In Wirklichkeit jedoch zeigt diese kristallklare Szenerie bereits die ersten Anzeichen des Verfalls, der möglicherweise auf die globalen Klimaveränderungen zurückzuführen ist. Die Reaktionen des Eises, das an sich schon launenhaft ist, werden immer unberechenbarer. In einigen Fällen vermuten die Wissenschaftler hinter den Brüchen im Eis drohende Gefahren. Auch wenn bisher noch nicht klar ist, wodurch sie entstehen, werden die alarmierenden Anzeichen mit Recht nicht ignoriert, denn der Wandel der natürlichen Lebensräume in der Arktis könnte zum Beispiel dazu führen, daß die Grönlandwale ihre traditionellen Wanderrouten ändern.

Momentan laufen auf diesem Gebiet zahlreiche Untersuchungen. In den letzten fünfzehn Jahren sind etliche Forscherteams in die Arktis aufgebrochen, um dort Informationen zu sammeln; sie haben in diesem Zeitraum mehr Ergebnisse erarbeitet, als man in der gesamten Zeit davor gewinnen konnte. Zum Beispiel werden detaillierte Studien über die Auswirkungen der Erwärmung der Erdoberfläche durchgeführt, deren Ergebnisse die bisher aufgestellten Theorien wieder in Frage gestellt haben. Jahrelang war man der Ansicht gewesen, der Temperaturanstieg bringe die Polkappen zum Schmelzen und erhöhe den Meeresspiegel. Heute wird diesen Schlußfolgerungen eine neue Theorie gegenübergestellt, nach der die globale Erwärmung zu verstärktem Schneefall über der Arktis führt – mit der Konsequenz, daß neue Eismassen entstehen und sich die Eisdecke weiter verdickt. Wahrscheinlich muß man noch weitere zwanzig Jahre forschen, um schließlich einen Gesamtüberblick über die Erwärmung der Erdoberfläche und ihre Auswirkung auf die Polkappen zu erhalten.

Im Eis zu arbeiten bedeutet für die Wissenschaftler auch, auf die Spuren der Geschichte zu stoßen. Solche archäologischen Grabungen zeigen häufig überraschende Ergebnisse. Da das Eis die Ereignisse der Vergangenheit wie eine «Zeitkapsel» umschließt und sie so bis heute bewahrt hat, konnte man eines der größten Geheimnisse in der Geschichte der Nordpolarmeerfahrer lüften. Es handelt sich dabei um die schicksalhafte Franklin-Expedition, über die bereits in der Einführung zu diesem Buch berichtet wurde. Im Rahmen archäologischer Grabungen fand ein Forscherteam, das in der Einöde der Insel Beechey sein Camp aufgeschlagen hatte, die Gräber zweier Männer, die als erste auf dem verzweifelten Rückzug gestorben waren. Wieder einmal zeigte sich die außergewöhnliche Konservierungskraft des Eises: Die beiden Körper waren nämlich vollständig mumifiziert, und ihre Kleidung war noch gut erhalten. Die Bergung der Leichen erforderte äußerste Behutsamkeit, da die Forscher im Permafrost graben und

Linke Seite: *Vordere Palisade des Kangerdluaqgletschers. Dieses Relikt aus der Eiszeit beherrschte die Erde vor über 18000 Jahren. Ein Großteil der arktischen Eisberge entsteht in Grönland, wo die Eiskappe etwa 2400 Kilometer lang und 3000 Meter dick ist.*

Unten: *Packeis auf Baffin Island. Zu Beginn des Frühlings bricht die Eisdecke zuerst ganz langsam und dann immer schneller auseinander. Durch dieses Labyrinth von Rissen, die «cracks», suchen die Tiere sich den Rückweg in den hohen Norden.*

Folgende Doppelseite: *Nördlichste Spitze von Baffin Island. Im Juni beginnt die Eisdecke allmählich zu schmelzen, wodurch unzählige kleine Wasserbrunnen entstehen. Etwa 14 Millionen Quadratkilometer Treibeis schwimmen auf fünf verschiedenen Gewässern innerhalb des Polarkreises. Die Form des Eises ist jedoch nicht gleichbleibend, da es hier jedes Jahr wieder neu entsteht und eine Dicke von 1,20 bis 1,80 Meter erreichen kann. Winde und Strömungen meißeln daraus die unterschiedlichsten Formen.*

dabei achtgeben mußten, daß sie die Funde nicht beschädigten. Dieses Unterfangen war zwar extrem zeitaufwendig, aber nach und nach brachte es neue Erkenntnisse.

Es war bereits bekannt, daß sich die Mannschaften der beiden Schiffe, ohne Führer und von Todesangst ergriffen, völlig irrational verhalten hatten. Auf dem langen Marsch ins Nichts hatten sie nur geringe Mengen an Lebensmitteln mitgenommen, dafür aber sperrige Gegenstände wie Zeltstangen und Schreibtische mitgeschleppt, die in dieser Situation vollkommen nutzlos waren. War diese völlig unsinnige Entscheidung lediglich ein Produkt ihrer Habgier? Untersuchungen der beiden Körper ergaben einen extrem hohen Bleigehalt, der eine weitere vernünftige Erklärung nahelegte: Vermutlich hatte eine Bleivergiftung, die durch Nahrung aus Konservenbüchsen verursacht wurde, bei den Männern geistige Verwirrung hervorgerufen, die sie dann zu solch absurden Verhaltensweisen veranlaßte.

Im Eis zu graben bedeutet allerdings auch, eine Reise zurück in die Vergangenheit der Erde zu machen. Ein außergewöhnlich interessantes Projekt ermöglichte es, die meteorologische Entwicklung der letzten hunderttausend Jahre zurückzuverfolgen. Die beiden ältesten Eisschichten weisen Spuren wärmerer und kälterer Klimazyklen auf. Wissenschaftler haben bewiesen, daß vor etwa 3500 Jahren ein Vulkanausbruch stattfand, und zwar nicht im Nordpolargebiet, sondern Tausende von Kilometern weiter im Süden, vermutlich auf der Mittelmeerinsel Santorin. Diese Entdeckung bestätigt – wenn überhaupt nötig –, daß alle Regionen der Erde voneinander abhängig sind: Auch Feuer und Eis bedingen einander.

Am spektakulärsten tritt das Nebeneinander der beiden Elemente in Island zutage, wo sie oft miteinander um die Vorherrschaft ringen. Die zerklüftete isländische Küste wurde von Eismassen geformt, die Hunderte von Metern in die Höhe stiegen. Inmitten dieser alles beherrschenden Kristalltürme klafft ein Vulkankrater. Die aus seinem Inneren aufsteigende Hitze läßt Schmelzwasser

Links: *Am 7. September 1991 stießen der deutsche Forschungseisbrecher «Polarstern» und der schwedische Eisbrecher «Oden» als erste nicht-nuklearbetriebene Schiffe während ihrer Forschungsfahrt zum geographischen Nordpol vor. Fahnen der beteiligten Länder künden von diesem Ereignis.*

entstehen, das zwischen den Vulkanfelsen wie in einem Dampfdrucktopf brodelt. Oft kann der Dampf durch Kanäle entweichen. Wird der Druck im Erdinneren jedoch zu groß, ist eine Eruption unvermeidlich. Das kochende Wasser der Geysire, das auf das Eis spritzt, bietet einen geheimnisvollen Anblick.

An anderen Orten sieht die Szenerie der monumentalen Eisformationen wieder ganz anders aus. In Alaska ist der Gletscher Columbia, ein über achtzehntausend Jahre altes Relikt aus der Eiszeit, langsam zerbrochen und hat so Hunderte von Eisbergen und -platten hervorgebracht, die sich vor der Küste als

Oben: *Auf dem Rückweg vom Nordpol bricht sich die schwedische «Oden» (Bild von der «Polarstern» aus aufgenommen) mit Hilfe von Suchscheinwerfern im Mondschein einen Weg Richtung Süden. Am Nordpol ist der Arktische Ozean 4275 Meter tief.*

KUNST IM EIS

Schnee in kompakter Form stellte für die Eskimos, wenn sie sich auf der Jagd befanden, das einzig mögliche Baumaterial für ihre halbrunden Iglus dar. Die leichte Formbarkeit des Schnees und die einfache Korrektur mißlungener Details begeistert z. B. nicht nur die Japaner bei alljährlich stattfindenden Wettbewerben um die schönste Schneeplastik. Die Gebiete des ewigen Schnees bilden eine eigene Welt. Der Engländer Andy Goldsworthy, Objektkünstler, erlag der Faszinationskraft des hohen Nordens in zweierlei Hinsicht: Einmal begeisterte er sich für die weite Landschaft der Arktis, zum anderen wollte er sich hier, weitab von der Zivilisation, mit den Möglichkeiten der plastischen Gestaltung von Schnee auseinandersetzen. Die leichte Formbarkeit des Schnees, aber auch seine Homogenität, seine Einheit mit der Landschaft, seine Symbolkraft als unberührtes und gleichzeitig flüchtiges Material regten Goldsworthy an. So schuf er im kanadischen Nordwestterritorium am Grise Fjord, wo sich eine meteorologische Station befindet, eine ganze Serie von Schneeplastiken. Harmonie mit der Landschaft, aber auch Rhythmisierung vertrauter Grundformen, der Einbezug von Licht- und Schattenwirkungen ließen ihn künstlerisch ansprechende Werke schaffen. Die Vergänglichkeit des Materials in einem unendlichen Raum weist auf die existentielle Kraft und Gefährdung künstlerischer Kreativität hin, zeigt aber auch Freude am Spiel und läßt neue Ausdrucksformen entstehen.
Die Idee, aus Schnee plastische Figuren darzustellen, ist alt, aber den Formenkanon moderner Plastik darauf anzuwenden, ist äußerst originell. Goldsworthy schuf u. a. eine lichtdurchlässige Schneemauer (rechts), eine Plastik in Kreiselform mit kreisrunden Abstufungen (unten) und schlanke Schneepyramiden (rechts unten).

furchterregende Wand aufbauen. Aber die meisten Eisberge der Arktis haben ihren Ursprung in Grönland, wo sich durch kompakte Schneeschichten die darin eingekesselten Eismassen ständig erneuern. Man hat den Eindruck, daß die Eiszeit hier einfach ihr Ende verschlafen hat. Das Grönlandeis hat mit einer Länge von 1500 Meilen, einer Breite von 450 Meilen und einer Dicke von über 700 Metern wahrhaft gigantische Ausmaße und versorgt die turmhohen Eisberge des Nordpolargebiets mit ausreichend «Material». Wasserströme schieben die Eisberge langsam vom Grönlandgletscher südwärts zum Südatlantik, eine Reise, die bis zu zwanzig Jahren dauern kann. Als es noch keine Eisbrecher gab, war dieses Phänomen für die Arktisseefahrer von großem Nutzen. Mit ihrem «Kiel», den bis zu sieben Achteln, die unter Wasser liegen, frästen die Eisberge für die Schiffe regelrechte Wasserwege in die Eisdecke. Andererseits konnte ein Zusammentreffen mit ihnen auch alles andere als glimpflich ausgehen.

Der Untergang der «Titanic» in der Nacht vom 14. auf den 15. April des Jahres 1912 im Süden von Neufundland steht uns allen noch heute als tragisches Ereignis vor Augen. Der Funker des Ozeanriesen war von Kollegen auf anderen Schiffen darüber informiert worden, daß Eisberge in dem Gebiet lagen, worauf übrigens auch schon die für den Frühling ungewöhnliche Kälte hinwies. Allerdings unterschätzte der Kapitän die Gefahr und manövrierte das Schiff in den Untergang. Als der Ausguck einen Eisberg vor dem Bug sichtete, war es schon zu spät. Wie später auch von einem Untersuchungsausschuß bestätigt wurde, hatte man die enorme Eismasse erst bemerkt, als es für das Schiff keine Ausweichmöglichkeit mehr gab. Der Eisberg hatte sich nämlich, was häufig vorkommt, kurz vorher umgedreht, so daß der weiße, sichtbare Teil unter Wasser geblieben war, während der andere, von Salzrückständen durchdrungene Abschnitt kaum wahrnehmbar war und oben aus dem Meer ragte.

Der Eisberg riß unterhalb der Wasserlinie ein 30 Meter langes Leck in den Dampfer. In weniger als drei Stunden wurde die Titanic mit 1500 Menschen, davon 56 Kinder, von den Fluten in die Tiefe gerissen.

Da Eis mit einem spezifischen Gewicht von etwa 0,89 leichter als Meerwasser ist, schwimmen Eisberge an der Wasseroberfläche. Die Bezeichnung «leicht» ist allerdings in diesem Zusammenhang irreführend, denn ein solcher Koloß kann über 900000 Tonnen wiegen. Einige dieser Treibeisinseln, die bis zu 800 Meter lang werden können, wurden für wissenschaftliche Untersuchungen genutzt.

Es ist nicht erstaunlich, daß sich bereits seit über 100 Jahren Menschen mit der Idee tragen, einige dieser Eistürme in Länder mit wärmerem Klima zu transportieren, wo sie in Dürregebieten als Süßwasserspender dienen könnten. Einer der überzeugtesten Verfechter dieses Plans, Eisberge im Rahmen der Wasserversorgung zu nutzen, war der saudische Emir Muhammad al Faisal, ein Neffe von König Khalid.

Momentan wird das Vorhaben zwar nicht weiterverfolgt, es ist aber auch nicht ausgeschlossen, daß es bald wieder aufgenommen wird: Ein Eisberg mittlerer Größe könnte nämlich ein bis zwei Milliarden Liter Süßwasser liefern.

Vom Sockel der in leuchtendem Aquamarinblau erstrahlenden Eisberge erheben sich weiße Gipfel, welche die Eisriesen als Inbegriff natürlicher Reinheit erscheinen lassen. Jeder einzelne ist aufgrund seiner Größe, Form und Konturen, die sich übrigens im Laufe der Reise und mit dem jeweiligen Klima verändern, ein einzigartiges Kunstwerk. Und jeder verkörpert auf seine Weise eine ideale Gebirgslandschaft mit zackigen Gipfeln, tief ausgeschürften Tälern und Flüssen, die an den Seitenwänden in Rinnsalen herunterfließen.

Oben: *Taucher im Eis vor Barrow, im äußersten Norden Alaskas. Während der kurzen Sommerzeit ist es angenehmer, die Fauna zu beobachten. Die wenigen, die sich in das kalte Wasser wagen, können einen seltenen Blick auf die Anfänge des Lebens im Arktischen Ozean werfen.*

Rechte Seite: *Großaufnahme eines Seehundes. In den arktischen Gewässern können nur wenige Tiere und Pflanzen überleben; der Grund ist nicht etwa die extrem niedrige Temperatur, sondern die dicke Eisschicht, die kein Licht in die Tiefe dringen läßt. Und ohne Licht kann Leben bekanntlich nur schwer existieren.*

Ein Eisberg verhält sich wie ein Geisterschiff. Es kann passieren, daß man in einer völlig leergefegten Bucht einschläft und sich beim Erwachen Dutzenden von Eisbergen gegenübersieht, die auf dem einige Stunden vorher noch verlassenen Gewässer dahintreiben. Zu Beginn der Sommerzeit sind sie als lebensspendende Quelle von großer Bedeutung. Da sie ausschließlich aus Süßwasser bestehen und im unteren Teil reich an nährstoffhaltigen Substanzen sind, leisten sie einen wichtigen Beitrag zur arktischen Nahrungskette.

Heute sind Eisberge den Wissenschaftlern als «Alarmsignale» eine große Hilfe: Man untersucht zum Beispiel Verfärbungen der Wasserlinie durch Schmutzstoffe aus den Industriegebieten, die die Eisberge passieren. Womit wir auch schon bei einer weiteren großen Gefahr wären, die der Arktis droht: Verschmutzung, die durch das Eis selbst weitergetragen wird.

Unten: *Meereskundler und Biologen in der Arktis Kanadas. Sie haben ihr farbiges Zelt zwischen Eisblöcken errichtet, wo es vor Wind geschützt ist und wo sich die Eisdecke leichter durchstoßen läßt. Im Zelt befindet sich das Eingangsloch zum Tauchen. Im Wasser sinkt die Temperatur nicht unter minus 2 Grad.*

Rechts: *Die Kanten des Eises bieten keinen Halt, deshalb springen die Taucher meist in das eisige Wasser.*

Unten: *Weil das Eingangsloch schnell zufriert, muß das Eis immer wieder abgeschöpft werden.*

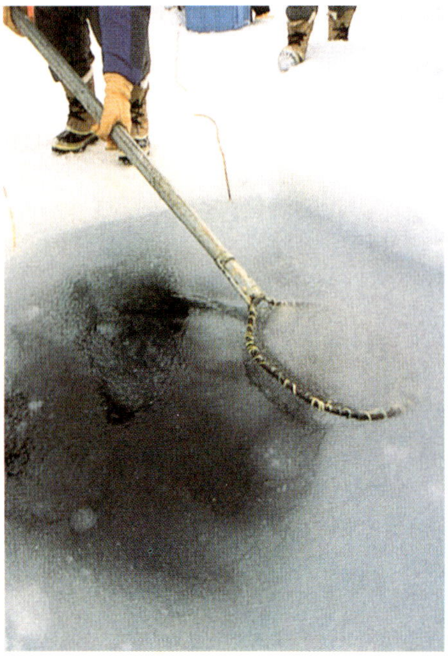

Umweltverschmutzung kann sich in der Arktis rasend schnell ausbreiten. Diese Region der Erde besitzt die Eigenschaften eines Bassins: Hier konzentrieren sich Winde und Luftströmungen aus südlichen Breitengraden, die giftige Rückstände aus den Industrieländern heranwehen. Der Hauptverursacher der Verschmutzung ist, wie allgemein bestätigt wird, Sibirien. Die Industrieanlagen des riesigen Territoriums sind weder mit Filtersystemen ausgestattet, noch wird die Umweltbelastung von den Verantwortlichen aus Politik und Wirtschaft kontrolliert. Deshalb gelangen Abfallstoffe unbehandelt in Luft und Flüsse, wo dann Höchstkonzentrationen toxischer Substanzen auftreten. Luftströme aus dem Nordosten wehen eine beträchtliche Menge von Giften, vor allem sauren Regen, in den Hohen Norden.

Unten: *Das Meereis wächst langsam und wird nur selten dicker als 2,5 Meter.*

Links: *Ein Taucher unter dem Eis. Schnee und Eis schützen das Leben auf dem Lande und im Wasser vor den tiefen Temperaturen und eisigen Winden. Auch unter dem Eis ist reiches Leben: Mikroorganismen und Algen stehen am Beginn der arktischen Nahrungskette.*

Aber die Verschmutzung entsteht nicht nur im Osten. Schwefeldioxidwolken stehen in der trockenen Luft über dem Polarkreis. Diese durch Brennstoffe produzierten Gase werden vom Wind nach Norden transportiert und lassen den sogenannten «arktischen Dunst» entstehen. Smog in der Arktis ist kein Hirngespinst überängstlicher Umweltschützer, sondern ein wissenschaftlich nachgewiesenes Phänomen. Das ist nicht allzu verwunderlich, wenn man bedenkt, daß hier alles sehr viel länger dauert als anderswo. Der Kadaver eines Karibu kann jahrelang auf dem Eis liegen, ohne zu verwesen, und auch der Gestank

Wissenschaftliche Stationen werden oft auf gewaltigen Eisinseln errichtet. Um die Unterwasserwelt zu erforschen, muß man das meist über 2 Meter dicke Eis durchbrechen.

eines getöteten Seehundes liegt lange in der Luft. Während für den Abbau der Umweltverschmutzung in milderen Klimazonen und unter anderen Bedingungen etwa zehn Jahre nötig sind, dauert er in der Arktis viel länger. Um die Verschmutzung vollständig zu beseitigen, müßten die Quellen der Giftstoffe für lange Zeit ausgeschaltet werden. Aber das Gegenteil geschieht: Nicht nur jedes Jahr, sondern jeden Tag gelangen toxische Substanzen in diesen Teil der Welt.

Das Packeis sieht wie ein glasklarer, perfekter und unversehrter Boden aus. In Wirklichkeit nisten sich gerade dort Gifte ein, die das Eis an den weniger kompakten Stellen durchdringen; sie schleichen sich so in die Nahrungskette ein, was sich auf jedes einzelne ihrer Glieder auswirkt. Der Tod einiger Belugas, die in einem mit dem Sankt-Lorenz-Strom verbundenen Kanal gefunden wurden, ist laut Aussage von Wissenschaftlern auf den Einfluß toxischer Substanzen zurückzuführen. Bei anderen Walen aus der nördlichen Arktis, die noch viel dünner besiedelt ist, fand man Giftkonzentrationen, die noch weitaus höher waren als die der Belugas im Sankt-Lorenz-Strom.

Ist es der Wissenschaft möglich, etwas gegen diese Giftinvasion zu unternehmen? Diese Frage stellte ich dem Biologen Dr. Buster Welch, der seit langer Zeit

Taucher im Lancaster Sound, in einer Inselgruppe der kanadischen Arktis.
Heute können Forscher dank moderner Technologien mehr über die Unterwasserwelt erfahren.
Bisher hat die Eisdecke die Arktis zwar geschützt, aber auch die wissenschaftliche Arbeit behindert.

gegen die Umweltverschmutzung in der Arktis kämpft. Er arbeitet für das kanadische Ministerium für Fischerei und Gewässer und beschäftigt sich seit Jahren mit wichtigen Untersuchungen über die Umwelt der Arktis und den Schutz der Nahrungskette. Er meint dazu: «Unser Problem ist es, daß wir noch nicht viel über das Ökosystem der Arktis wissen. Auf der anderen Seite werden wir aufgefordert, seltene Tierarten wie Narwale, Belugas und Seehunde, die nur hier vorkommen, vor dem Aussterben zu schützen. Um das zu tun, wäre es notwendig, ganz genau zu wissen, wie das Ökosystem das Überleben dieser Tiere garantiert. Wir kennen natürlich die Umweltbelastungen, die viel weiter aus dem Süden

Unten: *Taucher im Lancaster Sound. Für die wenigen, die das Privileg haben, unter der Eisdecke zu tauchen, ist das wie eine Reise auf einen fernen Planeten.*
Auf diesem Unterwasserfoto ist Brando Quilici zu sehen, auf der rechten Seite der englische Kameramann Doug Allan.

kommen, wie etwa DDT und PCB, aber auch Kohlenstoffverbindungen aus Autoabgasen, die sich alle in der Nahrungskette konzentrieren. Wir sind uns auch bewußt, daß die Fortpflanzung von Walen und Seehunden durch diese erhöhte Giftstoffkonzentration beeinträchtigt wird.»

«Man könnte den Eindruck haben, daß es sich bei der kanadischen Arktis im Vergleich zu den weiter im Süden liegenden Ökosystemen um ein geschlossenes System handelt, das sich von den anderen auf der Erde völlig unterscheidet. Aber dieser Eindruck täuscht. Das Klima in den gemäßigteren Breiten wird sozusagen von dem, was hier oben passiert, unter Kontrolle gehalten, genauer

Rechte Seite: *Die «leads», die sich im Frühjahr öffnen, lassen Sonnenlicht durch und dienen außerdem den Säugetieren, die hierhin zurückkehren, als Atemlöcher.*
In diesem kurzen Zeitraum entsteht Plankton, und im Meer beginnen Algen zu wachsen, von denen sich viele Tierarten ernähren.

gesagt von der Hochdruckzone über dem Pol. Deshalb ist die Gesundheit der Arktis für das Wohlergehen der übrigen Welt von grundlegender Bedeutung. Wer etwas weiter südlich lebt, sollte sich das wirklich zu Herzen nehmen.»

Diese Schlußfolgerung betrifft vor allen Dingen diejenigen, die die Nordpolargebiete für sich entdecken wollen. Man fühlt sich hier zwar weit entfernt von den Industrieregionen, aber man bekommt dennoch die Reaktion der Erde auf die Verseuchung unmittelbar zu spüren. Das Polareis begnügt sich nämlich nicht damit, nur das Bild der Sonne und des Himmels zurückzuwerfen, sondern es spiegelt auch unbarmherzig wider, wie wir mit unserem Planeten umgehen.

VARIATIONEN VON SCHNEE UND EIS

Oben rechts: Auf der Fahrt des deutschen Forschungsschiffs «Polarstern» im Sommer 1991 bildete die Untersuchung der Eisbedeckung des Arktischen Ozeans eines der wichtigen Forschungsprojekte. Eine Gruppe des Alfred-Wegener-Instituts (Bild) untersuchte Eisschollen u. a. auf Dicke, Eisbeschaffenheit, Schneebedeckung, Lebewesen (Bakterien, Algen) und Sedimenteinschlüsse.

Mitte: Bei der Meereisbildung am Rande der eisbedeckten Gebiete im Ozean entsteht das sogenannte Pfannkucheneis (Bild hinten). Durch die Wellen werden Eiskristalle zu «Pfannkuchen» (auf dem Bild ca. 50 cm im Durchmesser) zusammengeschoben. Die charakteristischen Ränder entstehen durch Überspülung. Bei weiter fortschreitender Eisbildung werden die Pfannkuchen immer stärker zusammengepreßt (Bild rechts), bis Eisschollen entstanden sind.

Rechte Seite, von oben nach unten:

1) An der Oberfläche arktischer Gletscher schmelzen dunkle Staubpartikel und winzige Lebewesen (z. B. Hefepilze) langsam ins Eis ein. Diese Substanzen werden Kryokonit genannt, die so entstandenen Vertiefungen heißen Kryokonitlöcher.

2) Für die Eisforschung wurden Eiskristallformen mit Spezialpressen unter weit höherem Druck erzeugt, als dies in der Natur üblich ist.

3) Eis bildet sich in vielen Formen, wie hier die Schmelzränder an Kristallgrenzen.

4) Im Frühjahr bewirkt die Sonnenstrahlung an schneefreien Stellen Sprünge im durchsichtigen See-Eis.

Das Eidgenössische Institut für Schnee- und Lawinenforschung in Davos (Schweiz) unterscheidet wissenschaftlich etwa 25 verschiedene Schneearten. Die Eskimos Grönlands bezeichnen aber mehr als 50 Varianten. Die Skala der Wissenschaftler reicht vom lockeren Neuschnee bis zum dichten Eis. Differenziert wird u. a. nach Gewicht. Sehr lockerer Neuschnee weist ein Gewicht von 30 kg pro Kubikmeter auf; mit über 100 kg/m³ wird lockerer Neuschnee definiert, nasser Frühlingsschnee erreicht 300 bis 500 kg/m³, und wassergesättigter Sommerschnee wiegt 600 kg/m³. Am Ende der Skala verdichteten Schnees liegt porenfreies Eis ab 830 kg/m³ und vollständig porenfreies Eis mit 900 kg/m³. Doch das Eis der Arktis wird je nach seinen Formen und seiner Entstehung noch weiter differenziert, so in Meereis und Eis des Landes.

Die bekannteste der zahlreichen Eisformen ist das Packeis, wissenschaftlich als Arktisches Packeis bezeichnet. Es ist ein fast salzfreies Eis mit einer Mächtigkeit von 2,5 bis 5 Metern und nach der Definition mehr als 2000 Jahre alt. Durch ständige Aufpressungen von Schneemassen, die immer wieder abgeschmolzen sind, ist seine Oberfläche gewellt. Als Packeis bzw. Treibeis bezeichnet man aber auch kleinere oder größere Flächen schwimmenden Eises auf dem Meer. Das Schelfeis hingegen hat eine ebene Oberfläche, die ebenfalls mehr als 2 Meter über die Wasserfläche ragt. Bei Schiefereis schieben sich zerbrochene dünne Platten übereinander. Aus ihm können sich eine größere Festeisdecke, aber auch Schollen und zusammenhängende Eisfelder bilden. Trümmereis ist eine Anhäufung von Eisbruchstücken von weniger als 2 Metern Dicke. Durch Anwachsen an Küsten oder an Untiefen wird Festeis charakterisiert, und Küstenfesteis, die bekannteste Grundform des Festeises, dehnt sich von der Küste, wie z. B. in Sibirien, bis zu 300 oder 400 Kilometern ins offene Meer aus. Das in der Arktis häufig vorkommende Pfannkucheneis besteht aus etwa flachrunden Eisstücken mit erhöhtem Rand der einzelnen Schollen und wird durch ihr Zusammenstoßen allmählich zu großen Flächen verbunden. Das typische Polareis ist an seiner Oberfläche meist durch die Verwitterung eben und erreicht auf dem Meer etwa 3 Meter Dicke. Der Begriff Firn bezeichnet Altschnee, der zwar relativ dicht ist, aber noch viele Luftzwischenräume aufweist. Firn spielt für die Pflanzenwelt zum Überstehen des strengen arktischen Winters eine wichtige Rolle.

Links: Eisschollen im Arktischen Ozean können Jahre und Jahrzehnte umherdriften, bis sie durch Strömungen meist in den Atlantik gelangen. Im Sommer ist der Arktische Ozean selbst in zentralen Gebieten je nach Driftverhalten nicht vollständig von Eis bedeckt. Im Herbst frieren die offenen Gebiete aber zu. Sie können dann durch Windeinfluß verschiedenste Eisstrukturen bilden.

In den letzten Jahrzehnten wurde das Eis der Arktis zu einem bevorzugten Objekt der weltweiten, internationalen Klimaforschung. Aber das Eis kann auch als Indikator für die Umweltverschmutzung der Atmosphäre dienen. Über die Niederschläge kann man z. B. Schwermetallbelastung nachweisen. So nahm etwa nach Einführung des bleifreien Benzins die Bleibelastung drastisch ab, so daß die Werte im Grönlandeis heute wieder denen vom Jahr 1800 entsprechen.

Der Schiffahrt gefährlich werden treibende Eisberge und Eisfelder, deren Ende man vom Schiff aus meist nicht überblicken kann.

Das Packeis war von jeher am gefährlichsten für die Schiffe der Polarexpeditionen. Die Packeismassen sind immer in Bewegung. In den gefürchteten Druckzonen türmt es sich durch Wellen und Wind, Strömungen und Gezeiten bis zu einer Höhe von über zehn Metern auf und taucht durch sein eigenes Gewicht bis 30 Meter unter die Wasseroberfläche. Mehrjähriges Packeis kann bis zu fünf Meter dick werden. In den dreißiger Jahren haben Nansen sowie russische Polarforscher unter I. D. Papanin die Bewegungen des Packeises erforscht. Die Russen hatten besonderes Interesse daran, ihre Nordostpassage optimal für ihre Schiffe und Eisbrecher zu bestimmen. Vom Schelfeis losgerissene Eisinseln, die gut hundert Quadratkilometer messen können, dienten und dienen den Forschern dabei als driftende Forschungsstationen. Auch die amerikanischen Atom-U-Boote erkundeten seit Ende der fünfziger Jahre die Packeisdecke und vermaßen auf ihren Tauchfahrten die Unterseite der Packeisflächen und den Tiefgang ihrer Packeisrücken. Schiffe, die sich im Packeis festfahren und keine durch Driftbewegungen des Packeises entstandene Fahrtrinne finden, sind durch Eispressungen äußerst gefährdet. Nansen blieb im Januar 1895 ausweglos im Packeis stekken, und seine «Fram» war der Pressung ausgeliefert. Seine Schilderung in dem dreibändigen Expeditionsbericht «In Nacht und Eis» verdeutlicht die dabei wirkenden Kräfte. «Es begann um vier Uhr morgens. Ein riesiger Eiswall hatte sich gebildet, dessen Bewegung nicht innehielt und der auf das Schiff zuwanderte. Die ‹Fram› saß fest in ihrem Eisfuß, und darin lag die Gefahr. Sollte die Eisbarriere noch näher rücken, dann würde sie den Bug des Schiffes in die Tiefe drükken. Denn unter dem Gewicht des riesigen Eishügels senkte sich die Scholle auf der Backbordseite, und die ‹Fram› krängte über. Breite Risse liefen durch

1

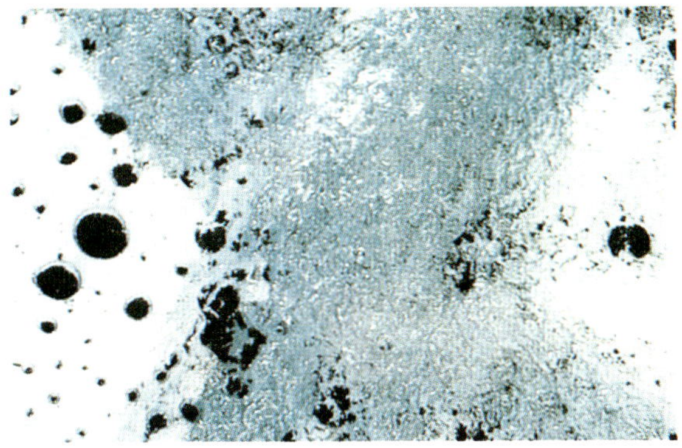

2

3

4

Rechts: Nordenskjöld legte während seiner Erkundung der Nordostpassage wiederholt an der nordsibirischen Küste an. Eine Gruppe von Tschuktschen besucht die «Vega».

das Eis, Schollen schoben und knirschten gegeneinander, das Wasser gurgelte aus den Tiefen und überschwemmte die Umgebung der ‹Fram›. Das Eis stöhnte, preßte und barst, und breite Risse liefen entlang der Backbordseite und gaben das Wasser frei. Doch die Eisbarriere wuchs, staute sich höher und höher und rückte der ‹Fram› an den Leib. Dann erreichte der gewaltige Eishügel die ‹Fram› und drängte über die Reling. Das Eis schrie und donnerte, gewaltige Blöcke stürzten krachend mittschiffs über die Reling, die Balken des Halbdecks ächzten und dröhnten unter der Last. Die Schiffsseiten stöhnten unter der Pressung, und das Eis wütete gegen die Planken. Das Gebälk knisterte, die Streben und Balken stöhnten unter dem Eisdruck. Die Männer keuchten, schufteten, schleppten – und plötzlich traf sie wie ein Schlag die Stille. Die Pressung war vorbei. Welchen Anblick bot die ‹Fram›? Die Backbordseite war völlig von den Eisblöcken begraben, die Davits von Eis und Schnee bedeckt, das Schiff lag 7 Grad zur Seite geneigt, und die Blöcke türmten sich an Deck volle zwei Meter hoch bis über die Webeleinen der Fockwanten empor.»

Die «Fram» Ende März 1895, jetzt von den meterhohen Packeisplatten befreit.

Auch modernere Schiffe als Nansens «Fram» hatten schwer im Packeis zu kämpfen. Der russische Eisbrecher «Tscheljuskin» mußte 1934 im Packeis aufgegeben werden. Selbst seine Stahlplatten konnten ihn nicht vor der Urgewalt der Eispressungen schützen. Bis September 1991 wurde der Nordpol per Schiff nur von sowjetischen Eisbrechern erreicht. Die schwedische «Oden» und die deutsche «Polarstern» waren die ersten Schiffe westlicher Nationen, die, begünstigt durch optimale klimatische Umstände, selbst in Polnähe offene Wasserrinnen zwischen 10 Meter hohem Packeis vorfanden und den Nordpol erreichen konnten.

Der Däne Lauge Koch zählt zu den bedeutendsten Polarforschern in der ersten Hälfte des 20. Jahrhunderts. Zu seinen wissenschaftlichen Leistungen gehört die geophysikalische Erforschung der Nord- und Ostküste Grönlands. An seiner ersten Expedition (1906 – 1908) nahm Alfred Wegener teil, auf einer weiteren Reise an der Nordküste Grönlands entlang schloß er sich Knud Rasmussen an. 1921 war er auf der Hans-Egede-Jubiläumsexpedition ins Peary-Land, den nördlichsten Teil Grönlands, vorgestoßen. Der Schweizer Fritz Müller fand im August 1953 den von Koch verfaßten und in einer Blechbüchse zurückgelassenen Expeditionsbericht. Die Blechbüchse war bei einem lebensgroßen Steinmann am Kap Morris Jesup niedergelegt worden. Müller nahm das Original für das dänische Arktismuseum mit und hinterlegte eine Kopie. In nüchterner Sprache des Wissenschaftlers schilderte Koch seine Arbeit und seine Route:

«Ich, der Unterzeichnete, kam hier am Morgen des 13. Mai an. Ich hatte Upernivik am 27. Januar verlassen und erreichte den Stützpunkt Igdloluorsuit, Kap Robertson, am Inglefield-Golf am 18. März. Am 5. April kam ich nach Fort Conger, wo ich mit Erfolg Moschusochsen jagte. Am 19. April reiste ich weiter nordwärts, passierte am 24. April Kap Bryant, stieß ostwärts davon auf Preßeis und Tiefschnee, kam am 29. April nach der Beaumont-Insel und fand anschließend ausgezeichnete Verhältnisse zum Schlittenfahren vor. Am 5. Mai hatten wir den De Long Fjord hinter uns, und an diesem Tag fing ich mit kartographischen Arbeiten an, um das Werk von der zweiten Thule-Expedition 1916 – 1918 fortzusetzen. Von Kap Hammok schickte ich die Eskimos Etukussuk und Inuiterk mit 24 Hunden, die sich in ausgezeichneter Kondition befanden, und den größten Teil des Expeditions-Materials nach Morris Jesup, um Jagd zu treiben. Diese kamen hier in Morris Jesup am 8. Mai an und haben seither 52 Hasen, einen Wolf und einen Falken gefangen. Ich und der Eskimo Nokupinguak reisten mit einem Schlitten und 8 mittelmäßigen Hunden langsamer, wegen der kartographischen Arbeit, und kamen erst am Morgen des 13. Mai hier an. Den 14. – 15. Mai verbrachte ich im Packeis, ungefähr 12 – 15 Kilometer nördlich von hier, um das umliegende Gelände kartographisch zu erfassen. Heute ist es neblig, und es weht ein starker Wind bei einer Temperatur von – 17° C.

Wir sind alle gesund und in guter Verfassung und verfügen über 3 Schlitten und 29 Hunde, von denen sich die meisten in sehr guter Form befinden. Wir haben immer noch 60 kg Pemmikan, 40 kg Haferflocken, 20 kg Zucker, 12 kg Schokolade, 70 Dosen Sardinen, Kaffee, Tee, Trockenmilch, Trockeneier, ‹Julienne› kräuter usw. Wenn das Wetter besser wird, gehen wir der Küste entlang weiter in den Independence Fjord hinein und von dort über das Inlandeis nach Hause.

Im Jubiläumsjahr der dänischen Kolonisation von Grönland ist es mir gelungen, mit der dänischen kartographischen Arbeit und den wissenschaftlichen Untersuchungen hinauf bis zur Nordspitze Grönlands vorzustoßen. Ich habe bereits zu mehreren Bergspitzen Aussicht, von denen I. P. Koch im Jahre 1907 Karten gemacht hatte, und ich nehme an, daß ich in etwa 3 Tagen sein Steinmännchen am Kap Bridgemann erreichen werde, womit ganz Grönland von Dänen bereist sein wird. Mir ist es ferner gelungen, die dänische Flagge weiter nördlich zu bringen, als sie bis jetzt geweht hat, ungefähr 83°50 Min. n. Br.

Ich habe Pearys Bericht nicht finden können, sein Steinmann war zerstört. Hingegen habe ich ein Stück Holz mit der Markierung ‹Peary 1900› gefunden.

Diesem Bericht wird die dänische Flagge beigelegt.»

(Sign.) Lauge Koch, Mag.

Lauge Koch, einer der bedeutendsten Polarforscher Dänemarks, fotografiert von Knud Rasmussen während der zweiten Thule-Expedition 1916 – 1918 (Nordgrönland).

Im Lancaster Sound

Zwei sich überkreuzende Stoßzähne tauchen aus dem Meer auf. Sie sind zwei Meter lang, vielleicht auch etwas mehr. Die fälschlicherweise auch als Hörner bezeichneten Zähne gehören zwei Narwalen, die, unbeweglich in solcher Haltung verharrend, diesen verlassenen, rauhen Teil der Welt symbolisieren könnten.

Der Narwal erinnert mit seinem außergewöhnlichen Stoßzahn unweigerlich an die Sage vom Einhorn. Er ist bereits von Anfang an, noch im Schutze des Mutterleibs, mit diesem besonderen Attribut ausgestattet. Schon während der ungewöhnlich langen Tragezeit von 15 Monaten scheint das Junge ungeduldig darauf zu warten, endlich das Licht der Welt zu erblicken. Da es in den letzten Monaten vor seiner Geburt schon über einen Meter groß ist, also länger als die Gebärmutter, kommt es nicht selten vor, daß man den Schwanz des Jungen aus dem Muttermund herausragen sieht, auch wenn die Geburt noch lange nicht bevorsteht.

Nach Geburt und Wachstumsphase wird der «kleine Unterschied», der den Narwal zum Fabelwesen machte, immer deutlicher sichtbar. «Anfangs sehen alle Jungen gleich aus», schreibt der Hydrobiologe Ettore Grimaldi. «Ihre Schnauze ist glatt und rund wie eine Wassermelone, und allen sind die beiden einzelnen, im Oberkiefer angelegten Zähne gemein.»

«Mit eintretender Geschlechtsreife kann man dann eines der beeindruckendsten und verblüffendsten Phänomene des Tierreichs beobachten. Während bei den Weibchen die Zähne weiterhin so klein bleiben, daß sie in der Mundhöhle verborgen sind, wird bei den Männchen der linke Zahn wie von einem unkontrollierbaren Mechanismus nach außen getrieben, wobei er sich spiralenartig gegen den Uhrzeigersinn immer weiter aus dem Oberkiefer herausdreht. Diese Lanze aus Elfenbein mißt häufig mehr als zwei Meter und erreicht bei den großen Männchen sogar eine Länge von drei Metern.»

Der gewundene Stoßzahn ließ in der Phantasie der Inuit die Legende von einem Zopf entstehen, eine Geschichte, die in den einzelnen Gebieten der Arktis in leicht abgeänderter Version erzählt wird.

Hauptpersonen der Legende sind eine Großmutter und ihre beiden Enkel, ein Junge und ein Mädchen, die ihre Eltern verloren haben und deshalb dem traurigsten Schicksal ausgeliefert sind, das einem Eskimo damals widerfahren konnte: Sie sind dem gnadenlosen Kampf ums Überleben auf dem Eis alleine ausgesetzt. Die an sich schon unglücklichen Umstände werden noch tragischer, weil der kleine Junge blind ist; somit ist also ein hungriger Esser mehr zu versorgen, der aber selbst nicht zum Unterhalt beitragen kann. Die egoistische, gemeine Großmutter – sie erscheint uns allerdings heute vielleicht herzloser als damals den Eskimos – gibt dem Enkel nicht einmal den kleinsten Bissen Nahrung und läßt ihn so langsam verhungern. Wenn der Junge nicht stirbt, dann nur deshalb, weil seine Schwester ihn beschützt und Speisereste sammelt, die sie ihm heimlich zusteckt.

Aber schließlich handelt es sich um eine Legende, und da sind Wunder natürlich nicht ausgeschlossen. Eines Tages überredet ein Vogel den blinden Jungen, in eines der umliegenden eisigen Gewässer einzutauchen. Dieser folgt dem Rat und erhält nach dem dritten Untertauchen sein Augenlicht zurück. Von diesem Zeitpunkt an versorgt er als Familienoberhaupt nicht nur seine Schwester, sondern auch die Großmutter, die jedoch für ihre Übeltaten vom Schicksal bestraft werden wird.

Beim Walfang bindet der Junge das Ende der Harpunenschnur seiner Schwester ans Bein und macht sie so gemäß der Tradition zu seiner Jagdgefährtin, die ihm beim Fangen der Beute hilft und auch Anrecht auf einen Teil davon hat.

Rechte Seite: *Unterwasseraufnahme von zwei Narwalen im Lancaster Sound. Solche Bilder sind eine absolute Seltenheit: Narwale gehören zu den geheimnisvollsten Lebewesen der Erde, und man bekommt sie nur mit viel Glück vor die Kamera. Sie sind eine der drei Walarten, die das ganze Jahr über im Nordpolarmeer bleiben. Im Labyrinth des Eises können sie sich auch während der langen, dunklen Wintermonate perfekt in ihrer Umgebung orientieren. In den Mythen der Inuit spielt der Narwal eine einzigartige Rolle.*

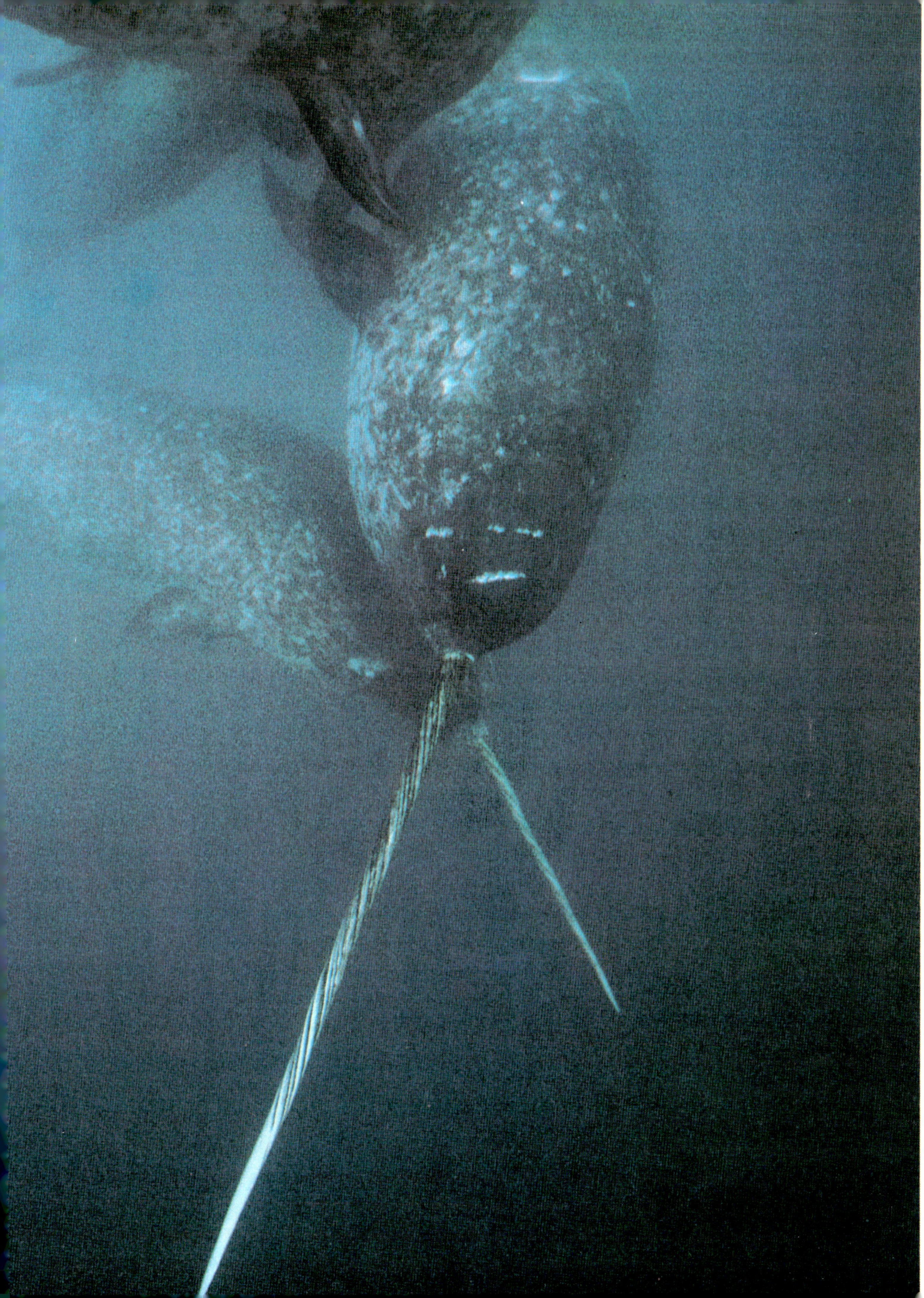

Die Narwalpopulation umfaßt weltweit etwa 20000 Tiere, von denen die meisten in der östlichen Arktis, im Gebiet zwischen der Baffinbay und der Davisstraße, leben. Wie dem sagenumwobenen Einhorn werden auch dem Narwal magische Kräfte zugesprochen. Nur wenige aber kennen ihn wirklich: die Inuit, denen er Nahrung liefert und die ihn als kulturelles Symbol betrachten, und die Tiere, die seinen Lebensraum teilen.

Rechte Seite, links: *Das «Horn» findet man nur bei den Männchen, und es kann bis zu drei Meter aus der Oberlippe herausragen. Die «sich überkreuzenden Stoßzähne» wurden häufig bei den Männchen beobachtet, wobei jedoch nicht klar ist, ob es sich um ein soziales Ritual oder um Kampfverhalten während der Paarungszeit handelt.*

Auch die Großmutter will Jagdgefährtin des Enkels werden, und der erfüllt ihr diesen Wunsch. Von Habgier getrieben, verlangt sie jedoch immer größere Anteile von der Beute, bis sie schließlich von einem großen, harpunierten Wal trotz der verzweifelten Versuche des Enkels, die Schnur festzuhalten, in die Fluten gerissen wird. Im Wasser vollzieht sich die Verwandlung. Die langen Haare der Alten beginnen sich zu einem Zopf zu winden, der hart wie ein Schwert wird. In ein dunkelhäutiges Narwalmännchen verwandelt, verschwindet die Großmutter schließlich für immer in den Wellen. Die Erinnerung an die hartherzige Alte führte dazu, daß es den einheimischen jungen Männern in bestimmten Regionen Grönlands lange Zeit absolut verboten war, Narwale zu fangen. Deshalb ist es nicht verwunderlich, daß dieser Wal in der Mythologie der Inuit eine bedeutende Rolle spielt. Für die Arktisbewohner ist er als Nahrungsquelle und kulturelles Symbol eines der wichtigsten Lebewesen.

Zusammen mit den Grönlandwalen und den Belugas gehört der Narwal zu den drei Walarten, die niemals die Grenzen des Nordpolarkreises verlassen. Er verbringt den größten Teil des Jahres in Gewässern, die an der Oberfläche zu einer häufig mehr als zwei Meter dicken Eisdecke gefrieren, und im Gegensatz zu anderen Meeressäugetieren gerät er niemals in Versuchung, auf der Suche nach gemäßigterem Klima südwärts zu ziehen. Da der Narwal während des ark-

tischen Winters unter einer dicken Eisschicht lebt, muß er sich in völliger Dunkelheit bewegen, was für ihn jedoch kein Problem ist, da er sich innerhalb seines Territoriums perfekt orientieren kann.

Die Vorfahren des Narwals lebten auf dem Festland und haben sich später auf verblüffende Weise ihrer nassen Umgebung angepaßt. Als seine Urväter vor rund 45 Millionen Jahren gezwungenermaßen ins Meer zurückkehrten, wurde dies ihr endgültiger Lebensraum. Die gesamte Narwalpopulation der Welt besteht heute aus etwa zwanzigtausend Exemplaren, von denen die meisten in der östlichen Arktis, in der Gegend zwischen dem Nordatlantik (Baffin-Bai) und dem Davis Sound sowie zwischen Kanada und Grönland zu Hause sind. Wie es scheint, sind sie nicht unmittelbar vom Aussterben bedroht.

Das bedeutet allerdings nicht, daß das Verhältnis zwischen dieser Spezies und dem Menschen immer idyllisch gewesen ist: Eher war das Gegenteil der Fall. Wie bereits in einem vorhergehenden Kapitel erwähnt, war der Narwal im Mittelalter für viele Kaufleute wegen seines ungeheuren Stoßzahns ein begehrtes Objekt; er nährte nicht nur den Mythos vom Einhorn, sondern auch die Begierde der Fischer, die auf sein Elfenbein aus waren.

In alten Tiererzählungen ist das Einhorn eine der wichtigsten Figuren. Schon in den indischen *Vedas* und den persischen *Nundahish* wird darüber berichtet.

Auch der römische Schriftsteller Plinius der Ältere erwähnt das Einhorn in seiner *Naturgeschichte* und beschreibt es als Tier mit Hirschkopf, Elefantenpranken, Wildschweinschwanz, Pferdekörper und einem langen schwarzen Horn in der Mitte der Stirn. Später versuchten Kaufleute, aus diesem Mythos Profit zu schlagen, da der Narwal unfreiwilligerweise Lieferant eines kostbaren Materials war. Sein Horn, das norwegische Seefahrer in Europa bekannt gemacht hatten, galt als Heilmittel gegen Potenzschwäche und sollte auch bei anderen Leiden wahre Wunder wirken. Daraufhin brachen mehrere Expeditionen zu den Meeren Islands und Grönlands auf, um den Einheimischen dort Horn abzukaufen. Natürlich hüteten sich die Lieferanten davor, preiszugeben, daß ihre Ware gar nicht von dem sagenumwobenen Einhorn, sondern von einem Tier mit

Oben: *Die erste Begegnung zwischen Narwalen und den europäischen Zivilisationen fand statt, als Walfänger bei ihren Beutetieren die langen Elfenbeinstoßzähne entdeckten, die von Matrosen und Kaufleuten als kostbare Trophäen zur Schau getragen wurden. Man tat so, als ob sie nicht vom Narwal, sondern von einem Fabelwesen stammten. Schon zu Zeiten der alten Griechen hatte das Einhorn die Phantasie der Menschen beflügelt.*

Im Frühling bildet der Himmel über dem Lancaster Sound die Kulisse für ein außergewöhnliches Schauspiel: Hier fliegen Hunderttausende von Zugvögeln vorbei, von denen einige bereits ganze Kontinente überquert haben.
Sie haben sich den extremen Polartemperaturen angepaßt und können lange in der Luft bleiben. Ihre «geölten» Federn haben eine ähnliche Funktion wie ein Taucheranzug. Unter dem äußeren Gefieder haben viele Vögel noch eine dichte, wärmedämmende Daunenschicht.

Unten: *Ein naher Verwandter der Alkfamilie ist der Hornlund, der als Nationalvogel Alaskas gilt.*

Mitte rechts: *Zahlreiche Möwenarten bevölkern die Küsten der Arktis. Eine davon ist die Klippenmöwe.*

Rechts und rechte Seite, ganz oben: *Wie alle Sturmvögel beherrscht auch der Eissturmvogel die Technik des dynamischen Segelflugs, die Ausnutzung wechselnder Windgeschwindigkeiten über den Wellen. So ist es ihm möglich, Schiffe von Walfängern und Hochseefischern über kilometerlange Strecken ohne großen Kraftaufwand zu begleiten.*

Fischkörper stammte, denn sonst hätte das Angebot sicherlich an Wert eingebüßt. Wer die kostbaren Hornzöpfe erstehen wollte, deren Preis noch über dem des Goldes lag, wurde über ihre Herkunft im unklaren gelassen.

Vor allem zu Beginn der Neuzeit ließen herausragende wissenschaftliche Größen ihre Zweifel am Ursprung der magischen Elfenbeinzähne laut werden. Im 17. Jahrhundert bezeichnete der Universalgelehrte Athanasius Kircher sie in seinem Werk *Mundus Subterraneus* als Meereszähne und kam so überraschenderweise der Wahrheit am nächsten. 1655 vervollständigte Ole Werm das Werk durch seine Abhandlung *De Auree Cornu*, in der er eine wissenschaftliche Beschreibung des Narwals liefert. Aber auch nachdem diese Tierart «offiziell» anerkannt war, ging die Nachfrage nach Horn auf dem Markt nicht sofort zurück. Im 17. Jahrhundert war Einhornpulver in England immer noch eines der Heilmittel, die jeder angesehene Apotheker unbedingt in seinem Sortiment haben mußte.

Als dann schließlich das Geheimnis um das Fabelwesen geklärt war, wurde es zum Objekt der Habgier wohlhabender Sammler, die ihre Häuser mit dem exotischen Horn schmücken wollten.

Die aus Südeuropa stammenden Seefahrer hätten es jedoch am liebsten vermieden, selbst auf Narwalfang zu gehen. Wenn sie Richtung Norden aufbrachen, dann nur, weil dort ein lukratives Geschäft lockte. Sichteten sie während der Schiffsreise einen Narwal, so wurde das als schlechtes Omen gedeutet, weil das Tier düstere Vorstellungen in ihnen weckte. Seine fleckige, blasse Haut erinnerte die abergläubischen Seeleute nämlich an Leichen. Dieser Glaube überlebte noch bis ins 19. Jahrhundert.

Das Rätsel, woher das Horn des angeblichen Fabelwesens stammte, war also irgendwann gelöst worden. Andere Fragen blieben: zum Beispiel die nach der Lebensweise des Narwals, den man nur unter großen Schwierigkeiten in seinem natürlichen Lebensraum beobachten kann; er ist in der Biologie immer noch eines der Tiere, über die man nur wenig weiß. Unklar ist zum Beispiel bis heute die Funktion seines «Schwertes», die man auf verschiedenste Weise zu erklären versucht hat.

Oben, von links nach rechts: *Die Rotgesichtsscharbe, auch Aleutenkormoran genannt, trägt im Brutkleid ein auffallend rotes Gefieder. Sie brütet vor allem an den Küsten und auf Inseln der Beringsee.*
Nur etwa taubengroß ist der Schopfalk mit dem lustigen Federschopf über dem Schnabel. Der Nordpazifik und die Beringsee sind die Heimat dieses seltenen Vogels.
Der verhältnismäßig kurze Schnabel des kleinen Rotschnabelalken ist vor allem zum Fangen und Zerbeißen kleiner Krebstiere geeignet.

Einige Wissenschaftler nahmen zum Beispiel an, das Horn diene zum Zerspalten des Eises, damit der Narwal auftauchen und Luft holen kann, wenn seine Sauerstoffreserven zu Ende gehen. In der Tat kann der Narwal nur etwa 14 bis 15 Minuten ohne Sauerstoff auskommen. Nicht selten geschieht es, daß er während der langen Wintermonate in der Eisdecke keinen Ausgang findet und somit zum Ersticken verurteilt ist. Bei dieser Erklärung handelt es sich jedoch um eine vage Vermutung, denn der Stoßzahn des Narwals ist im Grunde nicht dazu geeignet, eine Eisschicht zu durchbrechen.

Nach einer anderen Hypothese wühlt er mit dem Stoßzahn im schlammigen Meeresgrund, um Beutetiere auszugraben oder sie zumindest in die Enge zu treiben. Allerdings würde das bedeuten, daß sich die Weibchen, die nicht mit dem langen Zahn ausgestattet sind, nicht allein ernähren könnten. Sie sind aber in ihrer Überlebensfähigkeit den Männchen keineswegs unterlegen.

Richtig ist wahrscheinlich eine Vermutung, die am einfachsten erscheint und vielleicht gerade deshalb von den skeptischen Wissenschaftlern lange Zeit vernachlässigt wurde: daß der Zahn zum Kämpfen dient.

Unten: *Der Narwal ist der einzige Wal der Erde, der einen Stoßzahn besitzt. Von den drei Walarten der Arktis ist ihm der Beluga am ähnlichsten. Manchmal sieht man sie sogar zusammen Nahrung aufnehmen und Seite an Seite durch die Gewässer schwimmen.*

Beobachter der Arktis haben die sich im Wasser überkreuzenden Schwerter zu häufig gesehen und fotografiert, als daß man von einem rein zufälligen Phänomen sprechen könnte. Die Narwalmänner recken ihre Köpfe aus dem Wasser und verweilen mehrere Minuten lang mit übereinandergelegten Stoßzähnen in dieser Position. Da das Ritual häufig in der Nähe eines umworbenen Weibchens ausgetragen wird, liegt die Vermutung nahe, daß sich die beiden Männchen ein Duell liefern. Der Grund für diesen Zweikampf ist jedoch nicht genau bekannt. Es ist nämlich nicht klar, ob der Anführer des Narwalrudels dadurch seine Stellung an der Spitze der Rangordnung verteidigen will, oder ob er dazu dient, die Gunst eines Weibchens zu erobern. Die sich überkreuzenden Stoßzähne tauchen manchmal auch außerhalb der Paarungszeit auf. In diesem Fall deutet man die Kämpfe als Kräftemessen zwischen den jungen Walen, die sich auf ihre zukünftige Geschlechterrolle vorbereiten.

Weiterhin wird vermutet, daß die langen, unsachgemäß als Schwerter bezeichneten Zähne als Waffe eingesetzt werden können. Nicht selten sieht man Narwale mit Kopfwunden, von denen man aber nicht genau weiß, ob sie ihnen absichtlich zugefügt wurden. Manchmal werden sogar die Weibchen von einem ungestümen «Verehrer» verletzt oder tödlich verwundet. Aus dieser kurzen Darstellung geht deutlich hervor, daß über das Verhalten der Narwale noch in vielerlei Hinsicht Unklarheit herrscht. Die Aufgabe der Forscher ist sicherlich nicht einfach, weil Narwale in Gefangenschaft nicht überleben und man ihr Verhalten deshalb nur in ihrer angestammten Umgebung untersuchen kann.

Rechte Seite: *Eine Gruppe von Belugawalen in den Gewässern nördlich der Prinz-Leopold-Inseln. Die jungen Belugamännchen schwimmen in Gruppen und sind sehr neugierig. Um ihren Kurs auszumachen, setzen sie eine Art Echolotsystem ein, indem sie eine Reihe von Tönen mit hoher Frequenz aussenden. Ihre «Beredtheit» und ihre Sprache haben die Wissenschaftler, die das Glück hatten, sie im Nordpolarmeer aus der Nähe beobachten zu können, außerordentlich verblüfft.*

Wie laufen solche Untersuchungen ab? Um das zu erfahren, begleite ich ein Wissenschaftlerteam, das in der kanadischen Arktis unterwegs ist, um die bisher spärlichen Kenntnisse über die rätselhafte Walart zu vervollständigen. Als Forschungsgebiet wurde der Tremblay Sound im Norden von Baffin Island gewählt, ein ziemlich enger Fjord, in dem man mit etwas Glück die sonst nur schwer zugänglichen Tiere beobachten kann.

Am Strand wird ein Basislager aufgebaut. Dr. Michael Kingslay vom kanadischen Fischereiministerium, der Leiter der Gruppe, erläutert mir das Arbeitsprogramm: «Unser Hauptziel ist es, den Narwalen Radiosender einzusetzen, und zwar aus verschiedenen Gründen. Natürlich muß sichergestellt sein, daß ihnen beim Einfangen und Wiederfreilassen kein Schaden zugefügt wird. Wir befestigen die Sender an den Stoßzähnen und können so auch dann Signale empfangen, wenn die Tiere weit entfernt sind. Mit dem Forschungsprojekt verfolgen wir mehrere Ziele: Wir wollen den Kurs der Narwale in ihren Sommergebieten verfolgen, ihre genaue Wanderroute in die Überwinterungsgebiete feststellen und die Art der Nahrung sowie die Häufigkeit der Nahrungsaufnahme untersuchen. Außerdem wollen wir die Tauchtiefen und die Abstände, in denen sie auftauchen, messen. Wir haben zwar Informationen darüber, aber zu wenige. Außerdem müssen sie alle noch wissenschaftlich abgesichert werden.»

Einige Tage später zeichnen sich, wie vorhergesehen, die Konturen der Narwale am Horizont des Tremblay Sound ab; sie lassen Michael Kingslay, seinen Mitarbeiter Rune Ditz und die anderen Forscher ungeduldig werden.

Erste Frage: Wie viele sind es? Eine genaue Antwort darauf wäre sicherlich interessant, denn man weiß bisher nur sehr wenig über die Größe des Narwalbestandes. Da es aber schwierig ist, sich den Tieren im Wasser zu nähern, kann man sie unmöglich mit bloßem Auge zählen. Kingslay erklärt mir, daß in einem solchen Fall eine Zählung mit Hilfe von Schallwellen mehr Aussicht auf Erfolg hat. Dazu wird ein Unterwassermikrofon installiert, mit dem die außergewöhnlich große Tonvielfalt der Wale aufgezeichnet werden soll.

Und da hören wir auch schon die Stimmen der Narwale in unseren Geräten, ein Konzert klickender, knarrender und knallender Laute. Die Vorstellung, daß die Tiere sich unbewußt wie Lebewesen von einem anderen Planeten mit uns verständigen, ist einfach überwältigend. Kingslay erklärt mir dazu: «Soweit wir

Folgende Doppelseite: *Die Männer ziehen auf dem launenhaften Packeis vorwärts, das zu dieser Jahreszeit, wo in der Eisdecke immer mehr offene Wasserflächen entstehen, besonders hinterhältig ist. Das ist zwar ein gefährliches Unterfangen, aber die einzige Möglichkeit, an den Rand der Eisdecke zu gelangen, wo sich die Narwale zur Nahrungsaufnahme in den eisfreien Gewässern sammeln.*

Rechts: *Die ganze Familie folgt dem Jäger bei seinem Marsch über das Eis, der manchmal Wochen dauern und weit von den Dörfern wegführen kann.*

Unten, von oben nach unten: *Beim Fangen der Beute machen sich die Inuit die Technik zunutze, die die Narwale bei der Nahrungsaufnahme anwenden: Die Wale tauchen zuerst in etwa dreihundert Meter Tiefe und treiben von dort aus die Dorsche unter die gefrorene Eisfläche. Diese sind dann so desorientiert, daß sie leichter gefangen werden können. Nach dem Tauchen liegen die Narwale dann zum Ausruhen an der Wasseroberfläche. Da die Inuit das Verhalten der riesigen Tiere genau kennen, nutzen sie diesen Augenblick zum Schießen oder Harpunieren.*

wissen, stoßen alle Zahnwale, zu denen ja auch der Narwal gehört, solche Geräusche aus. Die Klick- und Knacklaute werden von den Meeressäugetieren als Echolotsignale zum Abtasten der Umgebung eingesetzt. Diese Laute und ihre jeweiligen Echoeffekte geben dem Tier Aufschluß über Entfernung, Größe, Form und Beschaffenheit der vor ihm liegenden Hindernisse.»

Müßten sich die Wale in dieser von einer dicken Eisdecke überzogenen Welt, in die monatelang kein Sonnenstrahl dringt, nur auf ihr Sehvermögen verlassen, wäre es für sie fast unmöglich, sich zu orientieren. Deshalb sind akustische Hinweise besonders hilfreich, denn sie ermöglichen es den Tieren, sich über die räumlichen Verhältnisse zu informieren. So ist dem Narwal dabei sicher auch sein langer Zahnfortsatz von Nutzen. Eine der vielen Vermutungen über den Riesenwuchs dieses Stoßzahns besagt, daß er im klanggewaltigen Sinfonieorchester

Rechts: *Das natürliche Gleichgewicht zwischen Mensch und Tier wird seit Jahrtausenden von den Inuit gewahrt. Eine ihrer Sagen erzählt von der Göttin Nuliayok, die in den Wellen lebt, die Gebete der Jäger erhört und ihnen Tiere schickt.*

des Nordpolarmeeres zur Sendung und Projektion von Schallwellen dient. Im Laufe der Tage sammeln die Wissenschaftler der Expedition Informationen, die zu neuen Hypothesen führen; so erkennen sie zum Beispiel, daß die Narwale im Tremblay Sound bei ihrer Nahrungsaufnahme offenbar auch die Gezeiten berücksichtigen. Bei Ebbe bleiben sie nämlich in der Meeresenge, weil sie dort einfacher tauchen und Nahrung erbeuten können. Dabei müssen sie zwar gegen die Strömung schwimmen, können dafür dann aber auch leichter nach Fischen jagen. All das haben die Wissenschaftler im Kopf, wenn es darum geht, die Wanderrichtung der Jäger vorauszusagen. Außerdem motiviert es sie dazu, den Projektteil in Angriff zu nehmen, der die meisten offenen Fragen beinhaltet: nämlich einen fünf Meter langen und eine Tonne schweren Wal zu fangen, um den Radiosender zu befestigen.

Ein kühnes Vorhaben zwar, aber das Team von Kingslay beweist, daß es machbar ist. Dabei ist es in erster Linie wichtig, ein erwachsenes Männchen zu fangen, dessen Stoßzahn so groß ist, daß man den Radiosender daran befestigen kann.

Auf der Suche nach einem passenden Exemplar durchpflügt unser Motorboot das Wasser. Dank der Ratschläge der Inuit, die mit den Forschern zusammenarbeiten und sie mit ihrem seit Generationen überlieferten Wissen über den Nar-

Unten: *Hängt der Narwal an der Harpune, gilt es schnell zu handeln, denn wenn die getroffene Beute sich wieder losreißt, ist es unmöglich, sie noch einmal einzufangen. Alle Familienmitglieder halten sich bereit, um mitzuhelfen, wenn der Narwal aus dem Wasser gehievt werden muß. Nach der traditionellen Methode wird eine Rampe in das Eis geschlagen, und darauf wird ein Seilzugsystem angebracht, mit dem der Narwal auf das Eis gezogen werden kann.*

walfang unterstützen, wird ein Tier mit einem über zwei Meter langen Horn eingefangen. Nun beginnt die heikelste Phase, denn der Wal muß die Behandlung ohne Verletzungen überstehen.

Mit einem eigens dafür gefertigten Fangnetz wird er an die Längsseite des Motorbootes herangezogen. Die Forscher versuchen, den Radiosender so schnell wie möglich an dem langen Stoßzahn anzubringen. Da es das erste Mal ist, daß sie eine solche Untersuchung an einem Narwal vornehmen, stehen sie der Sache völlig unerfahren gegenüber. Auch für die Inuit, die mit dem Meeressäuger eng vertraut sind, ist es ein absolut neues Erlebnis.

Alles geht flink vonstatten. Das Tier kehrt kurz darauf wieder in seine eisige Lebenswelt zurück. Natürlich kann es nicht wissen, daß der kurze Eingriff dazu dient, den Fortbestand seiner eigenen Art zu garantieren. Sicherlich war es für den Wal ein Streßerlebnis, das er aber unversehrt überstanden hat. Im Nu ist er wieder aus unserem Blickfeld verschwunden.

Die Forscher versehen noch weitere Narwale mit Sendern, und wieder verläuft alles problemlos. Nach einigen Tagen beschließt Kingslay, mit den nächsten Projektphasen fortzufahren. Wir fliegen mit dem Hubschrauber los, um im Labyrinth der Buchten und Landvorsprünge nach bereits markierten Männchen Ausschau zu halten und sie auf ihrem Weg zu begleiten. Ein wichtiges Ziel für die Wissenschaftler besteht darin, aufzuzeichnen, wie oft die Narwale auftau-

Oben: *Bevor Holz in die Arktis eingeführt wurde, dienten die Stoßzähne der Narwale als Harpunenstangen, Zeltpfähle und anderes mehr.*

Rechts: *Einen großen Teil ihrer Überlebenskenntnisse geben die Inuit seit Generationen während der Jagdzeit an die Jüngeren weiter. Die Inuit verwerten die getöteten Tiere auf verschiedene Art und tragen so zur Erhaltung ihrer Kultur bei. Einige Gruppen verarbeiten Teile der Beute zu Lederwaren, die sogar bei großer Kälte geschmeidig bleiben. Die Sehnen werden zum Nähen benutzt, der «muktuk», die Haut, wird gegessen. Das Fett wird als Lampenöl verwendet, das Fleisch reicht einen Monat lang als Futter für die Schlittenhunde.*

Rechte Seite, oben: *Die rohe Walhaut, in der Eskimosprache «muktuk» genannt, wird sofort verzehrt und ist sehr beliebt. Aus dem gesamten Jagdgebiet strömen Familien herbei, um an dem alljährlichen Ereignis teilzunehmen.*

Rechte Seite, unten: *Der hohe Fettanteil der Narwale liefert den Eskimos die nötige Energie für das Überleben in der eisigen Arktis. Die Haut der Tiere ist die wichtigste in diesen Breiten verfügbare Vitamin-C-Quelle.*

chen und in welcher Tiefe sie schwimmen; so läßt sich leichter entscheiden, welche der Gebiete, in denen die Tiere gewöhnlich Nahrung suchen, unter Naturschutz gestellt werden. Die Route des Narwals führt durch den Tremblay Sound bis zur Spitze von Baffin Island, wo die Inuit sich alljährlich zur Jagd treffen. Aufgrund der gesammelten Daten können die Wissenschaftler dafür sorgen, daß der Narwalfang in deren Hauptnahrungsgebieten besser kontrolliert wird.

Hat man die Tiere einmal mit einem Radiosender markiert, dann kann man ihren Kurs ziemlich bequem vom Hubschrauber aus verfolgen. In der Wanderungszeit bleiben Wale lange Zeit dicht unter der Wasseroberfläche. Wer sich intensiv mit ihnen beschäftigt, erkennt die entsprechenden Anzeichen schnell und kann so ihren Kurs nachvollziehen. Man stellt fest, daß die Rudel sich nicht in bestimmten Buchten aufhalten, sondern von einer zur nächsten schwimmen.

Die Narwale ziehen normalerweise in zahlenmäßig begrenzten Schwärmen weiter, wobei die Männchen zusammenbleiben, während die Weibchen mit den Kleinen in einiger Entfernung von ihnen schwimmen. Wie die Belugas und die Grönlandwale, die beiden anderen im Nordpolarmeer lebenden Walarten, sind auch die Narwale nicht mit einer Rückenflosse ausgestattet. Nach Jahrmillionen der biologischen Anpassung können sie so dichter unter der Eisfläche entlangschwimmen und gierigen Räubern wie zum Beispiel den Orcas entkommen.

Im Laufe der Wanderung nach Norden schließen sich die Männchen zu immer größeren Rudeln zusammen. Wenn sie dann auf der Höhe von Baffin Island den Lancaster Sound erreichen, läßt sich ein einzigartiges Narwaltreffen beobachten. Man kann sagen, daß sich etwa drei Viertel der gesamten weltweiten Narwalpopulation dort versammeln. Hier bleiben sie bis zum Frühlingsende und ernähren sich wie üblich von Kabeljau und anderen Fischen.

Den Eskimos, die sie schon immer während der Jagd beobachtet haben, ist jede ihrer Bewegungen genau bekannt. Da Narwale vor dem Untertauchen tief Luft holen, können sie einige Zeit unter Wasser bleiben, ohne zu atmen. Vorher strecken sie ihre Schwanzflosse noch einmal in die Luft und tauchen dann in Tiefen bis zu 300 Metern und mehr hinab. Beim Fischfang setzen sie eine beson-

Rechts: *Nordküste von Baffin Island. Die Inuit unterschätzen das Eis nicht, denn in jedem Dorf wird die Erinnerung an diejenigen, die sich auf das Eis wagten und nicht mehr zurückkehrten, aufrechterhalten.*
Anders als die Entdecker, die dem Packeis mißtrauten, betrachten die Inuit es als Bestandteil ihres Lebens. Oft versuchen sie gar nicht erst, ein Ziel auf dem direkten Weg zu erreichen, sondern folgen den Konturen des Eises, wobei ihnen nicht die geringste Veränderung in der Eisdecke entgeht.

Rechte Seite, oben: *Nicht allen Jägern gelingt es, einen Narwal zu fangen. Einige verbringen mehr Zeit damit, am Rande der Eisdecke entlangzuziehen, die im Laufe der Tage immer brüchiger und gefährlicher wird. Ähnlich wie die Beduinen in der Wüste, wissen sie genau, wie und wann sie sich bewegen müssen, um in der erbarmungslosen, unwirtlichen Arktis überleben zu können.*

Rechte Seite, unten: *Selbst vor entlegenen Arktisregionen haben die Veränderungen nicht haltgemacht. Im Lancaster Sound, wo drei Viertel der weltweiten Narwalpopulation ihre Nahrung aufnehmen und wo die Inuit jagen, hat der Schiffsverkehr dramatisch zugenommen. Die Nachfrage nach Erdöl und Gas wird in den nächsten zehn Jahren weiter ansteigen. Deshalb rechnet man damit, daß jährlich bis zu 900 Schiffe durch den Lancaster Sound fahren werden. All das verändert einen seit Urzeiten bestehenden Lebensraum, dessen Schicksal heute in den Händen Fremder liegt.*

ders listige Technik ein: Sie treiben die Kabeljaue unter die Eisdecke und scheuchen sie so lange hin und her, bis sie die Orientierung verlieren und schließlich geschickt und leicht erbeutet werden können.

Narwale müssen nach jedem Tauchgang eine Ruhepause an der Oberfläche einlegen und liegen dann unbeweglich auf dem Wasser. Das ist für die Inuit der beste Zeitpunkt, um zu handeln. Die jedes Jahr im Juni stattfindende Jagd wird von den Eskimos von Arctic Bay mit einem eigenen Ausdruck als «Sinasirug» bezeichnet. Der Narwal stellt immer noch eine wichtige Nahrungsquelle dar, aber was die Inuit zum Fang auf das Eis treibt, dient nicht nur der Ernährung der Dorfgemeinschaft, sondern geht weit darüber hinaus. Es ist ein Fest, bei dem sie die Tradition ihrer Väter und Großväter weiterleben lassen.

Früher ließen die Eskimos bei der Verwendung des Narwalstoßzahns ihrer Phantasie freien Lauf. Allerdings betrachten sie das Horn nicht als potenzsteigerndes Wundermittel, sondern sie setzten es für praktische Zwecke ein. Sie stellten zum Beispiel Harpunen für die Walroßjagd daraus her, aber auch solide Zeltstangen oder Türstützen für die teilweise in die Erde hineingebauten Winterbehausungen. Als später Holz in die Arktis importiert wurde, gerieten viele dieser Verwendungszwecke in Vergessenheit. Der lange Zahn des Narwals gilt jedoch immer noch als kostbarer Gegenstand und hat einen hohen Marktwert. Außerdem wurde auch die Haut des Narwals, die sogar bei großer Kälte sehr geschmeidig bleibt, zur Herstellung von Lederwaren verwendet, während man die spitzen Zähne als Nähnadeln benutzte.

Den wichtigsten Beitrag leisten die Rohstoffe des Narwals jedoch zu einer gesunden Ernährung. Seine in der Eskimosprache als «muktuk» bezeichnete Haut ist reich an Vitamin C und wird zu einem beliebten Lokalgericht zubereitet. Mit dem Fleisch können Schlittenhunde einen Monat lang gefüttert werden. Das Fett wird nicht gegessen, sondern als Lampenbrennstoff verwendet.

Diese Gaben des Meeres können jedoch seit einiger Zeit keineswegs mehr als Geschenk bezeichnet werden, wenn man bedenkt, daß die traditionellen Nahrungsmittel mit einem der gefährlichsten Schadstoffe überhaupt verseucht sind:

mit PCB, das bereits in einem früheren Kapitel besprochen wurde. Langsam, aber sicher werden die Inuit durch Schadstoffe vergiftet, die Tausende von Kilometern entfernt produziert werden. Ich beobachte, wie die Frauen und Männer feiern, kann mich aber nicht so recht mit ihnen freuen, weil mir klar ist, daß bei einigen von ihnen die höchsten PCB-Konzentrationen der Erde gemessen wurden. Im Gebiet des Lancaster Sound, wo drei Viertel des Narwalbestandes der Erde ihre Nahrung aufnehmen und wo einige Tiere von den Inuit gefangen werden, hat der Schiffsverkehr dramatisch zugenommen. Von Kloakenabfällen bis hin zu Abfallstoffen der Erdölbohrinseln – die Arktis ist verseucht. Die Inuit, die bereits seit ewigen Zeiten hier leben, haben sicher nicht zu dieser alarmierenden Umweltverschmutzung beigetragen und können auch keine Maßnahmen dagegen treffen, denn es sind fremde Regierungen, die über ihren Kopf hinweg über ihre Lebenswelt verfügen. Das Schicksal der Arktis liegt in der Hand von Leuten, die deren Zukunft weit entfernt am Reißbrett planen.

Indessen bereiten die Eskimos als Dank für den erbeuteten Narwal ein Festessen zu, das man makaber auch als Leichenschmaus bezeichnen könnte. Weit entfernt, jenseits der Eisdecke, fangen die vielen anderen Narwale weiterhin ungestört Kabeljau. Hörner erheben sich aus dem Wasser, verschwinden wieder, tauchen in die Tiefe und schnellen aufs neue kraftvoll an die Wasseroberfläche empor.

Der Arktische Ozean ist einmalig unter den Weltmeeren. Seine Sonderstellung rechtfertigt eine eigene Betrachtungsweise, die einmal durch die jahreszeitlichen Schwankungen der Vereisung begründet ist, zum anderen aber durch seine ungeheure Bedeutung als Lebensspender für den gesamten arktischen Raum. Allein die biologische Produktivität des Polarmeeres, die im Wasser aufgebaute Biomasse, ermöglicht höheres Leben im Meer und auf dem Land. Die gewaltigen Wassermassen des Polarmeeres und die sie vor Auskühlung bewahrenden Eismassen schützen dabei das Leben.

Klimatisch betrachtet gehen aber durch die riesigen Eisflächen der Arktis ungeheure Energiemengen verloren, denn Eis reflektiert viel mehr Sonnenlicht als Wasser oder Land. Dieses Rückstrahlungsvermögen wird als «Albedo» bezeichnet. Die Wasseroberflächen reflektieren nur zwischen 3 und 10% des Sonnenlichtes, Neuschnee dagegen bis zu 90%. Das Eis hält aber andererseits die Kältestürme aus klirrender Polarluft im Winter vom Meer fern. Das Leben im Wasser bleibt von den extremen Klimaschwankungen auf dem Land bzw. dem Eis verschont.

IM POLARMEER

Rechts: 1897 unternahm der Schwede S. A. Andrée eine Fahrt mit einem Freiballon über das Polarmeer. Der Ballon stürzte aber ab. Erst 33 Jahre später wurden der Lagerplatz der Besatzung und unentwickelte Fotos gefunden. Das Bild zeigt Zelt und Boot der später umgekommenen Besatzung.

Unten: Begleiter von Frederick Albert Cook beim Aufbruch zum Nordpol. Die Aufnahme machte Cook selbst. Ob er am 21./22. April 1908 den Pol wirklich erreichte, bleibt umstritten.

Trotz der zahlreichen Arktis-Expeditionen wissen die Meereskundler noch wenig über Entstehung und Entwicklung des Polarmeeres und seines gewaltigen Beckens. Die seismische und magnetische Forschung ist noch zu jung und wurde nur punktuell betrieben, Bodenproben vom Meeresboden konnten technisch erst seit wenigen Jahren genommen werden. Unsere Vorstellungen von der Tiefe und Form des arktischen Meeresbodens wurden von Beobachtungen sowjetischer Arktisstationen geprägt. Von driftenden Eisschollen aus loteten sie den Boden aus. Nansen glaubte noch, das zentrale Polarmeer sei ein riesiges Becken von rund 4000 m Tiefe. Erst die sowjetischen Untersuchungen der Jahre 1948 bis 1954 führten zur Entdeckung der gewaltigen untermeerischen Gebirgskette, die man als Lomonossow-Rücken bezeichnete. Er teilt das Polarmeer in zwei Hauptbecken: das Nansen-Becken mit der maximalen Tiefe von 5449 m im Litke-Kessel und das Zentralarktische bzw. Kanadische Becken. Zum eurasischen Küstengebiet hin wird der Arktische Ozean immer seichter.

Im Tschuktschen-Meer, in der Ostsibirischen See und in der Laptew-See beträgt die Meerestiefe nur noch 50 m. In der Kara-See und der Barents-See wurden 157 bzw. 300 m gemessen. Diese flachen Meeresregionen erklären auch die Bedeutung der Aleuten für die Besiedlung der Neuen Welt. Als in der Eiszeit an den Polkappen ungeheure Massen von Eis gebunden waren, sank der Meeresspiegel des nördlichen Pazifiks um über 150 m. Wandernde Großwildjäger konnten zu Fuß vom Nordosten Sibiriens in den Norden Amerikas, nach Alaska und Kanada ziehen. Ob das schon vor über 40000 Jahren geschah oder erst vor etwa 14000 Jahren, ist noch umstritten. Die Funde der letzten Jahre scheinen für das frühere Datum zu sprechen.

Unten: Zwischen 80000 und 7000 v. Chr. bestand wegen des niedrigen Wasserstandes der Weltmeere eine Landverbindung zwischen Alaska und Sibirien. Den zwischen den Kontinenten wechselnden Großtierherden von Rentieren und Karibus folgten Wölfe und andere Fleischfresser. Großtierherden folgten aber auch Großwildjäger. Deshalb geht man heute davon aus, daß Amerika nicht erst vor 14000 Jahren, sondern schon sehr viel früher besiedelt wurde. (Karte nach Joseph Campbell).

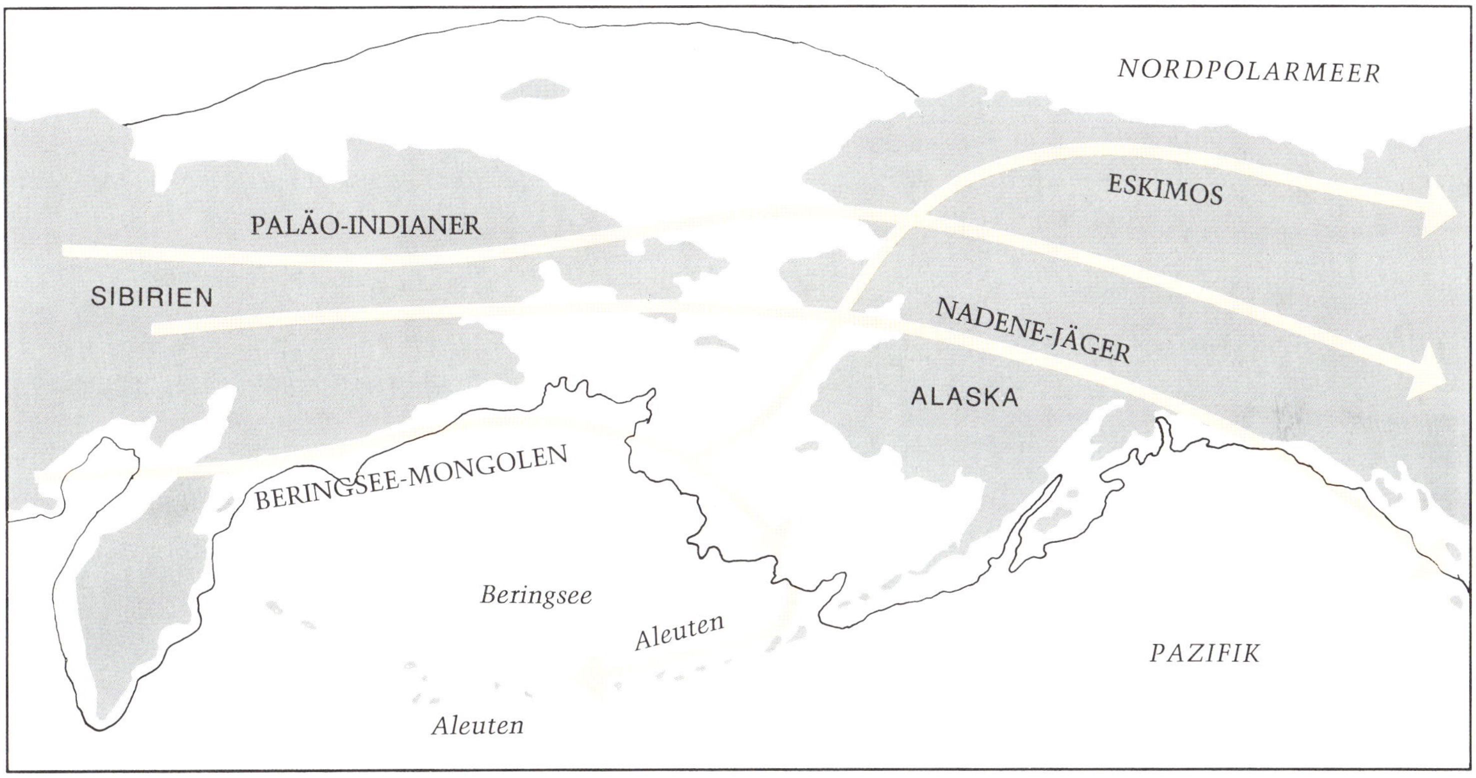

Ungeheure Bedeutung für das Leben im Meer haben die Meeresströmungen. Die nordwärts gerichteten Ströme führen warmes Meerwasser, die südwärts gerichteten kaltes Wasser polaren Ursprungs. Durch die Lücke zwischen Grönland und Norwegen strömt eine warme atlantische Strömung nach Norden. Diese Strömung mit ihrem um maximal 12° C wärmeren Wasser begünstigt die atlantische Seite der Arktis. Die weit ins Meer vorgeschobene Alaska-Halbinsel und die Ausläufer der Tschuktschen-Halbinsel lenken hingegen auf der pazifischen Seite den warmen Alaska-Strom nach Süden ab. Nur etwa ein Fünftel der Wassermenge der atlantischen Seite kann so vom Pazifik ins Eismeer strömen.

Die geophysikalischen Gesetze der Erde, ihre Rotation und die daraus resultierende «Coriolis-Kraft» bewirken im inneren Polarbecken eine Bewegung des Meerwassers, eine Kreisströmung im Uhrzeigersinn. Auch das Treib- und Packeis folgt der gleichen Bewegungsrichtung. Nansen wollte sich in Kenntnis dieser Gesetzmäßigkeiten mit seiner «Fram» von den Neusibirischen Inseln quer über den Nordpol bis nach Spitzbergen treiben lassen, um so als erster den Pol zu erreichen. Er schaffte es aber nicht.

In den Jahren nach 1945, als die strategische Bedeutung der Arktis und die Entdeckung großer Lagerstätten wichtiger Rohstoffe der Forschung Auftrieb gaben, entdeckten die Amerikaner gewaltige Eisinseln. Diese mehrere Quadratkilometer messenden Eistafeln erwiesen sich als jahrtausendealte Bruch-

Das Logbuch von V. Bering, welches jetzt im Marinearchiv in St. Petersburg aufbewahrt wird. Im 18. Jahrhundert förderten die russischen Herrscher die Erschließung der nördlichen Territorien. 1728 konnte Bering das Nordostkap Asiens erreichen, nachdem er weite Teile der sibirischen Eismeerküste erkundet hatte. Seine Berichte dienten als Grundlage für die Erschließung Sibiriens.

stücke von den Eisschelfen der Ellesmere-Insel und Nordgrönlands. Solche bis 50 m dicken Eistafeln umkreisen das Zentralarktische Becken mit einer durchschnittlichen Drift von zwei Kilometern pro Tag. Auf ihren z. T. unregelmäßigen Bahnen benötigen sie etwa 10 Jahre für einen Umlauf.

Die großen Eisschollen des Polarmeeres wurden von vielen Expeditionen als Basis genutzt, sie haben aber auch mancher unglücklichen Polexpedition nach dem Schiffbruch als letzte rettende Insel gedient. Monatelang, vom 15. Oktober 1872 bis zum 30. April 1873, trieben 14 Menschen, Matrosen der amerikanischen «Polaris» sowie zwei Eskimofamilien, auf einer Eisscholle. Die ursprünglich mehrere Quadratkilometer große Eisinsel wurde im Laufe der Zeit auf ihrer Drift nach Süden immer kleiner. Als die zuletzt 170 Quadratmeter große Scholle auch noch in zwei Teile zerbrach, verließen die Menschen sie in einem kleinen Boot. Sie waren 2100 km mit einer durchschnittlichen Driftgeschwindigkeit von rund 20 km pro Tag nach Süden gelangt. Ihre glückliche Rettung verdankten sie einem Schiff, das sie gesichtet hatte.

Auch die deutsche «Hansa» wurde 1870 vom Eis zerdrückt. Die Besatzung konnte sich auf eine driftende Eisscholle retten und erreichte mit ihr Friedrichstal an der südgrönländischen Küste. Die amerikanische «Jeanette» geriet

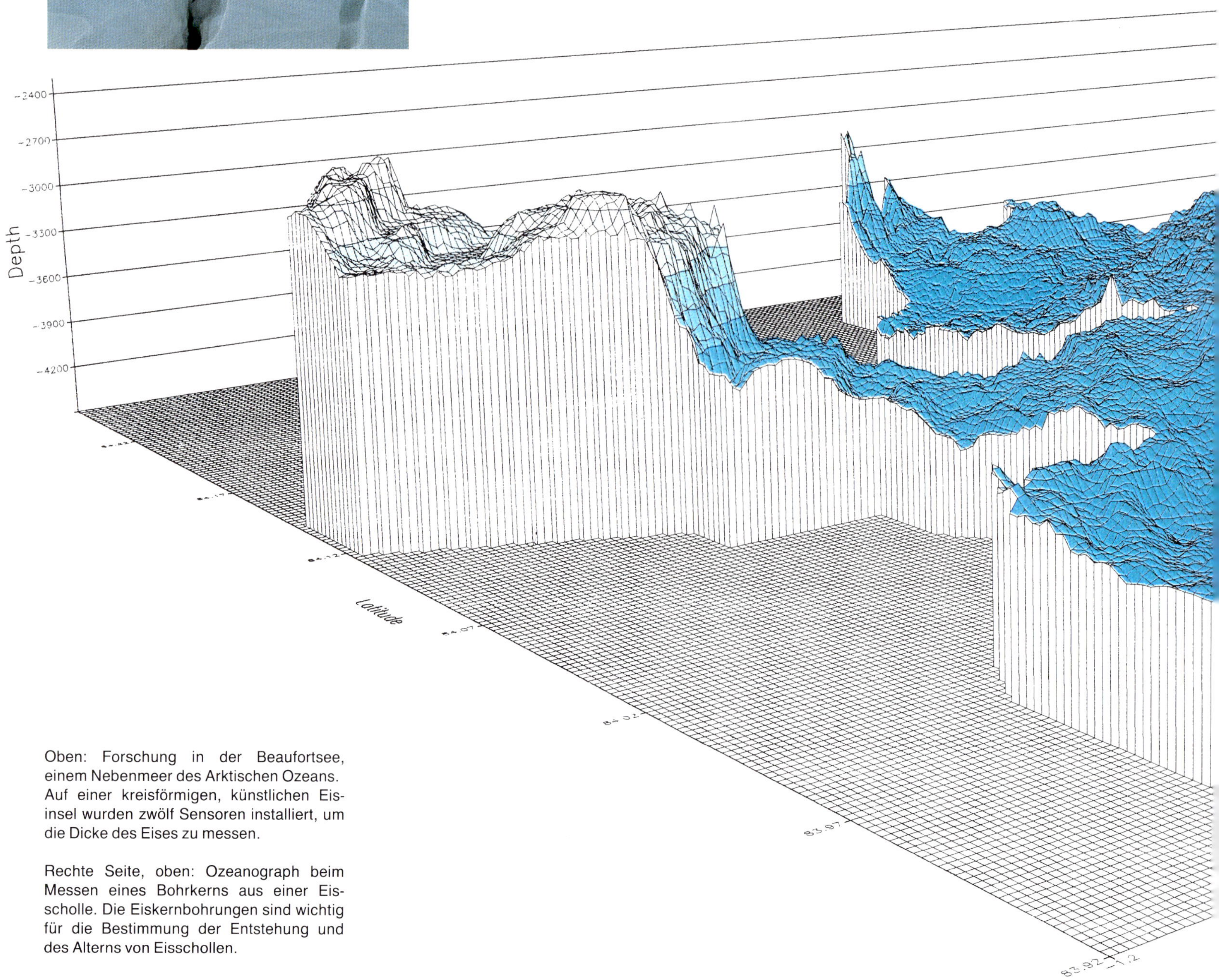

Oben: Forschung in der Beaufortsee, einem Nebenmeer des Arktischen Ozeans. Auf einer kreisförmigen, künstlichen Eisinsel wurden zwölf Sensoren installiert, um die Dicke des Eises zu messen.

Rechte Seite, oben: Ozeanograph beim Messen eines Bohrkerns aus einer Eisscholle. Die Eiskernbohrungen sind wichtig für die Bestimmung der Entstehung und des Alterns von Eisschollen.

bei der Harald-Insel ins Packeis und konnte sich nicht mehr befreien. 21 Monate driftete das Schiff, bevor es schließlich unterging. Nur 13 Mann der Besatzung konnten sich auf Eisschollen bis zur Mündung der Lena in Sibirien in Sicherheit bringen.

Für die Forschung bietet das Polarmeer noch viele Rätsel, und das betrifft nicht nur das Leben im Meer, den Kreislauf einer gewaltigen Biomasse, sondern auch die Gletscherkunde und den Austausch der Meeresströmungen von Süd nach Nord und umgekehrt. Die erst vor wenigen Jahren erforschte Algenflora der Grönland-See kann durch ihre unvorstellbare große Masse eine gewaltige Menge von atmosphärischem Kohlenstoff binden und somit direkt das Klima beeinflussen. In den Monaten April bis Mai 1989 beobachtete eine amerikanische Forschergruppe eine erstaunliche Blüte (d.h. Vermehrung) von Algen der Gattung Phaeocystis. In nur 35 Tagen wurden dabei durchschnittlich 40 Gramm Kohlenstoff pro Quadratmeter Meeresfläche in Biomasse umgewandelt. In der Bering-See wurden schon früher solche Algenblüten nachgewiesen. Diese Abertausende von Tonnen Biomasse werden so zeitlich dem Kohlenstoffkreislauf entzogen. Was dies für die gesamte Klimaproblematik der nördlichen Hemisphäre bedeutet, kann noch gar nicht abgeschätzt werden.

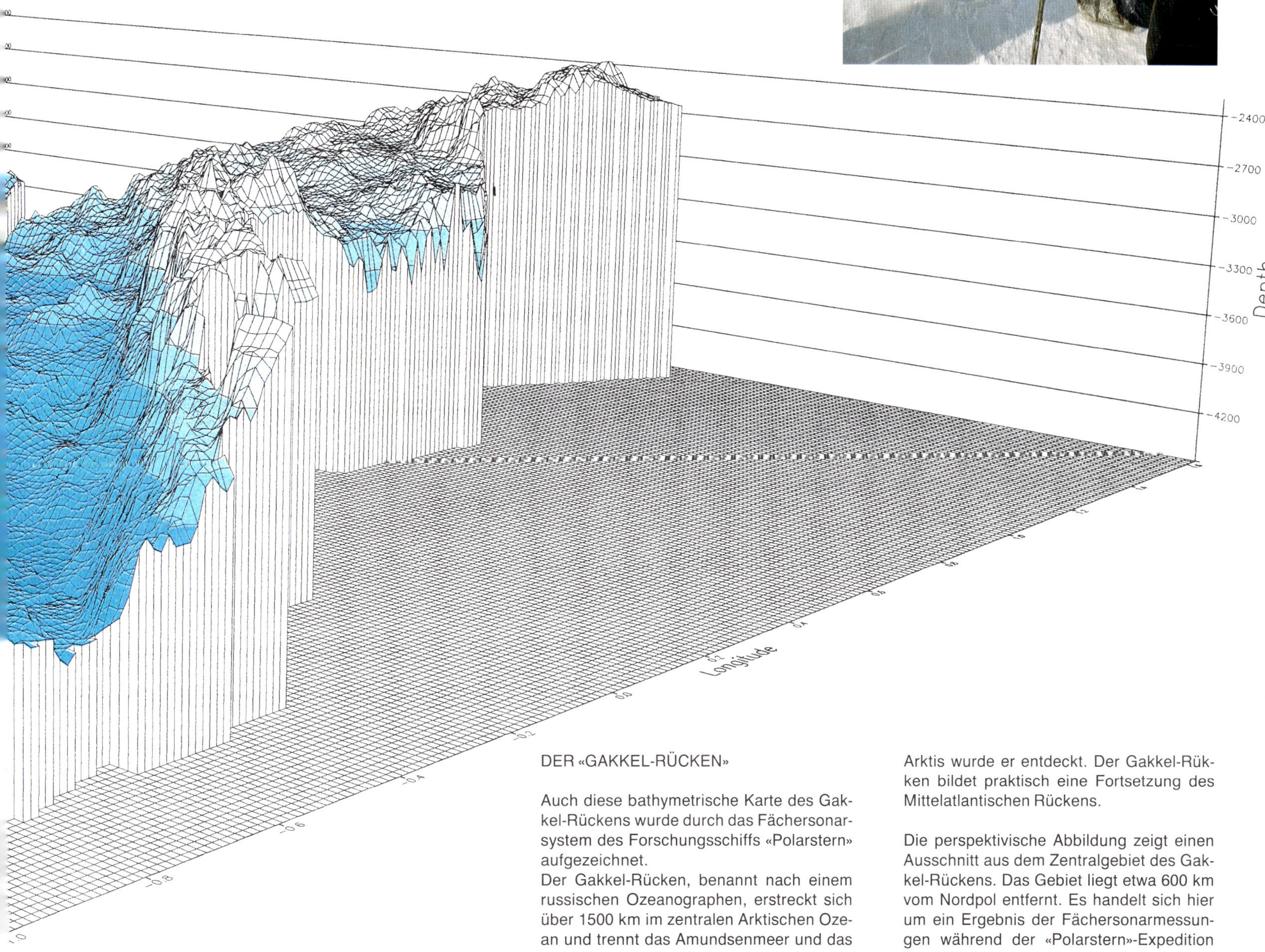

DER «GAKKEL-RÜCKEN»

Auch diese bathymetrische Karte des Gakkel-Rückens wurde durch das Fächersonarsystem des Forschungsschiffs «Polarstern» aufgezeichnet.
Der Gakkel-Rücken, benannt nach einem russischen Ozeanographen, erstreckt sich über 1500 km im zentralen Arktischen Ozean und trennt das Amundsenmeer und das Nansenmeer. Der Gakkel-Rücken war bis zum Ende der sechziger Jahre unbekannt. Erst durch die U-Boot-Unterquerungen der Arktis wurde er entdeckt. Der Gakkel-Rücken bildet praktisch eine Fortsetzung des Mittelatlantischen Rückens.

Die perspektivische Abbildung zeigt einen Ausschnitt aus dem Zentralgebiet des Gakkel-Rückens. Das Gebiet liegt etwa 600 km vom Nordpol entfernt. Es handelt sich hier um ein Ergebnis der Fächersonarmessungen während der «Polarstern»-Expedition ARKTIS 1991. Die dreidimensionale Darstellung der Morphologie läßt tektonische Aktivitäten in diesem Gebiet vermuten.

Die arktische Siedlung

Rechte Seite: *Die ersten Arktisdörfer entstanden Mitte des 19. Jahrhunderts mit der Ankunft westlicher Walfänger. Zu jener Zeit erlernten die Eskimos die Grundgedanken von Handel und Betrug, und schon bald kehrten sie jeden Sommer wieder an die Orte zurück, wo sie die Walfänger treffen konnten. Innerhalb weniger Jahre entstanden die ersten Dörfer als Handelsplätze. Im Bild: Die St.-Nikolaus-Kirche bildet den Mittelpunkt für die 140 Bewohner von Nikolajewsk im äußersten Osten Sibiriens.*

Der Frühling bringt in der Arktis jedes Jahr wieder einen völligen Neubeginn mit sich. Das mit den ersten Sonnenstrahlen eintretende Tauwetter verwischt die Spuren der gerade zu Ende gegangenen Jahreszeit, die mit ihrer absoluten Dunkelheit einen großen Teil dessen verborgen hielt, was auf dem Eis entstanden war. Ob Liebe, Jagd oder Kampf ums Überleben, die gleißenden, schillernden Flächen lassen alles neben sich verblassen. Alles sieht so aus, als ob nichts, oder fast nichts geschehen wäre.

Dies trifft auf die Natur der Arktis zu und galt bis vor einigen Jahrzehnten auch für ihre Bewohner, ein Volk, das im täglichen Provisorium lebte, sich keine Denkmäler setzte und seinen Nachkommen keine pharaonischen Monumente hinterließ. Zusammen mit Zelten und Schlittenhunden trug es seine Kultur in der eisigen Landschaft immer bei sich und ließ sie durch mündliche Überlieferung von Generation zu Generation weiterleben. Die ungeheuer schwierigen natürlichen Lebensbedingungen stellten nicht nur für die Inuit, sondern auch für die Fauna des Hohen Nordens eine extreme Belastung dar.

Obwohl weder Tempelruinen noch Papyrusrollen Aufschluß über die Urgeschichte der Eskimos geben können, mangelt es den Archäologen nicht an Arbeit. Dank des kalten Klimas sind unter der Oberfläche der Tundra Funde erhalten geblieben, die nun in weiten Teilen des Polargebiets durch die Ausgrabungen der Wissenschaftler freigelegt werden und die Schätze der Eskimokultur ans Tageslicht bringen: In Sibirien hat man unterirdisch angelegte Behausungen zum Schutz gegen den Wind ausgegraben; und man fand wunderschöne Masken aus der Zeit der Dorset, einer der großen Volksgruppen, die von Asien an die Küsten Nordamerikas zogen, sowie Waffenreste, Hausgeräte und Schlitten.

Wo die Heimat der Ur-Eskimos liegt, läßt sich nicht mit Sicherheit nachweisen. Es kann aber angenommen werden, daß sie sich vom asiatischen Menschenkreis irgendwann in der Altsteinzeit abspalteten. Aus dem ostasiatischen Raum zogen sie in einem langen Marsch in die kälteren Klimazonen der Erde, sie machten vor keinem Hindernis halt, sondern siedelten sich, der zurückweichenden Vergletscherung folgend, in allen polnahen Gebieten an. Dort, wo sich heute zwischen der äußersten Spitze Sibiriens und Alaska die Beringstraße befindet, waren Asien und Amerika vor Tausenden von Jahren durch eine Tundralandbrücke, die sogenannte Beringia, miteinander verbunden. Vor über 10000 Jahren zogen die Eskimos auf der Suche nach Seehunden und anderen Beutetieren über diese Landenge und ließen sich schließlich im äußersten Norden des amerikanischen Kontinents nieder. Es wurde sogar die Hypothese aufgestellt, die Eskimos seien die ersten Amerikaner gewesen. Auf jeden Fall mußten für die Eroberung eines Gebietes enorme Opfer in Kauf genommen werden, die allerdings auch die ungewöhnliche Geduld der Eskimos verdeutlichen. Von kleiner Statur, aber außergewöhnlich mutig, haben sie ähnlich wie die Tiere, die bis zur Ankunft der Menschen jahrtausendelang die unumstrittenen Alleinherrscher über das Polareis gewesen waren, ihren Organismus an die vorherrschenden Bedingungen angepaßt.

Durch natürliche Selektion wurden Arme und Beine im Laufe der Zeit kürzer, um eine bessere Durchblutung der Extremitäten zu ermöglichen, denn diese Körperteile sind am ehesten Erfrierungen ausgesetzt. Außerdem entstand ein System zur inneren Wärmeregulierung, das den Inuit Temperaturen ab zehn Grad über Null als «warm» erscheinen läßt. Durch Veränderungen im Stoffwechselsystem wurde der normale Wechselrhythmus zwischen Tätigkeit und Ruhebedürfnis so abgewandelt, daß die Eskimos während der langen Polarnacht, wenn alles in Winterruhe versunken ist, lange schlafen können, während sie im Sommer, wenn die Sonne wieder volle Lebenskraft spendet, mit wenig Schlaf

auskommen. Ihre Augen haben sich an die winterliche Dunkelheit gewöhnt, obwohl wegen der weiß schimmernden Eisflächen nie absolute Finsternis herrscht, so daß Beutetiere auch im Dunkeln gesichtet werden können.

Im Laufe der Wanderung spalteten sich kulturell unterschiedliche Gruppen ab, die ihre Jagdtechniken an die jeweiligen natürlichen Gegebenheiten und Tierarten anpaßten. Dadurch entstanden zahlreiche Dialekte, von denen jedoch keiner grundsätzlich von dem ursprünglichen Sprachstamm abwich. Es wird von Eskimos aus Alaska und Grönland berichtet, die sich auch nach der jahrtausendelangen Trennung immer noch verständigen konnten.

Die Eskimos sind das beste Beispiel für die Anpassungsfähigkeit des Menschen an seine Umwelt: Sie haben gelernt, an den Rändern des Packeises zu jagen, die natürlichen Luftlöcher ausfindig zu machen, aus denen die Meeressäuger zum Atemholen auftauchen, aus den Knochen erlegter Tiere Waffen herzustellen und deren Felle mit Knochennadeln zu Kleidungsstücken und Zelten zu vernähen, die die Frauen mit den Zähnen weichkauten, um sie geschmeidiger zu machen. Ein Seehundfell reichte für ein Paar Stiefel, drei Felle für eine Jacke und ein ganzes Bärenfell für eine Hose. Fünf Seehundfelle wurden benötigt, um eines der wendigen Kajaks zu bauen, die fast lautlos durch das Wasser glitten, so daß die Jäger nah an ihre Beute heranrudern konnten, ohne sie zu verscheuchen.

Das Zusammenleben der kleinen Gemeinschaften und Großfamilien war weder von starren hierarchischen Strukturen geprägt, noch gab es wirkliche Oberhäupter. Ihr Leben stand im Zeichen des Wassers, oder besser gesagt des Schnees. Aus Schnee, teilweise auch aus Torf und zerstampfter Erde, bauten sie

Unten: *Zwei Kinder aus dem Dorf Ilullisat in der Bucht von Disko in Grönland. Das Dorf bietet einen überraschenden Anblick: Eskimoschlittenhunde und in der Sommersonne trocknendes Fleisch stehen in reizvollem Kontrast zu den im skandinavischen Stil gebauten Häusern.*

Häuser, falls man die 15 Quadratmeter großen, provisorischen Behausungen für fünf- bis sechsköpfige Familien, die mit einer Innentemperatur von bis zu 10 Grad im übrigen einen guten Kälteschutz boten, überhaupt als solche bezeichnen kann. Aber nur selten blieben die Eskimos für längere Zeit in solchen Dörfern, denn das Leben in der Gemeinschaft war lediglich ein Vorspiel für die Jagdsaison. Nach dem Tauwetter im Frühling lebten sie hauptsächlich in Zelten, die aus 15 Seehundfellen bestanden und, wenn die weiterziehenden Beutetiere sie weit von zu Hause wegführten, schnell auf- und abgebaut werden konnten. Das Jagdfieber entsprang aber nicht nur der Sorge um ausreichende Nahrung, sondern es entfachte nach der monatelangen Dunkelheit, die manchmal sogar den seit Jahrtausenden daran gewöhnten Arktisbewohnern nahezu unerträglich erschien, auch neue Lebenslust. Daher gab es, wenn die ersten Beutetiere heimgebracht wurden, für alle Anlaß zu feiern. Wer einen Wal oder einen Seehund harpuniert hatte, stieß einen Freudenschrei aus, woraufhin alle, die in der Nähe waren, sofort zusammenströmten. Jeder erhielt dann ein Stück rohes Fleisch, das sofort, so wie es war, genüßlich, aber auch erleichtert verschlungen wurde. Wie bereits in den vorhergehenden Kapiteln erwähnt, ist dieser Brauch auch heute noch lebendig.

Leider hatte das Jagdfieber aber nicht nur die Eskimos erfaßt, sondern auch Leute aus Europa und Nordamerika, die hier gewinnbringende Geschäfte witterten.

Zwar lauerten den Walfängern, die sich in die eisige Wüste wagten, mancherlei Gefahren, und es geschah nicht selten, daß Schiffe vom Eis eingeschlossen

Oben: *Ein junger Inuit aus dem Dorf Pond Inlet im Norden von Baffin-Island. Das Dorf gehört zu den Orten, die Mitte des 19. Jahrhunderts die verheerenden Auswirkungen der Kontakte zu den Walfängern am stärksten zu spüren bekamen. Aus dem Süden eingeschleppte Krankheiten wie Tuberkulose und Pocken, die bis dahin in der Arktis noch nie aufgetreten waren, rafften ganze Gemeinden dahin. Als die Walfangsaison beendet war, waren mit Walknochen eingezäunte Friedhöfe das einzige, was von den zahlreichen Arktisdörfern noch übriggeblieben war.*

Rechts: *Eskimo-Mädchen. Obwohl die Zivilisation westlicher Prägung Alltag und Kleidung längst mitbestimmt, begünstigt der weite Lebensraum etwa der kanadischen Arktis das Festhalten der Eskimos an eigenen Traditionen.*

wurden, aber die Gewinnsucht der Abenteurer war durch nichts zu bremsen. Eine erfolgreich beendete Expedition genügte, um die Geldgeber für eventuelle Verluste zu entschädigen und zu neuen Unternehmen anzuspornen.

Im Grunde ist es überflüssig zu betonen, daß den Kolonisten der Arktis jegliches Umweltbewußtsein vollkommen abging. Die Inuit hatten sich im Hohen Norden ihre eigene Welt geschaffen und erlegten zwar – wenn auch mühevoll – Tiere mit der Harpune, um für ausreichende Nahrung zu sorgen, brachten

Ganz unten: *Diese Moosvegetation bildet die Hauptnahrung der Rentiere. Im Winter scharren die Rentiere das Moos vom Schnee frei.*

Unten: *Die grönländische Stadt Nunk liegt südlich des Polarkreises. Sie zählt heute rund 10000 Einwohner.*

ihnen aber gleichzeitig auch Verehrung und Achtung entgegen. Die zahlreichen Sagen von Eskimos, die nach ihrem Tod als Tiere wiedergeboren wurden, verleihen uns eine Vorstellung davon, wie nah in der Inuitkultur die Begriffe Mensch und Natur beieinanderliegen.

In keinerlei Weise damit vergleichbar ist die Einstellung der weißen Beutejäger: Für sie war die Welt des Eises ein zwar ertragreiches, aber auch extrem

rauhes Land, das man, war es einmal erobert und der Beutezug erfolgreich verlaufen, am besten so schnell wie möglich wieder verließ. Sie hatten ein gleichgültiges, gar feindliches Verhältnis zur Natur und dem, was sie hervorbrachte.

Obwohl die sogenannten weißen Kulturen gegen die Natur der Arktis und teilweise auch gegen ihre Bewohner mit Gewalt vorgingen, wurden sie von den Inuit doch relativ freundschaftlich aufgenommen, denn organisierte Kriege sind in ihrer Tradition nicht vorgesehen. Daran gewöhnt, einen großen Teil der Zeit dem Kampf gegen die natürlichen Feinde zu widmen – die Tücken des Eises, Ängste während der langen Polarnacht und Schwierigkeiten bei der Nahrungsbeschaffung – war es nie ein unverzichtbarer Bestandteil ihrer Kultur, daß verfeindete Stämme gegeneinander kämpften. Aggression war zwar durchaus keine

Seltenheit, aber sie beschränkte sich meist auf Familienfehden oder einzelne Streitereien. Daher leisteten die Inuit den Weißen keinen Widerstand, sondern ließen sich sogar von deren Gewinnsucht – und nicht nur davon – ködern. Kaufleute aus dem Süden schlossen mit den Arktisbewohnern ungeheuere Geschäfte über Bärenfelle und Narwalzähne ab, die sie gegen weitaus minderwertigere Waren eintauschten. Besonders begehrt bei den Eskimos waren Feuer-

Unten: *Im Schatten des gigantischen Jacobshavngletschers, liegt das malerische Fischerdörfchen Ilullisat.*

Ganz unten: *Arktischer Sommer am Konje-Gletscher an der Westküste Grönlands.*

waffen, deren Eintreffen in der Welt des Eises eine regelrechte Kulturrevolution entfachte. Die Inuit lernten nämlich nicht nur, damit umzugehen, um ihren Bedarf an Nahrung zu decken, sondern benutzten sie auch, um Geschäfte mit den Weißen zu machen. Das führte zu einer grundlegenden Veränderung ihrer Jagdtechniken und verlockte sie dazu, mit der Aussicht auf schnelles Geld grausame Massaker unter den Tieren anzurichten.

Zu dieser Zeit, als die beiden unterschiedlichen Kulturen aufeinanderprallten, entstanden in der Nähe der Handelsplätze immer häufiger Dörfer, wo Felle gegen Waffenmunition oder sogar gegen Alkohol getauscht wurden. Zweifellos waren solche ungewohnten Tauschaktionen für die Eskimos, die gewöhnlich monate- oder jahrelang keinen einzigen Fremden zu Gesicht bekamen, eine auf-

regende Angelegenheit, aber der Preis, den sie dafür zahlten, war hoch: Zuvor unbekannte Krankheiten wie Tuberkulose oder Pocken wurden eingeschleppt und führten zu einer erheblichen Dezimierung der Bevölkerung.

Als zu Beginn des zwanzigsten Jahrhunderts nach zahlreichen Beutezügen schließlich einige Tierarten der Arktis ausgestorben waren und infolgedessen Maßnahmen zum Schutz der noch lebenden Arten getroffen wurden, sahen sich viele Länder dazu gezwungen, sich ganz aus der Region zurückzuziehen oder zumindest über ihre Plünderungsaktionen nachzudenken. Nur wenige Eskimos gingen weiterhin auf «Raubzüge», um das Handelsnetz mit der übrigen Welt intakt zu halten. Die meisten flüchteten sich an abgeschiedenere Orte – fast sieht es aus wie der verzweifelte Versuch, die ursprüngliche Kultur zu bewahren. Aufgrund der nachhaltigen Schockwirkung und des Mißtrauens gegenüber den Geschehnissen der Vergangenheit führte das zum inneren Bruch. Dieser währte jedoch nur kurze Zeit, dann versuchte der hochentwickelte Westen im Zuge der allgemeinen kulturellen Angleichung, auch in die geschlossene Welt der Inuit einzudringen. Da die Eskimos heute auf alle besiedelten Gebiete des Nordpolargebiets, also auf Grönland, Kanada, Alaska und Sibirien verteilt sind, fehlt ihnen eine gemeinsame politische Identität. Gewöhnlich nimmt jedes Volk die Nationalität des Landes an, das ihm die territoriale Vorherrschaft entzogen hat, und jedes Volk leidet – wenn auch mit unterschiedlich traumatischen Folgen – darunter, wenn seine Sitten und Gebräuche durch die herrschende Nation aufgesogen werden. Nirgendwo sieht man heute noch die in das Eis hineingebauten Iglus – sie wurden durch moderne, beheizbare Häuser ersetzt. So gerät die ehemalige Iglu-Kultur langsam in Vergessenheit. In den Dörfern manifestiert sich dieser Bruch besonders deutlich. Allerdings sieht er nicht überall gleich aus, was ich auch während meines Besuches der größten Siedlungen im Nordpolarkreis, in denen noch Inuit gesprochen wird, feststellen konnte. Ausgangspunkt meiner Untersuchung war Churchill, das Tor zwischen Kanada und dem Hohen Norden und Schmelztiegel verschiedener regionaler Volksgruppen. Früher wurde hier zu bestimmten Jahreszeiten Handel getrieben; heute hat sich der Ort zu einer wohlhabenden Gemeinde entwickelt. Das Städtchen ist zwar die meiste Zeit des Jahres in eine Schneedecke eingehüllt, aber dank modern ausgestatteter Häuser und Thermokleidung ist das Leben auch während der eisi-

Von links nach rechts: *Die Inuit haben gelernt, sich von Meerestieren zu ernähren und am Rand des Packeises zu jagen. Gegenüber diesem verlassenen, feindlichen Teil der Welt, den sie besiedelt haben, empfinden sie tiefe Achtung. Jahrtausendelang stellten sie aus den Knochen getöteter Tiere Waffen her und nähten aus deren Fellen Kleidung und Zelte.*

Alle Teile der Jaranga sind auf den Schlitten verstaut.

Die Holzträger einer Jaranga werden zusammengepaßt und verankert.

Die Holzträger werden aufgestellt und dann mit der großen Plane überzogen. Sie besteht aus etwa 50 zusammengenähten Rentierfellen.

gen Kälte der langen Polarnacht erträglich geworden. Allerdings macht nicht nur der Schnee den Einwohnern zu schaffen, sondern zu bestimmten Zeiten leiden sie auch unter den Eisbären. Der «weiße Gigant» ist ein nicht immer friedlicher Gast, der allerdings als gewinnbringende Touristenattraktion geduldet wird. So entstand eine neue Art des Zusammenlebens von Tier und Mensch, die von beiden Seiten aufmerksam verfolgt wird.

Ein ganz anderes Verhältnis erlebte ich etliche hundert Kilometer weiter nördlich, wo der Eisbär nicht als gefährlicher Eindringling, sondern noch als echtes Beutetier gesehen wird. Deshalb ist es dort im Winter keine Seltenheit, wenn die Bewohner weit abgelegener Dörfer, wie Arctic Bay im Nordwesten Kanadas, auf Jagdexpeditionen gehen, wobei allerdings die Zahl der Beutetiere durch die leider nur unwillig akzeptierten Artenschutzvorschriften begrenzt ist.

In Arctic Bay leben neben der Eskimogemeinde, die sich durch einen starken inneren Zusammenhalt auszeichnet, nur wenige ausländische Bürger. Seit den fünfziger Jahren wird das Dorf durch Initiativen der kanadischen Regierung gefördert. Dieser Teil Kanadas sieht tatsächlich genauso aus wie alle anderen Nordpolarregionen. Die alten Schnee- und Erdhütten existieren nur noch in der

Erinnerung; sie wurden durch komfortabel ausgestattete Fertighäuser ersetzt, an die man bis vor wenigen Jahrzehnten noch nicht im Traum gedacht hätte. Auch das Alphabetisierungsproblem ist durch ein Regierungsprogramm, das kostenlose Schulbildung umfaßt, gelöst worden.

Wie vielen anderen Regionen des Landes steht auch Arctic Bay die Ansiedlung von Industrie bevor, die Teil eines Programms zur Nutzung der reichen arktischen Bodenschätze ist. Nicht weit von Arctic Bay entfernt liegt das Zinkbergwerk von Nanisjvik, das mit hochmodernen technischen Mitteln arbeitet. Auf dem Flughafen mit seiner langen Landebahn landen und starten Passagiermaschinen von und nach Montreal. Das abgebaute Zink wird auf dem Seeweg transportiert, und im Sommer sorgen Handelsschiffe einer großen Schiffahrtsgesellschaft für die Verbindung zum Rest der Welt.

Eskimos sieht man hier allerdings nicht. Der größte Teil der Bergleute stammt aus den weiter südlich gelegenen Gebieten und lebt in einem Dorf mit provisorischen Unterkünften, die die Unternehmensgesellschaft bauen ließ. Arctic Bay und das Bergwerk sind zwei entgegengesetzte Pole, zwischen denen

Ganz oben: *Auf dem Dach der Jaranga wurden ein Kaminabzug und ein Fenster einmontiert.*

eine kaum überwindbar erscheinende kulturelle Barriere entstanden ist. Die alten Inuitjäger, die während ihrer langen Märsche über das Packeis an absolute Abgeschiedenheit gewöhnt waren und ihrer Beute geduldig aus dem Hinterhalt auflauerten, lassen sich nicht von heute auf morgen in ein Volk von Bergleuten verwandeln, die dazu verdammt sind, die meiste Zeit ihres Lebens unter Tage zu verbringen.

Die erschütternden Aussagen des Sprechers der kanadischen Eskimos, Robert André, bringen den Widerstand gegen die Verletzung kultureller Pflichten deutlich zum Ausdruck: «Wir haben das Recht, selbst über unser Leben zu bestimmen. Dieses Recht leitet sich daraus ab, daß wir als erste in dieses Land gekommen sind. Da wir ein eigenes Volk, eine Nation sind, müssen wir in Kanada Sonderrechte haben. Wir haben unsere eigene Lebensweise, unsere Kultur und unsere Traditionen. Wir haben unsere eigenen Sprachen, Gesetze und Rechtssysteme. Wir sind ganz einfach anders, und es wird nicht leicht sein, uns in ein System zu zwängen, in das wir nicht hineingehören.»

Links unten: *Im Laufe der Jahrhunderte haben die Arktisbewohner ein tiefgehendes Naturverständnis entwickelt. Statt Unannehmlichkeiten oder Kälte zu bekämpfen, haben sie sie genutzt. So auch die Tschuktschen, deren Zelte, Jarangas genannt, aus Birkenrinde, Leder und Fellen bestehen.*

Der Wunsch, weiterhin wie die Inuit von einst zu leben, wird immer unrealistischer, auch wenn der überall zweisprachig abgehaltene Schulunterricht die Bemühungen der kanadischen Regierung bezeugt, die ethnischen Minderheiten zu schützen. Allerdings liegen auch einige Vorteile der neuen Situation klar auf der Hand. Durch Programme des Gesundheitsministeriums konnte die Zahl der krankheitsbedingten Todesfälle drastisch gesenkt werden, so daß das Bevölkerungswachstum garantiert war. Aber abgesehen von dem wirtschaftlichen Gewinn des Bergwerks bietet Arctic Bay nur wenig Luxus. Viele Bewohner leben von Arbeitslosenunterstützung, Altersrente oder Sozialhilfe. Das ist zwar ein sicheres Brot, aber auch ein ziemlich langweiliges Dasein mit allen Gefahren, die damit verbunden sind.

Mit angstvoller Sorge beobachten die älteren Mitglieder der Eskimogemeinde, wie sich die junge Generation langsam der Welt der Urväter entfremdet, und deshalb setzen sie sich nach Kräften dafür ein, durch die Pflege alten Brauchtums die Nabelschnur zu den Ursprüngen zu erhalten. Die Sitte, rohes Fleisch zu essen, ist immer noch weit verbreitet. Es wird mit dem Ulu-Messer zerteilt, das die Eskimofrauen bereits in der Steinzeit benutzten, um Haut und Fett voneinander zu trennen. Aber auch das abgepackte Fleisch in den Schaufenstern sieht verlockend aus. Deshalb ist die Befürchtung, daß das Ulu-Messer bald zum Museumsobjekt wird, gewiß nicht unbegründet.

Nach einem kurzen Flug in Richtung Norden zu den Cornwallis-Inseln, die nicht einmal tausend Kilometer vom Nordpol entfernt liegen, trifft man eine ganz ähnliche Situation an. In dieser wenig einladenden, nur in den Sommermonaten eisfreien Region wird von der kanadischen Regierung ein wissenschaftliches Projekt durchgeführt, das das Interesse von Wissenschaftlern aus aller

Unten: *Um den harten Winter zu überstehen, braucht ein Mensch täglich ca. 5000 Kalorien. Das Fleisch der Rentiere bildet bei den Nomaden die wichtigste Energiequelle.*

Welt geweckt hat. Hier liegt das Dorf Resolute, wo ebenfalls eine Eskimogemeinde lebt. Ich spreche mit einigen von ihnen, die immer noch verblüfft zu sein scheinen, welche Flut von Veränderungen der Einzug der Konsumgesellschaft in den letzten zwanzig Jahren mit sich gebracht hat.

Fast ungläubig erzählen sie: «Das Seewasser fließt jetzt durch Rohre bis in unsere Häuser, und wir haben Toiletten mit Wasserspülung. Es sieht ja alles ganz einfach und bequem aus ...» Aber dann schütteln sie den Kopf. Die neuen Erleichterungen und der Komfort können diejenigen, denen das extrem harte Leben, das man sich Schritt für Schritt erkämpfen mußte, noch frisch in Erinnerung ist, nicht überzeugen. Ganz anders ist die Einstellung der Kinder, denen das Konsumangebot als die natürlichste Sache der Welt erscheint. Sie sind in das nationale Schulsystem eingegliedert, sprechen fast alle Englisch und zeigen nur geringes Interesse für die Tätigkeiten der Alten, wie Jagen und Fallenstellen. Sie sind das beste Beispiel dafür, daß sich die uralte Inuitkultur dem «Zivilisationsschock» ergeben hat. Jaypatee Akeeagok, der Bürgermeister der Gemeinde Frise Fjord, faßt den Stand der Dinge so zusammen: «Vor zwanzig Jahren drehte sich noch alles ums Überleben, und wir akzeptierten das Leben so, wie es kam. Heu-

Linke Seite: *Die letzten zwanzig Jahre haben die Eskimodörfer vollständig verändert. Alle Häuser verfügen heute über fließendes Wasser und Toiletten, die an die Kanalisation angeschlossen sind. Die Lebensbedingungen sind heute völlig anders.*

Unten: *Das Hotel Arctic Inn im subarktischen Städtchen Churchill.*

Folgende Doppelseite: *Monatelang liegt die Arktis unter einem dicken Schneemantel begraben und ist von furchteinflößender Dunkelheit umhüllt. In Ausnahmefällen werden hier Temperaturen von bis zu 80 Grad unter Null gemessen. Die Dörfer im äußersten Norden sind eigens für diese klirrende Kälte ausgerüstet.*

te zwingen uns der materielle Fortschritt, das Fernsehen und alle möglichen anderen Dinge zum Nachdenken.»

Ich fahre nach Alaska, wo sich der Konflikt zwischen Althergebrachtem und Modernem besonders drastisch zugespitzt hat. Aus ökonomischen und politischen Gründen ist die Situation dieses Landes für eine solche dramatische Entwicklung prädestiniert. Wirtschaftlich gesehen ist Alaska reich an Bodenschätzen, Erdöl, Silber, Zink und Kohle. Die politischen Probleme gehen deutlich aus der Landkarte hervor: Alaska ist zwar ein Bundesstaat der USA, liegt jedoch in der Beringsee nur wenige Meilen von Ostsibirien entfernt, und das gehört zu einer der Republiken, die zusammen bis vor kurzem noch als Sowjetunion bezeichnet wurden. Hier liegt ein strategisch wichtiges Gebiet, das auch die Gewässer einschließt.

Auch die Natur ist hier von unschätzbarem Wert. Millionen Hektar Land stehen als Nationalparks und Reservate unter Naturschutz. Nach Meinung von Organisationen wie «National Wildlife Federation» und «Wilderness Society», die in den Militärstützpunkten, in der Verschmutzung durch Fahrzeuge und in den Förderanlagen großer Industriekonzerne eine Gefahr sehen, ist der Schutz jedoch nicht ausreichend. Deshalb ist der Konflikt zwischen Umweltschützern und Regierung immer noch aktuell und ungelöst.

Innerhalb dieser Diskussion stehen die Inuit sozusagen zwischen den Fronten: Sie können weder die radikalen Umweltschutzinitiativen des Westens zugunsten der plötzlich «neu entdeckten» Natur unterstützen, die ja gerade der Westen noch bis vor kurzem zerstört hatte, noch sind sie blind darauf versessen, die vorhandenen Bodenschätze um jeden Preis abzubauen.

Ein Brennpunkt innerhalb dieser Diskussion ist Prudhoe Bay, wo der «Zivilisationsschock» durch die Entdeckung des Schwarzen Goldes ausgelöst wurde, das bei den Eskimos der Region geradezu revolutionäre Veränderungen hervorgerufen hat. Allerdings nicht, weil dadurch Arbeitsplätze entstanden sind, denn die Eskimos haben heute genauso wenig Lust, Erdöl zu fördern, wie sie gewillt sind, sich in den Bergwerken zu Tode zu schuften. Nur zwei Prozent der Arbeitsplätze in der Erdölindustrie sind von Inuit besetzt. Was dem alten Volk wirklich unerwarteten Geldsegen gebracht hat, ist das Verhandlungsgeschick, das es in der Diskussion um seine Gebietsrechte entwickelt hat. Nachdem 1971 den Eskimos die Rechte über 19 Millionen Hektar Land zugesprochen worden waren, wurden ihnen als Entschädigung 900 Millionen Dollar in bar gezahlt. Und damit noch nicht genug: Die Gebietsregierung von North Slope Borough, die einen beträchtlichen Prozentsatz der Eskimos vertritt, erhielt außerdem das Recht, auf die Umsätze der Erdölgesellschaft Steuern zu erheben.

Um sich eine Vorstellung davon machen zu können, wie stark der Dollarregen das Leben der ehemaligen Jäger verändert hat, muß man nur einmal durch die Straßen der mit 4000 Einwohnern größten und modernsten Gemeinde Barrow gehen. Hier tritt die Kluft zwischen den als «Erdöleskimos» bezeichneten heutigen Einwohnern und ihren Vorfahren auf frappierende Weise zutage. Dort, wo vor fünfzig Jahren noch Handel mit den verängstigten Inuit getrieben wurde, die im Tausch gegen kostbare Felle ein paar Patronen erbettelten, stehen heute großartige Supermärkte mit kulinarischen Delikatessen und Imbißtheken.

Großartig sind natürlich auch die Preise. Man findet zwar, was das Herz begehrt, aber alles muß per Flugzeug eingeführt werden. Und dafür wird gezahlt: Lebensmittel sind viermal so teuer wie woanders. Aber das Erdöl kommt rettend zu Hilfe. Ohne das gesicherte Einkommen aus dem Schwarzen Gold könnte eine Durchschnittsfamilie niemals die wöchentlichen Supermarktrechnungen bezahlen, geschweige denn die Heizkosten für ein Haus mittlerer Größe, die astronomische Summen bis zu 1400 Dollar monatlich verschlingen können.

Aber nicht nur Waren treffen hier ein, sondern über den Äther auch Nachrichten aus aller Welt. Fast alle Haushalte können die Programme amerikanischer Fernsehstationen empfangen. Nachrichtensendungen und eine Fülle von Werbespots übermitteln die Botschaft einer Kultur, die mit den überlieferten Werten des alten Inuitvolkes nur wenig gemein hat. Die Eskimos versuchen, sich dagegen mit den gleichen Mitteln, nämlich einem eigenen Fernsehprogramm, zu wehren. Sie haben einen Sender gegründet, dessen Aufgabe darin besteht, die Sprache zu bewahren. Zwar existieren keine schriftlich überlieferten literarischen Texte, in die sie sich flüchten könnten, aber dafür gibt es ein sprachliches Erbe, das ihre Werte und Träume zum Ausdruck bringt. Und daran klammern sie sich. Der im Rahmen der Lehrpläne erteilte Sprachunterricht wird als grundlegender Faktor im Kampf gegen das Aussterben einer Kultur gesehen. Gleiches gilt auch, im Gegenzug zu den neuen Umweltschutztendenzen, für die Verteidigung traditioneller Tätigkeiten wie Jagen und Fischen. Vom Standpunkt der Inuit aus gesehen ist das Engagement dafür sicherlich verständlich, und es wird von den Politikern denn auch nachhaltig unterstützt.

Auf der einen Seite also industrielle Produktion, auf der anderen die Umwelt. Das sind die beiden Extreme, zwischen denen die Ureinwohner Alaskas hin- und hergerissen werden. Als Mitbesitzer des Landes möchten sie natürlich von den Gewinnen der Erdölgesellschaften profitieren, aber als Jäger, die einst von den Erträgen der Natur lebten, liegt ihnen auch der Umweltschutz am Herzen.

Alter tschuktschischer Nomade.

Die Zerrissenheit, die Norman Chance in seiner Untersuchung «The Inupiat and Arctic Alaska» beschreibt, spricht nicht nur das Bewußtsein jedes einzelnen an, sondern auch die verschiedenen Bevölkerungsteile. Die Einwohner Südalaskas, die regelmäßigen Gewinn aus dem Erdöl ziehen, sind mehr zur Industrie hin orientiert, während die Bewohner im Norden mehr zum Umweltschutz tendieren: Sie sehen in den dichten Karibupopulationen, die die arktische Tundra bevölkern, ein unverzichtbares Erbe.

Die Diskrepanz zwischen den beiden Denkweisen wird durch die grundlegenden ideologischen Unterschiede zwischen der Auffassung der Amerikaner vom Kapitalismus und der Weltanschauung der Inuit vertieft. Die Anschauung der USA beruht auf dem Individualismus, das heißt, Werte und Errungenschaften werden in Verbindung zum einzelnen gesehen. Im krassen Gegensatz dazu steht das Kollektivdenken der Eskimos: Sie haben Jahrtausende unter den rauhesten natürlichen Bedingungen der Erde überlebt, und das war nur durch solidarisches Gruppenverhalten möglich; für Individualismen und persönliche Ideen blieb dabei wenig Spielraum. Mit dem Begriff «Gemeingut» verbinden die ersten Bewohner Alaskas nicht ohne weiteres dasselbe wie die Nordamerikaner.

In der Kampagne der Eskimos zur Erhaltung der alten Werte verkörpern die Studenten am deutlichsten den inneren Zwiespalt zwischen den alten Bräuchen und den neuen, von den Medien suggerierten amerikanischen Lebensmodellen. Es ist schwierig vorauszusagen, welche Werte ihre Zukunft in Alaska gestalten werden. Viele Jugendliche studieren heute, um Spezialjobs ausführen zu können, die ihnen für «später» angeboten werden. Aber niemand kann ihnen garantieren, daß die Welt dann auch ihren Erwartungen entspricht. Die Einkommensquellen in Prudhoe Bay werden bald versiegt sein, und dann wird die Rechnung für die Zukunft eine Unbekannte mehr enthalten. Andererseits ist das Band zum Hohen Norden immer noch so stark, daß keiner von denen, die dort geboren sind, es kappen will. Wenn dann die Zeit kommt, Entscheidungen zu treffen, kann das sicherlich zum schweren inneren Konflikt führen.

Fliegt man 120 Kilometer weiter, findet man westlich der amerikanischen Konsumgesellschaft, im Arktisdorf Sireniki, am sibirischen Ufer der Beringstraße, dem Sitz der Chukotkaeskimos, das genaue Gegenteil.

In dieser Region bietet sich ein eher trauriges Schauspiel: Ein Volk, das Jahrtausende ohne Gesetze und feste Ordnung gelebt hat, ist nun gezwungen, sich mit einer Flut von Verboten und Beschränkungen auseinanderzusetzen. Seit den dreißiger Jahren haben Bürokraten aus Moskau jedem Volk der Union den von der Regierung diktierten Lebensstil aufoktroyiert; sie arbeiten systematisch daran, die Wurzeln der Eskimokultur auszureißen. Ein beklagenswertes Beispiel für solch aufgezwungene Strukturen sind die Vorschriften für die Walroßjagd. Fett, Fleisch und Stoßzähne der Meeressäuger stellen wichtige Rohstoffe dar. Die langen Stoßzähne wurden als Eispickel und zur Herstellung von Werkzeugen genutzt, das zu Lampenöl verarbeitete Fett diente während der langen Märsche über das Eis als Brennstoff. Das Walroß war für die Arktisbewohner alles andere als eine leichte Beute und leistete häufig so heftigen Widerstand, daß manche Jäger dafür mit dem Leben bezahlen mußten. Die mündliche Überlieferung ist reich an Geschichten von Männern, die von den kräftigen Tieren unter das Eis gezogen wurden, und es gibt viele Beschwörungsformeln zur Vertreibung dieser Gefahr. In der Mythologie der Eskimos spielt das Walroß als gerühmtes und verehrtes Tier eine wichtige Rolle.

Unten, links: *Junge Tschuktschen, mit Pelzen bekleidet. Während Mädchen und Frauen Zöpfe flechten, lassen die Männer ihre Haare bis zum Nacken wachsen und herunterhängen.*

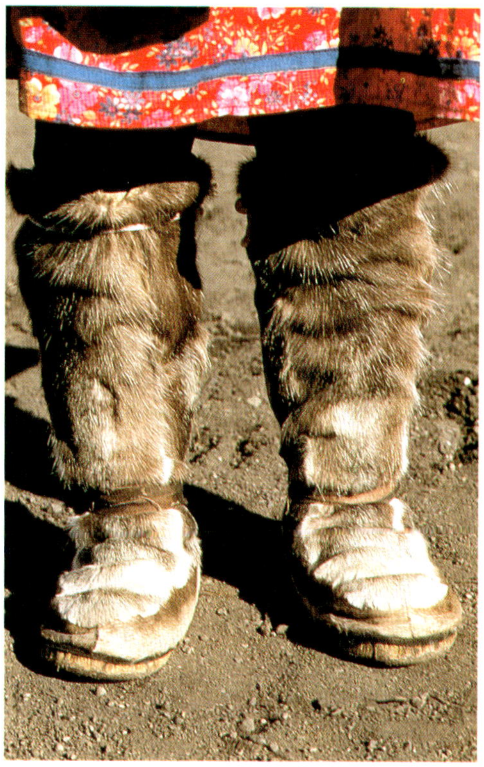

Oben: *Traditionelle Rentierfellstiefel der tschuktschischen Nomaden.*

Aber die sowjetische Bürokratie hat mit dieser alten Sichtweise aufgeräumt. Wer auf Walroßjagd gehen will, muß Berge von Formularen ausfüllen, die von der Küstenwacht genehmigt werden müssen. Erst dann kann die Expedition losgehen, die heute eigentlich nichts mehr mit der ursprünglichen Jagd zu tun hat, da nur noch für die Regierung gefangen wird. Die Jäger, deren Kenntnisse über Gewässer und Walrosse einem jahrtausendealten Erbe entspringen, kommen heute nicht mehr in den Genuß der Früchte ihrer Arbeit. Sobald die Beute an

Die zunehmende Abhängigkeit von materiellem Wohlstand droht die Grundfesten der Eskimokultur zu erschüttern. Für viele Erwachsene ist es schwierig, sich dem modernen Lebensstil anzupassen, der ihnen aufgedrängt wurde.
Ihre Kinder kennen aber nur diese Lebensweise. Im Gegensatz zu ihren Eltern wachsen sie im Rahmen des nationalen Schulsystems auf. Fast alle sprechen Englisch und zeigen nur noch wenig Interesse für traditionelle Tätigkeiten wie Jagen und Fallenstellen.

Land gebracht ist, wird sie den Behörden übergeben, die sie wiegen und zerlegen. Die Meeresriesen erwartet ein trauriges Schicksal: Wurde ihr Fett früher meist zu Brennstoff für die langen Überfahrten auf dem Eis verarbeitet, so werden die toten Tiere heute an Pelzzuchtfarmen geliefert; dort verfüttert man sie an Silberfüchse, deren Fell später einmal die westlichen Frauen schmücken soll.

Rechts: *Geschwister während eines Sommercamp im Trembly Sound, Baffin-Insel.*

Rechts daneben: *Eine Eskimo-Frau während eines Festes zur Walfangzeit im Nordosten Sibiriens.*

Oben: *Tschuktschen in traditioneller Kleidung aus Renfellen.*

Oben rechts: *Inuitjäger von der Prinz-Leopold-Insel.*

Ganz rechts: *Alte Frau mit Tätowierungen im Gesicht. Der Brauch des Tätowierens wurde heute weitgehend aufgegeben.*

Die unerschrockenen Jäger von einst sind zu Arbeitern des Planregimes geworden, die die Aufträge der Regierung ausführen. Jagen, Fischen und Fallenstellen werden anderen Tätigkeiten gleichgesetzt. Die Wirtschaft des Dorfes zeichnet sich dadurch aus, daß Arbeitslosigkeit theoretisch nicht existiert. Aber auch unter diesen Bedingungen der vorgeblichen Gleichstellung kommt die alte Eskimomentalität wieder zum Vorschein. Die Chukotka lassen sich nicht für Geld allein zu jeder beliebigen Aufgabe heranziehen und verlieren lieber einen Tageslohn als ihre Identität.

Überraschenderweise findet man hier und da doch noch einige Relikte der Vergangenheit. Ich entdecke zum Beispiel, daß die alte Tradition, getrocknete Waldärme zu wasserundurchlässiger Kleidung zusammenzunähen, immer noch gepflegt wird. Oder die außergewöhnlich harten Walroßfelle, die in zwei Teile unterschiedlicher Beschaffenheit aufgespalten werden, um daraus die traditionellen Fischerboote herzustellen. Arbeit oder Hobby? Das ist schwer zu sagen.

Links: *Junge Tschuktschin im Tanzschmuck.*

Ganz oben: *Frau der Grönland-Eskimos. Die mongolische Herkunft zeigt sich an der Augenform und der breiten, flachen Nase.*

Oben: *Ein Kanada-Eskimo. Die Eskimos, die zwischen dem Kap Deschnew (Ostspitze Sibiriens) und der Ostküste Grönlands leben, bilden sprachlich und kulturell eine Einheit. Zwar können sich auch die Alaska- und Kanada-Eskimos mit den östlichen Stämmen verständigen, aber ihre Dialekte haben eine stark unterschiedliche Entwicklung genommen.*

Ich treffe mich mit dem Mann, der als einziger in Sireniki diese Kunst beherrscht. Er wird der letzte sein, der das noch kann.

In Grönland, auf der entgegengesetzten Seite der Arktis, sieht das Leben der Eskimos anders aus. Hier sind die überlieferten Traditionen der Inuit unmittelbarer Bestandteil der Inselkultur. Ich fahre an einen Ort im Schatten des riesigen Jacobshavngletschers, wo etliche der größten Eisberge der Arktis sich vom Festland ablösen und Wasserfälle die umfangreichen Garnelenvorkommen mit reichlich Süßwasser versorgen. Dort liegt das Fischerdorf Ilulissat, ein Beispiel für gelungene kulturelle Integration.

Die Andersartigkeit Grönlands besteht darin, daß Alt und Neu hier nicht erst kürzlich, sondern bereits vor etwa 900 Jahren aufeinandertrafen, als die Eskimos von Thule auf Siedler stießen, die der berühmte Wikinger Erik der Rote hierhergebracht hatte. Dadurch wurde schon in frühester Zeit der historische Grundstein dafür gelegt, daß eine europäische Kultur und die kodifizierte Eskimo-

Unten und rechts: *Schnitzerei mit Zelten, festen Steinhäusern und Jagdszene auf Walroßbein. Neben Speckstein bildeten Knochen und Stoßzähne von Meeressäugern die bevorzugten Materialien für die Eskimokunst.*

Ganz unten: *Eskimo-Schnitzerei aus Walroßbein.*

kultur im Rahmen einer aufgeklärten Gesetzgebung zusammenwachsen konnten, die das Zusammenleben der einheimischen Arktisvölker und der späteren Siedler begünstigte. Ein harmonisches Zusammenspiel von Kulturen, die dem Besucher sofort ins Auge springt. Man kann gar nicht umhin, die Schlittenhunde der Eskimos und das zum Trocknen in der Sommersonne aufgehängte Fleisch vor dem Hintergrund der im skandinavischen Stil gebauten Häuser beeindrukkend zu finden.

Aber ist das grönländische Modell auf die anderen Arktisdörfer übertragbar? Oder wird es schließlich nicht doch so enden, daß die Völker des Hohen Nordens insgesamt gesehen, sowohl wirtschaftlich als auch kulturell, von den Län-

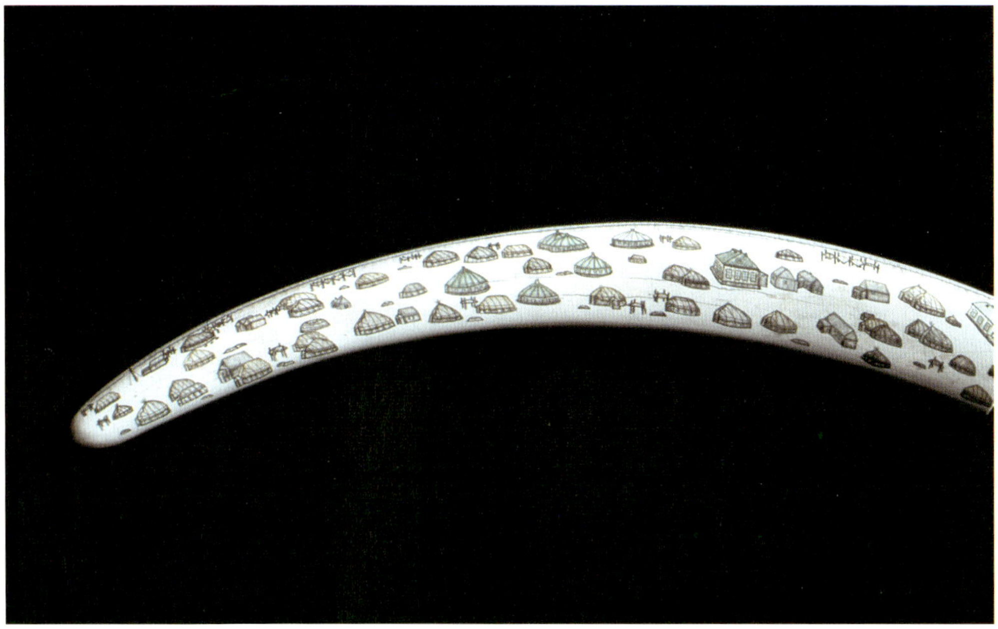

dern, die sie vereinnahmt haben, abhängig werden? Hier, vor den mächtigen Gletschern, sieht die Eskimokultur unzerstörbar aus. Aber es gibt wohl kein Eis, das der Vormarsch einer «internationalen Gesellschaft», in der alle gleich sind, nicht zum Schmelzen bringen könnte.

Die Angst vor dem Identitätsverlust angesichts der vorherrschenden, fremden Kultur hat eine Inuitfrau des Verbandes «Alaska Native Womens' Statewide» 1982 auf der Konferenz in Barrow in ihrem Vortrag prägnant beschrieben:

Was bedeutet es, Inuit zu sein? Sind wir Inuit, weil wir in diesem Land mit dem kalten Klima wohnen? Wenn das so wäre, warum bleibe ich dann trotzdem, auch wenn ich in milderen Klimagebieten arbeite, eine Inuit? Ich glaube nicht, daß wir nur Inuit sind, weil wir gerade hier leben.

Bin ich nur Inuit, weil ich die Speisen der Inuit esse? Angenommen, das würde stimmen, würde ich dann eine bessere Inuit, wenn ich mehr Inuitspeisen äße? Ich glaube nicht. Vor einigen Tagen habe ich einen Weißen gesehen, der bei den Erdölförderanlagen arbeitet, und der von den Eskimos getrocknetes Fleisch aß, aber kein Inuit war. Also werde ich auch nicht durch die Speisen zu einer Inuit. Ich möchte Sie bitten, sich nun selbst die Frage zu stellen: Was bedeutet es, Inuit zu sein? Wenn ich nicht Inuit bin, was bin ich dann eigentlich?»

Das ist die Frage, die das Bewußtsein eines ganzen Volkes beschäftigt.

Rechte Seite: *Auf einem Felsen über der Lena bei Jakutsk haben sich Felsenmalereien von Elchen erhalten, die ca. 3000 Jahre alt sind: ein Bulle, eine Elchkuh und dazwischen ein Kitz.*

DER MENSCH IN DER ARKTIS

«Am nördlichsten von allen Erdenbewohnern leben die Polar-Eskimos, deren geniale und einfache Jagdmethoden ihr rauhes und kahles Land in eine von den Weltoasen verwandelt haben, wo wirklich glückliche Menschen hausen.» Knud Rasmussen, der diese Zeilen schrieb, war berufen, so etwas bewundernd und verbindlich über die Menschen des arktischen Raumes zu sagen. Von der Herkunft war er Halbgrönländer, und durch Ausbildung und Erfahrung wurde er zu einem der bedeutendsten Entdecker und Forscher Grönlands. Geboren und aufgewachsen auf Grönland, hatte er die Lebensumstände der dortigen Eskimos aus eigener Anschauung kennengelernt. Diese harte Lebensschule hatte ihn befähigt, ungewöhnliche Strapazen zu überstehen. Zwischen 1912 und 1924 gelang ihm die Durchquerung der amerikanischen Arktis von seiner Hei-

Die Völker des arktischen und subarktischen Bereichs werden drei großen Kulturbereichen zugeordnet: Im asiatischen Raum leben neben Eskimos zahlreiche paläoasiatische Stämme, vor allem die Tschuktschen, Aleuten, Giljaken, Itelmen, Jukagiren und Jakuten. In den nordamerikanischen Polarregionen unterscheidet man u.a. die Bering-Eskimos von den Karibu-, Kupfer-, Labrador- und Nordalaska-Eskimos. In den subarktischen Gebieten und den anschließenden Waldbereichen leben die indianischen Völker der Algonkin und Athabasken. In Grönland gibt es Polar-Eskimos, Ost- und Westgrönländer. Bei den Lappen im Norden Skandinaviens findet man Schamanismus und Rentierhaltung wie bei den nordsibirischen Völkern.

1

2

4

5

3

6

7

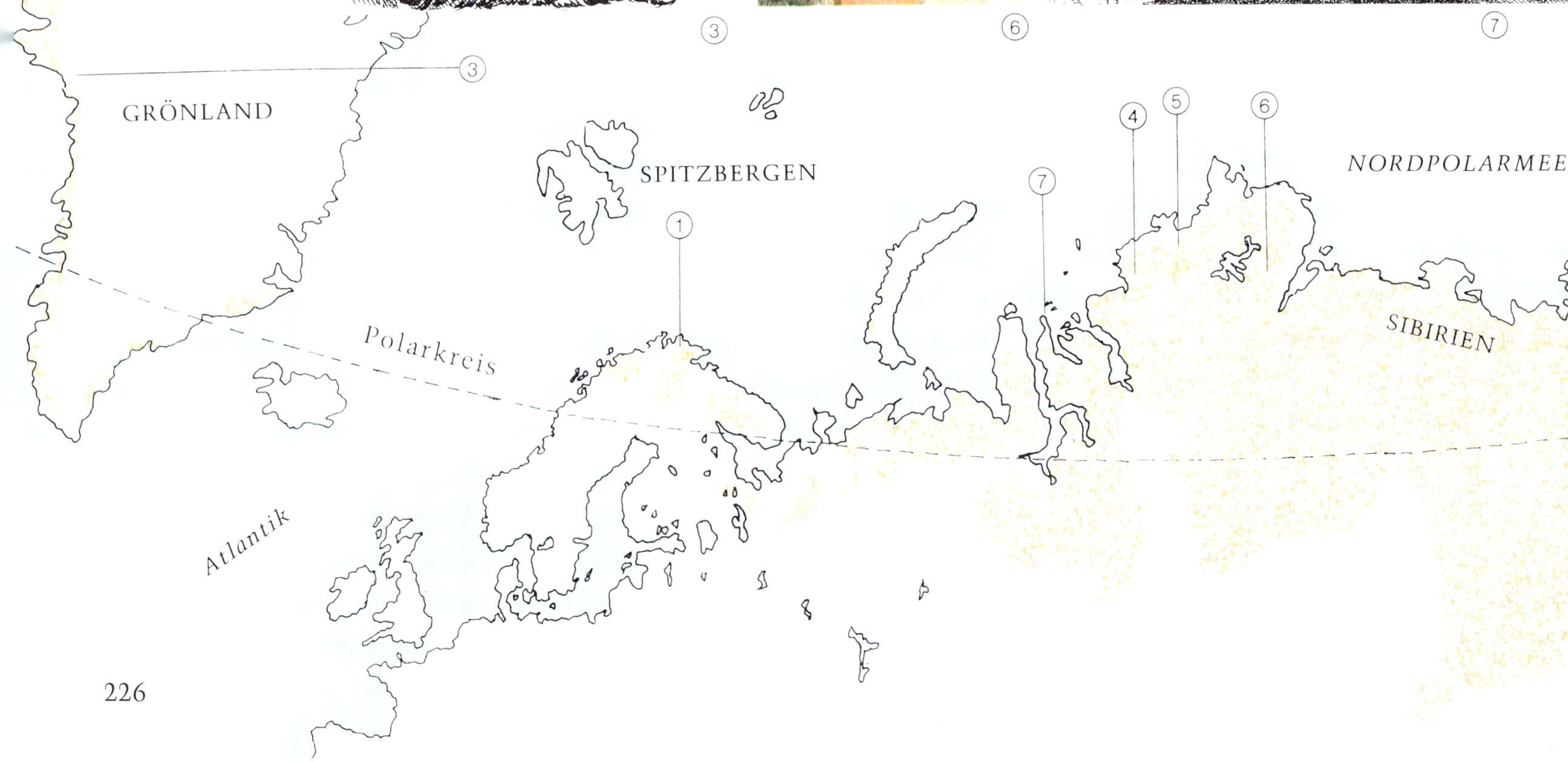

mat Grönland bis ins ferne Alaska. Er erforschte die Eskimokulturen und regte die Thule-Expeditionen der Jahre 1912 bis 1933 an. Die Besiedlungsgeschichte der Arktis konnten er und die älteren Polarforscher aber nur sehr unvollkommen rekonstruieren.

Die Frage, wann die arktischen Räume Nordamerikas von Menschen besiedelt wurden, steht in enger Beziehung mit dem Problem der früheren Präsenz des Menschen in der Neuen Welt überhaupt. Seit Ende der sechziger Jahre nehmen Urgeschichtler wie der Deutsche Hansjürgen Müller-Beck und der Schweizer Hans-Georg Bendi an, daß sich grundsätzlich drei verschiedene Phasen der Besiedlung unterscheiden lassen. Die Technik der Steinbearbeitung lasse nämlich an drei zeitlich aufeinanderfolgende Einwanderungswellen den-

1 Lappe mit seiner Rentierherde bei Utskjoki, im Norden von Finnisch-Lappland.

2 Eskimo-Holzschnitt, Grönland: Mutter mit Kind.

3 Grönland-Eskimo. Zeichnung von Fridtjof Nansen.

4 Nenze-Junge

5 Nenze-Rentierzüchter

6 Nganasanin aus Ust'-Arom

7 Hirsch-Schlitten der Samojeden. Stich 1706.

8 Fischer von den Aleuten. Zeichnung aus dem 19. Jahrhundert

9 Inuit-Mädchen

10 Tschuktschen-Junge aus Letkutsch

11 Alaska-Inuits

12 Iglus der Kanada-Inuits. Illustration von 1874

13 Inukjuak-Kunst, Kanada: Mutter und Kind. Speckstein und Walroßbein.

14 Inuit-Kinder von Nanisivik

9

12

8

11

13

14

10

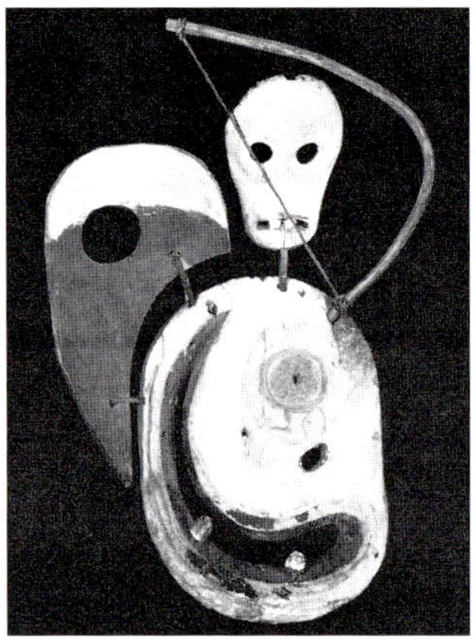

Rechts und ganz rechts: Eskimomaske eines Geistes, entstanden vor 1900 in Westalaska. Daneben: verzierte Trommel aus Lappland (Nordschweden), entstanden vor 1800, mit der Darstellung der «Drei Welten». Oben der Himmel, symbolisiert durch den Lauf der Sonne und Geistwesen mit ihrem Zelt, darunter die Herrin der Tiere und eine Jagdszene, unten die Unterwelt mit drei Gottheiten.

ken: eine erste vor 40000 – 35000 Jahren, eine zweite zwischen der Zeit vor 28000 und etwa 25000 Jahren und die dritte etwa 15000 – 12000 Jahre vor heute. Auch südamerikanische Funde bestärken die These über eine frühere Einwanderung aus der Alten Welt. Nach Ansicht der meisten amerikanischen Frühgeschichtler jedoch tauchten Menschen in Nordamerika vor 12000 Jahren zum erstenmal auf.

Im Nordosten Asiens leben Völkerstämme, die Leopold von Schrenck, der bedeutendste Völkerkundler und Sibirologe des 19. Jahrhunderts, unter der Bezeichnung Paläoasiaten zusammenfaßte. Die größten Stämme sind die Tschuktschen (Luorawetlanen) und die Korjaken (Namyllanen) im äußersten Nordosten. Auf der Insel Sachalin leben die Amur-Paläoasiaten (Niwchen oder Giljaken). Alle diese Völker, zu denen auch die Itelmen (Kamtschadalen), Jukagiren und Samojeden gezählt werden, weisen kulturell viele Ähnlichkeiten mit den Eskimos und den nordamerikanischen Indianern auf. Sprachlich allerdings sind in Sibirien die Unterschiede groß.

Von Alaska bis Nordgrönland aber, also praktisch in einer Hälfte des arktischen Raumes, wird die gleiche Sprache gesprochen. Auch das ist einmalig auf der Welt, wie so viele Sonderheiten der Arktis. Die linguistische Kontinuität, durch die sich Eskimos untereinander leicht verstehen, hat aber dennoch keine grundsätzlich andere kulturelle Entwicklung der Menschen in diesem Raum begründet. Anthropologische Unterschiede zwischen Eskimos und Paläoasiaten bestehen allerdings. Sibirien ist viel älteres Siedlungsland als Grönland und Nordamerika, und es ist mit einer gewaltigen Landmasse verbunden, die altsteinzeitliche Menschheitskulturen hervorbrachte.

Oben und rechte Seite: Schamanentrommel der Eskimos und tanzender Schamane mit Trommel (Kamtchatka). Die Trommel wurde während der Kultfeste so lange geschlagen, bis der Schamane in Trance fiel; dann konnte er als Mittler zwischen den Geistern und den Menschen dienen. Seine Tracht war verziert mit Gegenständen aus Knochen, Metall und Lederstreifen, die ihre speziellen Bedeutungen hatten.

Die Paläoasiaten sind von kleinem Wuchs (Männer zwischen 156 und 162 cm), haben schwarze, glatte Haare, eine helle Hautfarbe, vorspringende Nasen, mitunter auch Hakennasen wie die Indianer. Doch die Einheitlichkeit verliert sich, je weiter man durch Küstengebiete und Tundra nach Süden vorstößt. Bei den Samojeden treten schon deutlich mongolide Züge (flache Nase, Mongolenfalte) auf.

Jäger und Nomaden brauchen zum Überleben geschärfte Sinne: Nicht nur der Jagderfolg hängt vom Beachten akustischer Signale und feinster Spuren ab, sondern die eigene Existenz gründet auf der Sicherheit, sich orientieren zu können, selbst in der Polarnacht. Der meist gleiche Horizont im Sommer und Winter, das Ineinanderfließen von konturlosen weiten Schnee- und Eisflächen zwingt dazu, bestimmte lokale Phänomene zu erkennen und richtig zu interpretieren. Viele Expeditionen wären gescheitert ohne die Hilfe der Tschuktschen oder Eskimos. Jeder ihrer Führer war durch die Summe seiner Erfahrungen und das ständige Spähen nach oft kaum merklichen Anhaltspunkten den sich so wissend fühlenden Entdeckern mitsamt ihren Instrumenten überlegen.

«Auf küstenfestem Eis im Sommernebel reist er zwischen den Stimmen der Seevögel an den landwärts gelegenen Klippen und dem Geräusch der Brandung an der seewärts gelegenen Eiskante. Wenn er zu einer Fahrt über offenes Land aufbricht, vermerkt er den Winkel, mit dem der Wind einfällt, und überprüft seine Peilung regelmäßig durch einen Blick auf den Pelzrand seines Parkas und

dessen Ausrichtung in der Brise. Er bückt sich, um die Streichrichtung der ‹Sastrugi› (der Wulste von hartem Schnee, die sich nach dem vorherrschenden Wind bilden) zu ertasten, wenn er sie in Dunkelheit oder Schneetreiben nicht sehen kann. Er nimmt die Richtung von Rissen im Eis in sich auf, wenn er sie überquert. Meereisrisse können das Vorhandensein eines nicht sichtbaren Kaps oder Vorgebirges in der Ferne verraten oder die Ankunft in einer bekannten Gegend bestätigen, wo das System von Rissen Jahr für Jahr das gleiche ist» (Barry Lopez).

Im Zentrum des Kults aller arktischen Völker steht der Schamane, seltener eine Schamanin. Der Begriff stammt aus dem Tungusischen. Der Schamane vermag seine Seele auszusenden und mit Geistern sowie Verstorbenen Kontakt aufzunehmen. Die Geister können allerdings auch vom Körper des Schamanen Besitz ergreifen. Wichtigste Aufgabe des Schamanen sind die Abwendung böser Einflüsse, die Krankenheilung und die Gewährung von Jagdglück. Erfolgreiche Schamanen werden nach ihrem Ableben als höhere Wesen verehrt.

Oben: Schnitzerei der Bellacoola von der amerikanischen Nordwestküste. Bei vielen Polarvölkern und indianischen Völkern des Nordens waren in den Glaubensvorstellungen Mischwesen verbreitet: Ein Tier konnte Menschengestalt annehmen und umgekehrt.

Die Eskimos erhielten bereits in der ersten Hälfte des 19. Jahrhunderts eine Schrift. Der Herrenhuter Missionar Samuel Kleinschmidt entwickelte sie für die Grönland-Eskimos, wie auch etwa gleichzeitig der anglikanische Missionar Rev. Peck für die kanadischen Eskimos. Das Schreiben lernten die Eskimos schnell. Die Tschuktschen erhielten erst 1930 eine auf dem Kyrillischen beruhende Schreibschrift. Im gleichen Jahr wurde Juri Rytchëu geboren, der erste bekannte tschuktschische Schriftsteller. Als Sohn eines Jägers aufgewachsen, war er sensibilisiert für die traditionelle Lebensweise und eine ursprüngliche Umwelt, aber gleichzeitig modern erzogen. Sein Roman «Traum im Polarnebel» spiegelt die ungeheure Anziehungskraft eines Lebens im Einklang mit der Natur, die Bewunderung für ein bewährtes Verhalten seiner Vorfahren und den Respekt vor der Weisheit und den praktischen Erfahrungen der Schamanen. Rytchëu, Beauftragter der UNESCO für das Arktisprogramm, beschreibt die Rettung eines Kanadiers, der sich bei einem Unfall beide Hände schwer verletzte. Auf der Fahrt mit dem Hundeschlitten zu einem Arzt, der 30 Tagesreisen entfernt lebt, bricht bei dem Weißen der Wundbrand aus. Helfen kann allenfalls noch eine Schamanin der Tschuktschen, die über das magische Wissen verfügt, verbunden mit einer alten Heilkunst. Vom Fieber geschwächt, willigt der Kanadier in die Operation ein. Die alte Schamanin Kelena läßt den Kanadier John auf einen gründlich gewaschenen Lederteppich legen und befiehlt, einen jungen Hund zu schlachten. «Auf einem gebleichten Robbenfell breitete Kelena ihre Instrumente aus: scharfgeschliffene Messer, Nadeln und Knochen, fest gezwirnte Fäden aus Rentiersehne, Flicken aus Fell und lange Streifen gegerbten, sauberen, weichen Rentierleders.» Dem Kranken wird eine Tinktur eingeflößt. «Sorgfältig prüfte die Schamanin jetzt die geschliffenen Klingen, spie auf jede einzelne, verrieb den Speichel mit der Handfläche und schien zufrieden. Den Blick nach oben gerichtet, verharrte sie eine Zeitlang mit geschlossenen Augen, Beschwörungsformeln murmelnd. Es schien dem erstaunten Toko, als spreche sie in der Sprache der Weißen, wohl weil es ein weißer Mann war, den zu heilen sie sich anschickte.

Als Kelena ihre Vorbereitungen beendet hatte, löste sie behutsam Johns Verbände. Wo die Binden angetrocknet waren und sich schwer lösten, feuchtete sie die Schamanin mit frischem Hundeblut an. Fader Eiergeruch erfüllte den Schlafraum, als die geschwärzte Haut zum Vorschein kam. Der Atem der Umstehenden ging kurz und stoßweise. Was sich ihren Blicken bot, war kaum noch der Überrest menschlicher Hände. Fetzen von Pelzhandschuhen, zerschmetterte Fingerreihen, Hautfetzen und Knochen bildeten eine einzige Masse ... Nachdem die Schamanin die Hände mit Hundeblut bespült hatte, ergriff sie das Messer und operierte so gewandt und sicher, als hätte sie nicht Menschenhände, sondern Seehundflossen oder Rentierläufe unter den Händen. Rasch glitt die Klinge über die Gelenke und trennte, herabhängende große Hautfetzen zurücklassend, die Knochen ab. Nach beendeter Amputation warf sie die Knochenreste beiseite und griff zur Nadel, in die sie eine Rentiersehne fädelte. Eine glatte, hübsche Naht zog sich die fingerlose Hand entlang, an der kleine Blutstropfen den Weg der Nadel nachzeichneten.» Nach der Amputation der Finger wurden die Hautflächen mit weichen Streifen gegerbten Rentierfells verbunden. Darauf verließ die Schamanin das Zelt, stieg auf einen Fels, der aus dem Schnee ragte und verharrte regungslos. Schon bald formte sich im Sturm ein Trichter um die einem Götzenbild gleichende Gestalt. Beschwörungen flüsternd, verharrte die Alte auf dem Fels. Dann scharrte sie eine tiefe Grube in den Schnee, in die sie den Hundkadaver und die amputierten Finger des weißen Mannes legte. «Hände und Knochen ...» murmelte Kelena. «Nichts als Hände

Oben: Tanzender Schamane der Lappen mit Kopfaufsatz und Trommel. Stich (Detail) von Nicholas Witsen.

Links: Wer an der Zeremonie teilnimmt, ist beeindruckt und wendet sich den überirdischen Mächten zu.

und Knochen. Der weiße Mann kehrt in sein Land zurück. Vielleicht machen sie ihm neue Hände; die aber, die hier liegenbleiben, mögen unseren Leuten keinen Schaden bringen. Wir Menschen der Tundra leben anders als der, dessen Knochen hier bleiben. Sie werden im Schnee ruhen, bis die Sonne sie im Frühling ausgräbt und die klugen Raben mit ihnen tun, was sie zu tun haben ...»

In der Lebensauffassung unterscheiden sich die Kulturen der arktischen Völker des hohen Nordens und der südlichen Kontinentalküsten. Andere wirtschaftliche Grundlagen führen trotz aller Gemeinsamkeiten zu differenzierten Inhalten im Brauchtum. Tundrabewohner leben, wenn sie große Herden besitzen, verglichen mit jagenden Stämmen, in Sicherheit, fast im Wohlstand. Ihre Lebensbasis sind die in der Nähe der Wohnstätten weidenden Tiere. Die einzige Sorge ist, bei Schneesturm die sich zerstreuende Herde zusammenzuhalten und sie vor Wölfen zu schützen. Dieses Leben kann leichter organisiert werden, ist einfacher zu führen. Doch für den Jäger liegt darin keine Quelle des Glücks. Für die jagenden Tschuktschen beginnt ein glücklicher Tag damit, vor die Jaranga zu treten und «stets die gleiche, unveränderte Linie des Horizonts vor Augen zu haben». «Am schönsten», so erzählt Juri Rytchëu, «war eine Fahrt nach dem Schneesturm, wenn die müde, erschöpfte Natur auszuruhen schien und von Horizont zu Horizont nichts als das Gleiten der Kufen, das Gehechel der Schlittenhunde oder die Stimmen der Menschen zu hören waren, die sich erst verloren, wenn sie gegen die eisigen Felsen und die Schneewehen prallten.»

«Inuit», Menschen, lautet die Selbstbezeichnung der Eskimos Nordamerikas, und die Tschuktschen nennen sich «wirkliche Menschen», ihr Idiom «echte Sprache» und das Schuhwerk «echte Schuhe». Für die Eskimos klingt die Formel für Glück und Lebensfreude einfach. Rasmussen schrieb sie nach Befragen eines Eskimos auf: Glück ist «auf eine frische Eisbärenspur zu stoßen und allen anderen Schiffen voraus zu sein».

Oben: Der Schamane wird zwar geachtet, doch nimmt er im heutigen Alltag keine besondere Stellung mehr ein.

Rechts: Schamane der Korjaken (Sibirien), Beinschnitzerei von der Tschuktschen-Halbinsel. Obwohl bei den Eskimos und den Paläosibiriern die Schamanen, seltener Schamaninnen, im Kult eine bedeutende Rolle spielten, sind die Glaubensinhalte der einzelnen Völkerschaften recht unterschiedlich.

Oben: Ein reich geschmückter Schamane zu Beginn seiner Zeremonie.

DIE STIMME DER ARKTISCHEN VÖLKER

Nansen widmete den Eskimos ein noch heute überaus ansprechendes Buch («Eskimoleben», 1891), voller Mitgefühl und Verständnis für dieses erstaunliche Volk. Darin gibt er eine Sage wieder, die für die Liebe der Inuit zu ihrer Heimat, die wir als so unwirtliches Land begreifen, spricht: «Ein großer Seehundfänger von der Insel Alluk, an der Ostküste, liebte seine Heimat so sehr, daß er sie nicht einmal im Sommer verließ. Es war ihm ein besonderer Genuß, die Sonne morgens aus dem Meere aufsteigen zu sehen. Einmal gelang es seinem Sohne jedoch, ihn zu einer Reise nach dem Westen zu bereden. Als sie aber soweit gelangt waren, daß sie morgens die Sonne über dem Lande statt über der See aufsteigen sahen, befahl der Vater sofort, alles zur Heimreise zu rüsten. Als sie endlich wieder auf Aluk ankamen, schlugen sie ihr Zelt auf. Sobald der Tag graute, ging der Alte zum Strand. Anfangs hörten seine Angehörigen noch seine Stimme, dann wurde es plötzlich still, und als sie an den Strand eilten, sahen sie ihn in demselben Augenblicke, als die Sonne aus dem Meer emportauchte, zu Boden sinken. Er war tot. Die Freude hatte ihn getötet.»

Die Gesänge und Gedichte der Eskimos zeugen ebenfalls von reicher Vorstellungskraft und großer Verehrung für die als Götter personifizierten Naturgewalten. Die Inupiat-Eskimos Alaskas lebten vom Walfang. Die Frauen der Walfänger richteten Bittgesänge an Allingnuk, den «Bewohner des Mondes», damit er ihren Männern zu einer erfolgreichen Jagd verhelfe:

«O Allingnuk, Bewohner des Mondes, Allingnuk,
großer und freigebiger Spender von Walen –
ich, Nikuwanna, dessen Frau von Killikvuk ich bin,
ein junger und hoffnungsvoller neuer Walfänger von Tikiqaq,
erflehe von dir dein lebenspendendes Geschenk.
So leicht wie diese Federn möge mein Geist sich erheben
und auffliegen. Dieses Gefäß halte ich hoch empor
und nahe mich dir, damit du ein oder zwei Wal-Amulette
hineinfallen lassen mögest, in das klare Wasser des Teiches.
Gewähre dies, o großer Allingnuk,
damit ein jeder in Tikiqaq tanzen und sich laben möge
zu Deiner Ehre am Ende der großen Walfang-Jahreszeit –
O Allingnuk, Bewohner des Mondes, Allingnuk,
großer und freigebiger Spender von Walen –
ich, Nikuwanna, dessen Frau von Killikvuk ich bin,
ein junger und hoffnungsvoller neuer Walfänger von Tikiqaq,
erflehe von dir dein lebensspendendes Geschenk.»

Die Yupiks am Unterlauf des Yukon, wandernde Jäger, ziehen mit ihren Schiffen über Land und mit Booten den Yukon hinunter. Sie singen:

«Wir werden ein Lied singen
Und den Fluß hinunterfahren.
Die Wellen werden steigen und wieder fallen.
Die Hunde werden uns anknurren.»

In der Lyrik der Athapasken (auch Dene genannt), die um den gleichnamigen See und den Peace-River in Kanada siedeln, ursprünglich aber in Alaska lebten, spiegeln sich alte indianische und moderne Vorstellungen:

«Breite deine Schwingen aus, deine Adlerschwingen,
die Schwingen deiner Erkenntnis.
Fliege, wo die Luft klar ist, und nimm deine Selbsttäuschung wahr.

Für dich gibt es keine Grenzen, begreife,
die Zeit ist gekommen, hinwegzufliegen
über die Niederungen von Elend und Not und den Sumpf der Lüge.

Die Trommel und die Beschwörungen des Schamanen klingen monoton. Erst in Trance steigert er sich bis zu einem Höhepunkt mit Schreien und heftigen Bewegungen. Am Ende der Zeremonie fällt er regelrecht in sich zusammen.

Schwinge dich hoch empor, mein Bruder,
gleite leicht dahin und lächle
oben in höchster Höhe.
Stolz wohnt in klarer Luft;
Selbstmitleid macht dich schwach.

Ordne deine Schwingen und durchschaue den Haß,
erkenne die Selbsttäuschung,
die dich zu Boden drückt, breite deine Schwingen aus!
Die Schwingen deiner Erkenntnis.»

Die Zukunft der Arktis

Als Sir John Franklin im Jahr 1819 die Anker lichtete, suchte er eine Route durch die Arktis, die ihn zu den Schätzen Asiens führen sollte. Auf der Seitenwand eines Eisbrechers entdecke ich Franklins Namen wieder. Das Schiff, dem die «John Franklin» den Weg durch das Eis bahnt, ist mit Schätzen beladen, an die Franklin damals noch nicht dachte. Es ist ein Erdöltanker, der eine Ladung des kostbaren Schwarzen Goldes in die rohstoffarmen Länder transportiert.

Über dem zersplitternden Eis und dem Brummen der Motoren, das Rudel von Meeressäugetieren verscheucht, schwebt allgegenwärtig die Gefahr, daß sich wieder ein Unfall wie mit der «Exxon Valdez» in Alaska ereignen könnte; 40 Millionen Liter Erdöl flossen dabei in den Prince William Sound, einen Zufluchtsort vieler Meerestiere.

So sehen die Spuren aus, die die Industriestaaten hier hinterlassen und auch in Zukunft hinterlassen werden, denn ihr Auftritt in der Arktis ist keineswegs nur vorübergehend. Der Eisbrecher ist nur die vorderste Spitze eines Heeres von Eindringlingen, schillerndes Symbol für die Ausbeutung der arktischen Schätze. Mit Hilfe der Spitzentechnologie werden heute Schiffe konstruiert, die mit dem Problempunkt Eisdecke bald spielend fertig werden, während der gefrorene Ozean noch bis vor wenigen Jahren ein undurchdringliches Hindernis darstellte. Das bedeutet, daß dann jeder Punkt zu jeder Jahreszeit leichter erreichbar ist.

Obwohl die Arktis ursprünglich das Territorium der Eskimos ist, treffen nicht sie die Entscheidungen über diese Region. Die ersten Bewohner des Nordpolargebietes können bis heute auf die Zukunft von Land und Eis nur wenig Einfluß nehmen. In der Arktis wehen die Flaggen Kanadas, Dänemarks, Finnlands, Islands, Norwegens, Schwedens, Rußlands und der Vereinigten Staaten, und es sind die Regierungen dieser Staaten, die über das Schicksal des Nordpolargebiets entscheiden. Und ihre Absichten haben nur wenig gemein mit den romantischen Vorstellungen der Seefahrer vergangener Jahrhunderte, die die Aussicht auf großem Ruhm und schnellen Reichtum sowie die Herausforderung von Gefahren und riskanten Abenteuern hierher getrieben hatte.

Seehunde, Walrosse und Narwale waren damals in großer Zahl vorhanden und mußten nur noch gefangen werden. Allein 1853 wurden 2682 Wale getötet, und aus einem einzigen Tier konnten 26 Tonnen Öl gewonnen werden; Walöl diente im 19. Jahrhundert in England zur Straßenbeleuchtung. Insgesamt wurden über zwanzigtausend Wale erlegt.

Heute ist es der steigende Erdölbedarf, der die «Menschen aus dem Süden» wieder in die Arktis lockt und sie zum Bleiben veranlaßt. Denn durch die Ausbeutung der Erdölvorräte können in der Arktis immense Geschäfte gemacht werden. Die Erdölvorkommen Alaskas machen gegenwärtig ein Viertel der Erdölproduktion der USA aus, auf die sechzig Prozent des weltweiten Erdölbedarfs fallen.

Seit das Schwarze Gold 1968 in Prudhoe Bay in Alaska entdeckt wurde, hat die Region eine beispiellose Entwicklung durchlaufen.

Da die amerikanische Regierung sich wegen der zunehmenden Abhängigkeit von Energie aus dem Nahen Osten und wegen der unsicheren Beziehungen zur damaligen Sowjetunion Sorgen machte, genehmigte sie den Bau der größten Erdölförderanlage Nordamerikas. Innerhalb von acht Jahren entstand in der Tundra ein Straßennetz von mehreren hundert Kilometern. Nachdem die notwendige Infrastruktur geschaffen war, begann man mit der Ölförderung: 13 Millionen Barrel pro Jahr. Eine unermeßlich große, aber keineswegs unerschöpfliche Quel-

Rechte Seite: *Heute hat die Suche nach Erdöl erneut Menschen aus den Industrienationen angelockt. Da die Arktis lukrative Geschäfte verspricht, ist die Ausbeutung von Erdöl- und Erzvorkommen kein Thema für Verhandlungen. Die Reserven Alaskas liefern ein Viertel des Gesamtbedarfs der Vereinigten Staaten, die über sechzig Prozent des Erdöls auf der Welt verbrauchen.*

le. Schon jetzt weiß man, daß die Produktion bis zum Jahr 2000 um zwei Drittel zurückgehen wird. Gezwungenermaßen sucht man deshalb inzwischen auch nach anderen Lösungen. Da der Boden der Arktis reich an Rohstoffen ist, werden die Forschungsprojekte nicht vergebens sein. Welchen Preis die Umwelt dafür zahlen muß, ist allerdings eine andere Frage.

Die Arktis birgt immense Reichtümer, aber schon jetzt ist klar, daß ihre Nutzung mit Gefahren für die Umwelt verbunden sein wird. Tausende von Vögeln

Ganz oben: *Bohrgebiet an der Nordküste Alaskas. Seit 1968 hier in Prudhoe Bay Erdöl entdeckt wurde, hat sich die Region in rasantem Tempo verändert.*

Oben: *Im Winter wird bei Temperaturen von bis zu sechzig Grad unter Null gearbeitet.*

Rechts: *Permanente Erdöltransporter rollen durch die empfindliche Tundralandschaft.*

und Säugetieren werden dem steigenden Energiebedarf zum Opfer fallen, der uns dazu antreibt, die Arktis noch weiter auszubeuten.

Der weltweite Benzinverbrauch der Kraftfahrzeuge liegt heute mit 650 Milliarden Litern pro Jahr fünfmal höher als 1950. Etwa neun Milliarden Tonnen Erdöl fließen jedes Jahr in die Energieversorgung der Industrie und der Städte. Bis zum Jahr 2020 wird diese Zahl auf 13 Milliarden steigen. Daß der Energieverbrauch anwächst, ist allerdings nichts Neues. Reichten früher noch einfache Wasserräder zur Deckung des Bedarfs aus, so wurde mit der Zeit der Bau leistungsfähiger Wasserkraftwerke unerläßlich, und man grub immer tiefere Schächte in das Erdinnere, um noch mehr Kohle und andere Mineralien abzubauen.

Heute hängt die Zukunft der Arktis unter anderem davon ab, wie schnell es uns gelingen wird, neue, saubere Energiequellen zu finden. Für die Länder mit begrenztem Verbrauch könnte die Nutzung von Sonnenenergie eine Lösung sein, und die kontrollierte Kernfusion kann vielleicht irgendwann bis zu dreißig Prozent des zukünftigen Energiebedarfs der Industriestaaten decken. Aber bis man so weit ist, wird das Erdöl die wertvollste Energiequelle bleiben.

Früher beutete man die Erdölvorkommen bedenkenlos aus, ohne dabei an langfristige Umweltfolgen zu denken. Jahrzehntelange Erfahrungen und eine angemessene Gesetzgebung führen jedoch heute allmählich zu greifbaren Resultaten.

Oben: *In der Nähe der amerikanischen Basis Søndre Strømfjord in Grönland befindet sich ein Schutzgebiet für Moschusochsen.*

Ganz oben: *Innerhalb von acht Jahren wurde in der Tundra ein Straßennetz von mehreren hundert Kilometern angelegt. Seit dem Ausbau der Infrastruktur fließen täglich 1,5 Millionen Barrel Öl durch die Transalaska-Pipeline.*

Ganz oben: *Zinkbergwerk in Kanada (bei Nanisivik). Die Erzader liegt hier über dem Strand auf etwa 300 m ü. M. Sie ist ca. 100 – 150 m breit, 20 m hoch und ca. 3 km lang. Die Förderung erfolgt nach der «room and pillar»-Methode: Zuerst treibt man einen Tunnel in die Erzader, dann wird ein Hohlraum immer größer ausgebaut.*

Oben: *Entlang der Erzader wird der Stollen immer weiter vorangetrieben. Bei Licht glänzt der Erzstreifen an Decke und Wänden. Hier werden die modernsten Maschinen eingesetzt.*

Wenn jedoch nicht bald neue Energiequellen gefunden werden, wird die Zahl der Produktionsstätten in der Arktis in den nächsten Jahrzehnten rapide ansteigen, und das Bild eines der letzten noch weitgehend unberührten Gebiete der Erde mit seinem hochempfindlichen Ökosystem wird sich für immer verändern.

Auch wenn in den letzten zehn Jahren viele wissenschaftliche Daten gesammelt worden sind, ist über diesen Teil der Welt und die Gewohnheiten seiner Tierpopulationen immer noch wenig bekannt. Aber schon diese geringen Kenntnisse weisen darauf hin, wie leicht das natürliche Gleichgewicht der Arktis durch Einwirkungen von außen ins Wanken gebracht werden kann. Die Wissenschaftler, die im Nordpolargebiet arbeiten, wollen über Verhaltensweisen, Ernährungsgewohnheiten und Wanderrouten der Säugetiere so viele Informationen wie möglich zusammentragen, um langfristige Zukunftsmodelle entwikkeln zu können.

Ein im wahrsten Sinne des Wortes beeindruckendes Beispiel für solche Untersuchungen ist der Grönlandwal. Wenn die Tiere im Frühling vom Süden der Beringstraße bis in die Beaufortsee in der kanadischen Arktis ziehen, führt ihre Route vor der äußersten Spitze Alaskas nahe an einer Erdölbohrinsel vorbei. Von dieser Erdölforschungsstation wird ein Dauerton im Niederfrequenzbereich ausgesandt. Wäre das Geräusch für die Grönlandwale unerträglich, könnten sie sich der Belastung nur durch die Wahl einer anderen Route entziehen, das heißt, sie würden ihr jahrtausendealtes Wanderungsverhalten ändern, das sie in ihre Nahrungsgebiete führt.

Die mit der Beobachtung des Phänomens beauftragten Wissenschaftler haben bisher jedoch keine Störungen festgestellt. Unbehelligt von der Bohrinsel folgen die Wale weiterhin ihrem üblichen Kurs. Ob das allerdings auch so bleibt, wenn noch mehr Förderstationen installiert werden, können die Forscher nicht beschwören.

Von den Kohleflözen auf Ellesmere-Land zu den Eisen- und Zinnreserven im nördlichen Baffinland zieht sich im arktischen Norden Kanadas ein Gebiet mit ungeheuren Rohstoffvorkommen. Neue Siedlungen für Ingenieure und Minenarbeiter werden angelegt. Sie bestehen nur so lange, wie sich die Ausbeutung der Vorkommen lohnt.

Nicht nur die Menschen aus dem Süden, sondern auch die Wale haben lebenswichtige Bedürfnisse. Paradoxerweise sind es gerade die Walfänger, die Inuit, die die Bedürfnisse der Tiere verteidigen. Daß es sich um ein sehr vielschichtiges Problem handelt, zeigt die Aussage des Biologen Gun Monteques vom amerikanischen Minerals Management Service: «Auf ihrer Wanderung passieren die Wale Gebiete, zum Beispiel in der Beaufortsee und im Chukchisee, wo mit großer Wahrscheinlichkeit Erdöl vorhanden ist. In diesem Gebiet gehen auch die Eskimos auf Walfang, der für sie lebenswichtig und von großer kultureller Bedeutung ist. Folglich entsteht ein Konflikt zwischen der Notwendigkeit, einerseits die Wale zu schützen, das heißt den Walfang als kulturelles Gut zu erhalten, und andererseits ein kontrolliertes Maß an Erdölproduktion zu garantieren.»

Unten: *In einer russischen Nickelhütte. In gewaltigen Drehtrommeln wird das Nickelerz, das oft mit Kupfererz vermischt ist, ausgesondert.*

«Alles unter Kontrolle halten», so müßte die Parole lauten. Allerdings ist es ein schwieriges Unterfangen, die Entwicklungen der Zukunft vorauszusehen. Am Eingang der Nordwestpassage beginnt die Sommerroute der Schiffe durch den Lancaster Sound. Sie verfolgen den gleichen Kurs wie drei Viertel der Narwalpopulation und eine beträchtliche Anzahl Belugas. Deshalb untersuchen die Forscher, ob der Lärm der Erdöltanker das hochempfindliche Gehör der Wale schädigt. Bisher sind bei den Tieren noch keine Verhaltensweisen festgestellt worden, die Anlaß zur Besorgnis geben könnten. Allerdings muß man hier hinzufügen, daß bisher auch nur wenige Schiffe im Sommer durch diese Meeresenge fahren. Man plant jedoch, den Schiffsverkehr in Zukunft ganzjährig auf dieser Route zu führen. Und wiederum können die Wissenschaftler nicht garantieren, daß dabei das, was bis heute vermieden wurde, nicht in Zukunft geschieht.

Glücklicherweise sind nicht alle Umweltsünden irreparabel. Manche Fehler lassen sich beheben. Ein Beispiel sind die Ereignisse in Prudhoe Bay. Eine 1600 km lange Ölleitung windet sich von dort durch ein Naturreservat in Richtung Süden bis zum Erdölhafen von Valdez an der Südküste Alaskas. Obwohl vor dem Bau zahlreiche Untersuchungen über mögliche Umwelteinwirkungen durchgeführt wurden, konnte niemand exakt voraussagen, wie sich dieses Unternehmen im einzelnen auf die Fauna auswirken würde. Betroffen waren dann letztlich die Karibus, denen die Ölleitung ihre Wanderrouten versperrte, und die

Rechts: *Sowohl in Alaska als auch in Kanada und Rußland werden zur Versorgung der hier lebenden Menschen große Treibhäuser angelegt. Meist wird Gemüse gezogen. Energie (Erdgas und Erdöl) ist hier billig.*

Rechte Seite: *In einer sibirischen Kupferschmelze wird das glühende Metall nach dem Ausscheiden von Eisen und Schwefel in gewaltige Blöcke gegossen.*

Moschusochsen, die vor zwei Millionen Jahren aus Sibirien über eine Landbrükke hierher kamen. Dieses «ökologische Trauma» konnte behoben werden, indem die Rohrsysteme in den entscheidenden Gebieten in den Boden abgesenkt oder auf Stelzen gelegt wurden, damit die Herden ihre üblichen Wanderrouten wieder aufnehmen konnten. Die Folge: Zwischen 1972 und heute stieg die Zahl der Karibus von 3000 auf 15000 an. Zweifellos war das eine positive Entwicklung.

Aber wenn die Industrieansiedlung in der Arktis weiterhin forciert wird, werden wir wahrscheinlich in Zukunft nicht mehr so viel Glück haben. Die Folgen der modernen Zivilisation werden immer deutlicher und machen vor nichts und niemandem halt.

Die Arktis ist sozusagen ein Auffangbecken, in das ein Großteil der umweltschädlichen Gifte der Welt eingeleitet wird. Industrieabfälle, Pestizide, Kohlenstoffverbindungen aus Kraftfahrzeugabgasen und andere chemische Schadstoffe

unseres überbevölkerten Planeten stellen für die Arktis eine bedrohliche Belastung dar. Durch den sogenannten «Treibeffekt» werden chemische Verbindungen von den vorherrschenden Luftströmungen noch weiter in Richtung Norden geweht, wobei sie allmählich kondensieren, bis sie schließlich von der Nahrungskette der Arktis vollständig absorbiert sind. Aber mit welchen Auswirkungen?

Bei dieser Frage sollte man sich nicht mit einer ungefähren Antwort zufriedengeben, sondern die Nahrungskette auf allen Ebenen exakt untersuchen. Der kanadische Biologe Mark Graham erklärt mir dazu: «Wir wissen bereits seit geraumer Zeit, daß Schadstoffe in die Nahrungskette der Arktis eingedrungen sind und sich vor allem in den oberen Bereichen der Kette konzentrieren, wo man sie durch Kontrollmessungen an Meeressäugetieren und Menschen leicht ermitteln könnte. Aber auch die untersten Ebenen müssen verstärkt untersucht werden, damit wir die Auswirkungen der schädlichen Substanzen auf die einzelnen Bestandteile der Nahrungskette feststellen können.»

Sorgen bereitet den Wissenschaftlern auch die Tatsache, daß die Gifte zuerst in relativ niedrigen Konzentrationen auftreten, die sich dann aber in den oberen Bereichen der Nahrungskette potenzieren. Die toxischen Substanzen werden nämlich zunächst von Einzellern aufgenommen und dann über Fische und Seehunde an die Eisbären weitergegeben, die sich von diesen Tieren ernähren. Bei Eisbären liegt die Schadstoffkonzentration, wie sich bei Messungen herausstellte, drei Milliarden mal höher als auf der unteren Ebene. Ein fundamental wichtiges Zwischenglied in der Meeresnahrungskette ist der Arktisdorsch, von dem sich alle Seehund- und Walarten ernähren. Da Dorsche mikroskopisch kleine Planktonorganismen fressen, liefern sie den Säugetieren, die sonst ihren Energiebedarf durch enorm hohe Planktonmengen decken müßten, energiereiche Nahrung in konzentrierter Form. Allerdings kann sich diese in einigen Fällen auch als hochgiftig erweisen.

Die Säugetiere, die das ganze Jahr in der Arktis verbringen, haben für die dunklen und eisigen Monate hervorragende Anpassungsmechanismen entwik-

Oben: *Wo die 4000 km lange Lena von Süden ins Arktische Meer mündet, wurde um 1934 die Stadt Tiksi gegründet. Heute leben hier 12000 Einwohner. Tiksi ist ein wichtiger Hafen und das Versorgungszentrum der russischen Eismeer-Route.*

Linke Seite, oben: *Um die Fahrrinne zu bahnen, müssen die Eisbrecher mit voller Kraft fahren, aber auch die folgenden Schiffe müssen speziell verstärkte Bugwände und Schiffsrümpfe aufweisen.*

Linke Seite, unten: *Der kanadische Eisbrecher «Arctic» wird über ein Förderband mit hochwertigem Zink zur Weiterverarbeitung in Europa beladen.*

kelt. Auf die Frage, ob ihr Organismus auch die Fähigkeit zum Abbau der von Menschen produzierten Gifte besitzt, kann man jedoch nur mit einem großen, beunruhigenden Fragezeichen antworten.

Die gleiche Frage betrifft auch den Menschen und seine Überlebensfähigkeit. Ich habe das Glück, in Alaska an einer Versammlung der Inuitgemeinde teilzunehmen, auf der Zukunftsprobleme besprochen werden. Was dort gesagt wird, zeigt, wie unsicher die Eskimos im Hinblick auf ihre Zukunftsgestaltung sind.

Die Folgen des schnellen Wandels manifestieren sich auf unterschiedliche Weise: Barrow, eine Kleinstadt Alaskas mit viertausend Einwohnern, hat sich um das Erdöl herum entwickelt. Heute ist Barrow ein modernes Zentrum, das für die anderen arktischen Städtchen Modellcharakter haben könnte. Eine Milliarde Dollar aus den Gewinnen des Erdölgeschäfts wurde in den Bau öffentlicher Gebäude investiert: Heute gibt es hier unter anderem eine weiterführende Schule mit Basketballfeld, überdachten Leichtathletikbahnen und Schwimmbecken. Scheinbar führen die Jugendlichen in Barrow ein ähnliches Leben wie ihre Altersgenossen in Los Angeles.

Im Jahre 1989 ereignete sich die bislang schlimmste Umweltkatastrophe im arktischen Raum: Der Erdöltanker «Exxon Valdez» lief auf ein Riff vor Alaska und brach auseinander. 38 Millionen Liter Erdöl seiner Fracht liefen ins Meer und wurden an die Küsten geschwemmt. Tausende von arktischen Vögeln und Säugern verendeten qualvoll. Noch 4 Jahre nach der Katastrophe konnten die Küsten nicht gänzlich vom Ölschlamm gereinigt werden.

Aber der Schein trügt, denn sie leben auf dem siebzigsten Grad nördlicher Breite in einer der abgelegensten Städte der Erde – eine Generation zwischen zwei Welten.

In den Klassenräumen lebt die Inuitsprache weiter, die reich an Worten zur Beschreibung des Landes und der Jagd ist.

Rechts: *Die Schneeziegen leben im Hochgebirge im Norden Kanadas und Alaskas. Sie trotzen dort auch dem grimmigsten Winter.*

Unten: *Das Arktische Erdhörnchen frißt sich im kurzen Polarsommer einen mächtigen Fettwanst an, um den 7 bis 8 Monate dauernden Winterschlaf zu überstehen.*

Oben, rechts: *Ein sibirischer Wolf in der Tundra, von einem Hubschrauber aus aufgenommen.*

Rechts: *Ein Elch im Übergangsgebiet von Taiga und Tundra, von Arktis und Subarktis.*

Die neuen Interessen können diese Gemeinde, die früher einmal Arbeit, Essen und Verantwortung teilte, heute in zwei Lager spalten: die Inuit, die vom Erdöl leben, und die, die sich von der Jagd ernähren. Bei den Gemeindeversammlungen wird darüber diskutiert, wie die durch das Erdöl entstandenen Verzerrungen wieder ausgeglichen werden können.

Zwar haben alle Einwohner ein Anrecht auf Beteiligung an den Erdölerlösen, und die neuen Entwicklungen bringen eine bessere Ausbildung der Kinder sowie Arbeitsplätze für die Erwachsenen mit sich, aber dennoch will keiner das kulturelle Erbe dem reichen industriellen Gewinn opfern. Hier zeigt sich ein typisches Dilemma einer modernen Gesellschaft. Wie es gelöst werden soll, ist noch unklar.

Dort, wo das Leben der Inuit noch nicht so direkt vom Erdöl bestimmt wird, manifestiert sich die Zukunftsproblematik zwar anders, aber deshalb nicht weniger beunruhigend.

Oben: *Seit 1971 ist im Gebiet von Prudhoe Bay der Karibubestand von 3000 auf 15 000 Tiere wieder angewachsen.*

Folgende Doppelseite: *Am Mittellauf des großen sibirischen Flusses Lena leben die Jakuten, die von südsibirischen Turkvölkern abstammen. Die Jakuten haben sich dem Leben im subarktischen Raum angepaßt. Sie brachten auch ihre Pferde in den Norden mit; die Abkömmlinge von Wildpferden (Przewalskipferd) sind mit dichtem Fell versehen und überstehen die harten Anforderungen der sibirischen Kälte.*

Die Transalaska-Pipeline führt, ohne Rücksicht auf die Wanderrouten der Tiere, durch unberührte Regionen über etwa 1300 Kilometer von Prudhoe Bay im Norden Alaskas bis zum Hafen von Valdez an der Südküste. Obwohl vor dem Pipelinebau zahlreiche Untersuchungen über eventuelle Umweltfolgen durchgeführt wurden, konnte niemand mit Sicherheit die Auswirkungen auf die Tierwelt voraussagen.

Die Pipeline blockierte die Wanderroute der Karibus und setzte so in diesem Gebiet den Fortbestand einer gesamten Population aufs Spiel.
Als man schließlich den Schaden bemerkte, wurden die Rohrleitungen in den Kerngebieten in den Boden verlegt bzw. höher gelegt, damit die Herden ihre normalen Wanderrouten wieder aufnehmen konnten.

Bei den kanadischen Eskimos liefert die Jagd noch einen Großteil der Nahrung. Narwale, Karibus und Seehunde sorgen für eine fettreiche Ernährung, die für die Bewohner solch rauher Klimazonen außerordentlich wichtig ist. Aber genau diese Art der Ernährung ruft jetzt bei den Bewohnern von Arctic Bay und anderen Orten, wo ich mich informiere, große Besorgnis hervor. Die in der Muttermilch von Eisbärinnen nachgewiesenen Gifte sind auch beim Menschen in alarmierendem Maße aufgetreten. Wie sich bei einer 1989 durchgeführten Untersuchung herausstellte, ist die Giftkonzentration in der Muttermilch einer Eskimofrau fünfmal so hoch wie bei Frauen aus den Industrieländern. Bei keinem anderen Volk auf der Erde wurden solche Werte gemessen – ein trauriger Rekord.

Buster Welch, einer der bekanntesten kanadischen Wissenschaftler, sagt: «Wir müssen einfach einsehen, daß das Ökosystem der Arktis zwar noch unversehrt aussieht; hier leben ja auch nur extrem wenige Menschen, was manchmal sogar so weit geht, daß Nachbarn vierhundert Kilometer voneinander entfernt wohnen. Aber die Arktis wird von Milliarden Menschen aus den gemäßigten und tropischen Klimazonen belastet. Deshalb ist es unerläßlich, sowohl an die Arktisbevölkerung zu denken als auch an diejenigen, die eines der letzten unberührten Systeme der Welt verschmutzen.»

Wir stoßen noch auf eine andere Gefahr mit weltweiter Dimension: Die Kinder, die in der Arktis geboren werden, sind mit Giften belastet, die vor vielen Jahren im Süden produziert wurden und sich mittlerweile in der Nahrungskette eingenistet haben. Da sich unsere Energieproduktion inzwischen verdoppelt hat, müssen wir uns fragen, welche Schadstoffe wir auch heute noch trotz strengerer Vorschriften täglich in die Arktis schicken.

Um dieses Problem zu lösen, muß die Erhaltung bekannter Rohstoffquellen mit der Entwicklung sicherer Alternativen gekoppelt werden. Die Arktis selbst kann uns bei der Suche helfen, denn die eindrucksvoll am nordischen Himmel flackernden Polarlichter beweisen, daß die Millionen von Kilometern entfernte Sonne Energie ausstrahlt.

Es ist jedoch wichtig, daß wir uns schnell mit alternativen Energien befassen, denn die Zeit drängt. Wenn keine neuen Energieformen gefunden werden, bevor die heutigen Ressourcen erschöpft sind, kommen wir um den Abbau der arktischen Rohstoffe nicht mehr herum. Neue Gebiete, in denen gebohrt werden könnte, hat man bereits in wissenschaftlichen Studien ermittelt.

Man vermutet, daß der äußerste Nordosten Alaskas über große Ölvorkommen verfügt. Die Erdölindustrie wünscht sich natürlich, daß diese Gebiete für die Produktion freigegeben werden. Was die Erschließung neuer Rohstoffquellen angeht, liegt hier das vielversprechendste Gebiet der USA.

Auch Kanada muß versuchen, einen Ausweg aus dem Dilemma zu finden. Im Osten, am Eingang zur Nordwestpassage, bieten sich neue Möglichkeiten der Rohstoffnutzung. Gleichzeitig befindet sich hier aber auch einer der wichtigsten Lebensräume für die arktische Fauna. 43 Vogelarten, drei Viertel der gesamten Narwal- und Belugapopulation sowie eine riesige Anzahl von Seehunden, Walrossen und Eisbären sind hier vertreten. Momentan hat die kanadische Regierung den Abbau dieser Rohstoffvorkommen unterbrochen.

Solange es noch andere Reserven gibt, besteht keine Notwendigkeit, auf die Bodenschätze der Arktis zurückzugreifen. Falls aber wirklich noch weitere Industrieanlagen am Lancastersound entstehen sollten, wird sich das Bild dort drastisch ändern. Die vielen Buchten, in denen Meeressäugetiere Zuflucht suchen, würden für den Menschen des Jahres 2000 zum neuen Lebensraum, mit Öl- und Erdgasförderanlagen, Straßennetz, Landeflächen für Flugzeuge, Termi-

Ein junger Tschuktsche im Zelt.

nals für Tanker, Öl- und Gasleitungen, Navigationsrinnen, Bergbaugebieten und der zugehörigen Infrastruktur.

Die Arktis ist keine abgeschiedene Oase. Hier entsteht ein großer Teil unserer meteorologischen Bedingungen, und hierher kehren auch viele unserer Gifte zurück.

Die Zukunft der Arktis ist auch unsere Zukunft, denn die drastischen Umweltveränderungen, die sich dort abspielen, werden sich auch auf die gemäßigten Klimazonen auswirken.

Die Menschen wollten immer voraussehen, was sie erwartet. Was die Arktis betrifft, so wird deren Zukunft auch weiterhin das Spiegelbild unseres heutigen Handelns bleiben.

BODEN-SCHÄTZE UNTER SCHNEE UND EIS

Der arktische Raum ist reich an Bodenschätzen. Nach dem Gesetz der Wahrscheinlichkeit erstaunt es nicht, daß auf der gewaltigen Fläche reiche Vorkommen von Metallen wie Eisen, Kupfer, Nickel, Kobalt und Blei, wertvolle Rohstoffe wie Jod, Phosphor und sogar Diamanten nachgewiesen und abgebaut wurden. Erstaunlicher ist schon, daß neben Erdgas auch Kohle und Erdöl gefördert werden, die durch die Umwandlung gewaltiger Mengen organischer Bestandteile, also Überreste pflanzlicher und tierischer Herkunft, entstanden sind. Bereits seit über 90 Jahren – das ist für die Wirtschaftsgeschichte der Arktis schon ein bedeutender Zeitabschnitt – wird auf der zu Norwegen gehörenden Inselgruppe Spitzbergen Kohle abgebaut. Da die Kohle aus verschiedenen geologischen Zeitabschnitten stammt, muß das Klima Spitzbergens wiederholt großen Schwankungen unterworfen gewesen sein. Die Wälder, die die Kohle entstehen ließen, müssen dereinst weite Teile der Inseln bedeckt haben. Vom Karbon bis zum Tertiär, also über weit mehr als 300 Millionen Jahre, erstreckt sich die Epoche der Vegetationsgeschichte, die einst die Wälder hervorbrachte. Kohlevorkommen nördlich des Polarkreises stellen indessen keine Besonderheit Spitzbergens dar, außergewöhnlich war allenfalls der zeitliche frühe Abbau. Im westlichen Vorland des Nordurals im europäischen Rußland liegen noch viele gewaltigere Kohlevorkommen. Seit mehr als 50 Jahren wird hier bei Workuta im Petschora-Steinkohlebecken, über 100 km nördlich des Polarkreises, wertvolle Kohle abgebaut. Die Kohle ließ die Stadt Workuta vom bescheidenen Deportations- und Kriegsgefangenenlager zu einer Großstadt von 200 000 Menschen anwachsen.

Rechts: Bilibino liegt in Nordostsibirien. Hier gab es früher nur Tundra. Seit einigen Jahren werden hier Goldlagerstätten mit 12 Abbaufeldern ausgebeutet.

Oben: Aus dem Sand gewaschene Goldkörner von hoher Reinheit.

Der weltweite Bedarf an Rohstoffen hat nicht nur die Wissenschaftler zu immer neuen Experimenten und zur Entdeckung von Lagerstätten getrieben, sondern er hat in viel größeren Gebieten, als wir uns das gemeinhin vorstellen, industrielle Eingriffe und damit ökologische Veränderungen nach sich gezogen. Nachdem 1968 in der Prudhoe-Bay in Alaska Erdöl entdeckt wurde, begann man mit der Verlegung der 1300 Kilometer langen Transalaska-Pipeline. Bald wurden auch Probebohrungen auf der kanadischen Melville-Insel und der Tuktoyaktuk-Halbinsel durchgeführt. Ein Ölrausch erfaßte Alaska und Kanada. Blei- und Zinkvorkommen auf der zu Kanada gehörenden nördlichen Baffin-Insel sowie auf der Kleinen Cornwallis-Insel führten zum Bau langer Straßen, zur Anlage von Depots, Häusern, Reparaturwerkstätten, Lagern usw. Und das, ob-

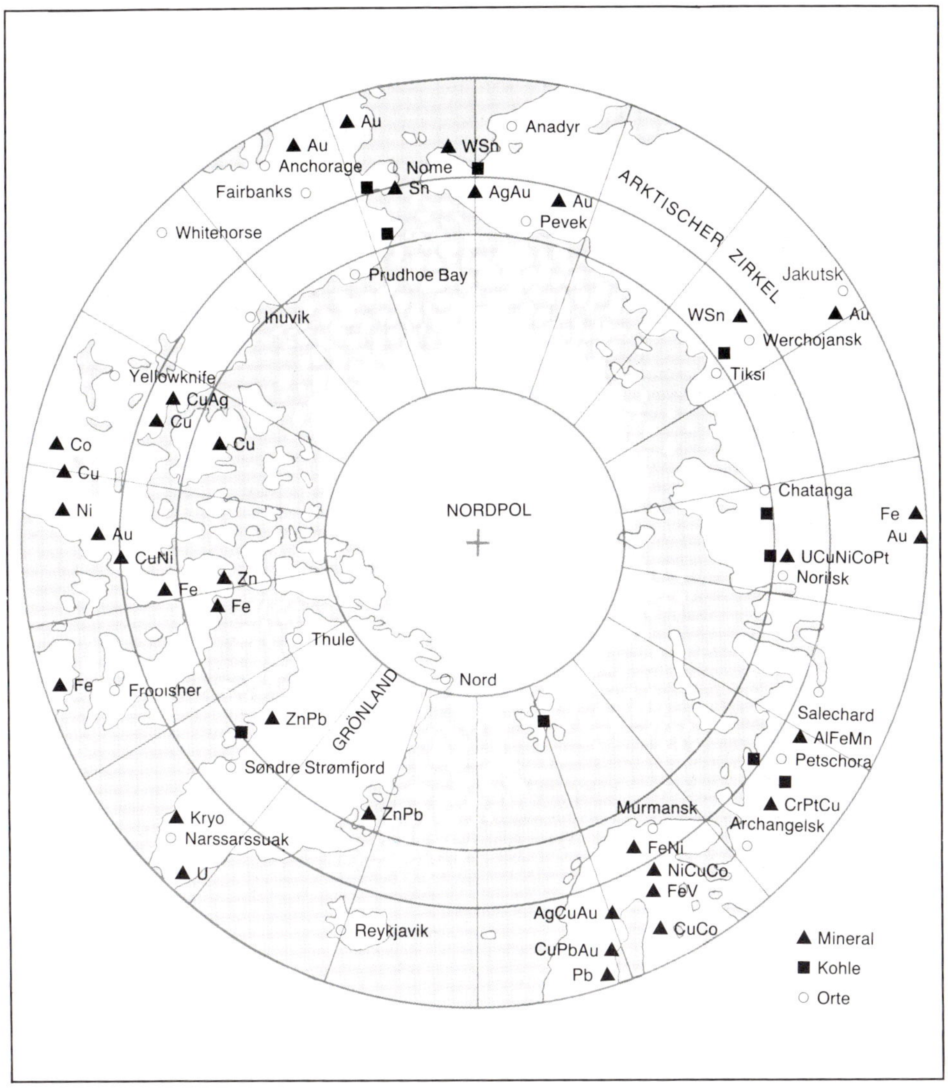

Links: Die Bodenschätze der Arktis (teilweise nach F. Müller): Ag Silber, Al Aluminium, Au Gold, Co Kobalt, Cr Chrom, Cu Kupfer, Fe Eisen, Pb Blei, Pt Platin, Kr Krypton, Mn Magnesium, Ni Nickel, O Sauerstoff, Sn Zinn, V Vanadin, U Uran, W Wolfram, Y Yttrium, Zn Zink.

wohl der arktische Boden die Errichtung größerer Bauten nicht gerade begünstigt: Es ist nämlich schwierig, im Permafrostboden, der sich verschiebt, schmilzt oder nachgibt, ohne daß man es vorausberechnen könnte, feste Konstruktionen auf Dauer zu stabilisieren.

Die Geologen und Prospektoren sind schon seit dem frühen 19. Jahrhundert in der Arktis unterwegs. Der deutsche Mineraloge Karl Giesecke entdeckte schon zwischen 1806 und 1813 abbauwürdige Rohstoff- und Mineralvorkommen auf Grönland. Das von ihm nachgewiesene Kryolith (Natrium-Aluminiumfluorid) bei Ivigtut, eines der wichtigsten Vorkommen dieses Minerals in der Welt, wurde seit 1854 industriell abgebaut. Erst zu Beginn der siebziger Jahre des 20. Jahrhunderts wurde die Ausbeutung der Lagerstätten aus Rentabilitätsgründen eingestellt. Zeitweise erreichte die Förderung zwischen 40000 und 67000 t pro Jahr.

Wohin man sich von Grönland auch wendet, nach Westen oder Osten, überall weisen die Geologen Bodenschätze nach. Im westlich gelegenen Baffinland wird an mehreren Fundorten Eisen, Kohle und Zinn ausgewiesen, auf der nordwestlich angrenzenden Devon-Insel Zinn und Blei, dann folgen die Melville-Insel mit Mineralien und Erdgas und die Viktoria-Insel mit Kupfer. Der Yukon Nordalaskas löste mit seinen Nuggets einst einen unglaublichen Goldrausch aus, doch wirtschaftlich wichtiger sind heute Zink, Zinn, Kupfer und Eisen, Erdgas und Erdöl. Folgen wir der sibirischen Küste östlich des Urals, so fallen auf den Rohstoffkarten im Mündungsgebiet des Jenissej Erdgas und Erdöl, Kobalt, Kupfer und Nickel auf; in der Tundra bis zur Lena sind es Diamanten

Oben: Eine Handvoll goldhaltigen Sandes. Goldförderung in Nordsibirien ist zwar technisch unproblematisch, aber sie stellt hohe Anforderungen an den Leistungswillen der Menschen. Der Permafrostboden wird mit heißem Hochdruckwasser aufgetaut, und dann wird das im Sand enthaltene Gold in Fabriken ausgewaschen.

und Mineralien, jenseits der Lena Gold, Zinn und Kohle. Die Tschuktschenhalbinsel zeigt die gleiche Vielfalt wie das durch die Beringstraße von ihr getrennte Alaska, allerdings fehlt hier das reiche Vorkommen an Erdöl.

Welche Mengen bereits in den sechziger Jahren in Grönland gefördert wurden, erstaunt ebenso wie die heutigen Rekordmengen von vielen Millionen Tonnen in Alaska oder Rußland. (1970 wurden im russischen Teil der europäischen Arktis bereits 14,5 Millionen Tonnen Kalziumphosphat gefördert.) Grönland brachte es auf 12000 Tonnen Blei und 17000 Tonnen Zink, und die Kohlenmine (Untertageförderung) von Qutdligssat (Disko-Insel) förderte 20000 bis 30000 Tonnen. Rund 100000 Tonnen Kohle wurden bis Mitte der siebziger Jahre von Spitzbergen und der Bären-Insel nach Norwegen verschifft. Die Vorräte werden aber auf über 8 Milliarden Tonnen geschätzt. Der Reichtum Sibiriens spiegelt sich in 580 Millionen Tonnen Kohle allein im Taimyr-Becken oder in 220 Millionen Tonnen im Jenissej-Kohlenrevier. Was der Abbau von 462 Tonnen Golderz in nur einer Mine (Con-Rycon-Val, südlich von Yellowknife in Kanada) pro Tag an Wert bedeutet, kann man sich vielleicht noch vorstellen, aber Fördermengen von über 100000 Tonnen übersteigen rasch die Vorstellungskraft. 800 Milliarden Kubikmeter Erdgas wurden 1968 in Kanada entdeckt. Allein 600 Mineralvorkommen waren zur gleichen Zeit im subarktischen Alaska nachgewiesen, im arktischen Rußland sogar 1600. Ende der achtziger Jahre schätzte man allein die Reserven von Erdöl in Alaska auf 75 Milliarden Barrel (ein Barrel entspricht etwa 159 Liter), auf 10,8 Billionen Kubikmeter Erdgas werden offiziell die Gasreserven und auf 22 Milliarden Tonnen die Fettkohlereserven geschätzt. Der Abbau der Rohstoffe geht aber auch hier mit einer Zerstörung der Umwelt einher.

Oben: Erdölarbeiter in der Prudhoe Bay beim Niederlassen der Bohrstangen. Ist erst einmal der Permafrostboden durchstoßen, bereitet die Förderung kaum noch technische Probleme.

Rechte Seite: Im Westen Sibiriens liegen die größten Erdgasquellen der Welt. Ca. 30% des weltweit geförderten Erdgases werden hier produziert.

Seit der Erschließung der Erdölfelder in der Prudhoe-Bay bis Ende 1987 gingen nach einem Bericht der Abteilung für Fischerei und Jagd im amerikanischen Innenministerium 4500 Hektar arktischen Landes verloren. Jedes Jahr werden zusätzlich 750 Millionen Liter Wasser verschmutzt. Der Bericht wurde zusammengestellt, weil man auf die Umweltgefahren hinweisen wollte, die bei neuen Erschließungen entstehen. Es bestand tatsächlich die Absicht, in dem «Arctic National Wildlife Refuge» an der amerikanisch-kanadischen Grenze, einem Gebiet von 77000 km² unmittelbar an der Küste, neue Lagerstätten anzubohren. Obwohl der zuständige Minister aus taktischen Überlegungen diesen Bericht zurückhielt und das Projekt genehmigte, wurde es aufgegeben. Die Havarie des Erdöltankers «Exxon Valdez» im März 1989 unmittelbar vor der Küste Alaskas (38 Millionen Liter Öl flossen in das Meer) hatte die Öffentlichkeit derart aufgebracht, daß das Projekt unrealisierbar erschien – ob für immer, bleibt ungewiß. Sicher aber ist, daß dann mit dem Niedergang des Reservats gerechnet werden muß. Hier im Schutzgebiet zieht die zweitgrößte Karibuherde Alaskas ihre Jungen auf. Trotz solcher Skandale vermochten im amerikanischen Teil der Arktis öffentliche Kritik und aktive Umweltorganisationen viele ähnliche Projekte zu verhindern. In der Sowjetunion war solche Kritik bis 1990 kaum möglich. Dort wurden z. B. die Pipelines im westsibirischen Tjumengebiet einfach auf dem Erdboden verlegt und nicht auf Stelzen über dem Permafrostboden wie in Alaska. Das Rohöl wird mit ca. 70° C, wie es aus dem Bohrloch kommt, direkt in die Leitungen gepumpt. Der Boden weicht auf und fördert so auch die Korrosion der Rohre. Sowjetische Quellen geben selbst «technische Verluste» von 3,4 Millionen Tonnen allein für das Jahr 1989 an. Die größere Sorgfalt der Amerikaner, ihr höheres technisches Niveau, ihre besser angepaßte Fördertechnik und ein relativ gut gesichertes Leitungsnetz hatten zur Folge, daß in den zehn Jahren zwischen 1977 und 1987 nur 10000 Tonnen Rohöl durch Lecks in den Leitungen, Ventilfehler oder sonstige Transportverluste in den arktischen Boden versickerten.

REGISTER

BIBLIOGRAPHIE

Amundsen, Roald: Die Jagd nach dem Nordpol, Berlin 1925
ders.: Die Nordwestpassage, München 1908
Andersch, Alfred: Hohe Breitengrade oder Nachrichten von der Grenze, Zürich 1969
Andrasko, Kenneth: Alaska Crude: Visions of the Last Frontier. Photographs by Marcus Helevi. Boston: Little, Brown and Company, 1977
Barry, Lopez: Arctic Dreams, Immagination and Desire in the Northern Landscape. New York: Charles Scribner's sons 1986.
Beattie, Owen and Geiger, John: Der eisige Schlaf, Köln 1989
Beck, Larry u.a.: Alaska und der Yukon, Frankfurt a.M. 1983
Berger, Thomas R.: Northen Frontier, Northen Homeland. Report of the Mackanzie Valley Pipeline Inquiry. Ottawa: Department of Indian Affairs and Northen Development, 1977.
Birket-Smith, Kaj: Die Eskimos, Zürich 1948
Bliss, L. C., editor. Truelove Lowland, Devon Island, Canada: A High Arctic Ecosystem. Edmonton, Alberta: University of Alberta Press, 1977
Boas, Franz: The Central Eskimo, Lincoln 1964
Bockstoce, John R. Whales, Ice and Men; The History of Whaling in the Western Arctic, Seattle and London: University of Washington Press, 1986.
Briggs, Jean. Never in Anger: Portrait of an Eskimo Family. Cambridge: Harvard University Press, 1970.
Bruemmer, Fred, The Arctic World, Toronto Key Porter Books, 1985
Bodfish, Harson, Chasing the Bowhead. Cambridge: Harvard University Press, 1936
Büdel, J. und Imber, Walter: Spitzbergen – Einsame Insel im Polarlicht, Bern 1968
Carpenter, Edmund. Eskimo Realities. New York: Holt, Rinehart and Winston, 1973.
Campbell, Joseph. Atlas der Mythologie, Luzern, 1983.
Caswell, Helen, Shadows from the Singing House, Eskimo Follk Tales, Rutland 1968.
Christiansen, Hans C.: Grönland – Arktisches Land im Zeitenwandel, Den Kongelike Gronlandske Handel, Kopenhagen 1969
Eather, Robet H., Majestic Lights, The Aurora in Science, History, and the Arts, Washington: American Geophysical Union, 1980.
Freeman, Milton, Inuit Land Use and Occupancy Project. Vol 1. Ottawa: Department of Indian and Northen Affairs, 1976
Gohl, Heinrich: Alaska, Bern 1969
Hall, Ch. F.: Life with the Esquimaux, Edmonton 1970
Hall, Edwin S. Jr. The Eskimo storyteller: Folktales from Nostak, Alaska. Knoxville. Tenn.: University of Tennessee press 1932.
Hassert, Kurt: Die Polarforschung, Geschichte der Entdekkungsreisen zum Nord- und Südpol, München 1956
Kalman, Bobbie and Faris, Ken. Arctic Whales and Wheling, The Arctic World Series. Toronto: Crabtree Publishing Company, 1988.
Kimble, George and Dorothy Good. Geography of Northenlands. Special Publication Number 32. New York: American Geographical Society 1955.
Kirwan, Lawrence: History of Polar Exploration, Harmondsworth 1962
Koll, J.: Der Kampf um die Pole, Berlin 1934.
Kosack, Hans-Peter: Die Polarforschung, Braunschweig 1967.
Landgdon, Steve J., The Native People of Alaska. Greatland Graphics 1987.
Lewis, Richard: I Breathe a New Song, Poems of the Eskimo, New York 1971
Livingstone, John, Arctic oil: The Destuction of the North Toronto: Canadian Broadcasting Corporation, 1981.
Lopez, Barry: Arktische Träume, Düsseldorf 1987
Lubbock, Basil. The Arctic Whalers. Glasgow: Brown, Son and Ferguson, Ltd., 1937
Markoosie: Harpoon of the Hunter, Montreal 1970
Meissner, Hans-Otto: Im Zauber des Nordlichts, München 1972
Müller, Fritz: Hoher Norden, Zürich 1977
Müller, Fritz. The Living Arctic. Toronto: Methuen, 1981.
Nansen, Fridtjof: In Nacht und Eis, Die norwegische Polarexpedition 1893 – 1896, Leipzig 1897
ders.: Eskimoleben, Berlin 1921
ders.: Unter Robben und Eisbären, Leipzig 1926
Okladnikow, Alexej Pawlowitsch: Der Mensch kam aus Sibirien, Wien 1974.
Pantenburg, Vitalis: Arktis, Eine Monographie des hohen Nordens, Stuttgart 1965
Rasmussen, Knud: Die große Schlittenreise, Mainz 1958
ders.: Die große Jagd, Leben in Grönland, Potsdam 1937
ders: Rasmussens Thulefahrt, zwei Jahre im Schlitten durch unerforschtes Eskimoland, Frankfurt 1926
Remmert, Hermann, Arctic Animal Ecology, New York: Springer-Verlag 1980.
Rytchëu, Juri: Traum im Polarnebel, Zürich 1991
Scoresby, William. An Accent of the Arctic Regions, with a History and Description of the Northen Whale-Fishery. Vol 1 London: Archibald Constable, 1820.
Stefansson, Viljhalmur, The Friendly Arctic. New York: Macmillan, 1921.
ders.: Länder der Zukunft, Leipzig 1925
ders.: My Life with the Eskimo, New York 1971

The Russians in the Arctic: Aspects of Soviet Exploration and Exploitation of the Far North, 1937 – 1957, London 1958

Stirling, Ian. Polar Bears, University of Michigan, The University of Michigam Press, 1988.

Trebitsch, Rudolf: Bei den Eskimos in Westgrönland, Berlin 1910

Wegener, Alfred: Tagebuch eines Abenteurers. Mit Pferdeschlitten quer durch Grönland, Wiesbaden 1961

Weiss, Walter: Arktis, Wien und München, 1975

ders.: Der Tod des Tupilaks – ein Grönlandbuch, Wien 1973

ders.: Geo-Wissen, Arktis und Antarktis, Nr. 4, 1990.

BILDNACHWEIS

Brando Quilici, Rom: 2 – 3, 6, 8 – 9, 10 – 11, 16 – 17, 25, 26, 28 – 29, 32 – 33, 37, 47, 48 – 49, 50, 62 – 63, 72 – 73, 78, 80, 88, 95, 99, 100 (oben), 101, 102 – 103, 104 – 105, 106, 110 – 111, 125 (oben), 127, 132 – 133, 134 – 135, 140, 141, 142 – 143, 144 – 145, 146 – 147, 148 – 149, 150, 151, 155, 157, 158 – 159, 160 – 161, 166 – 167, 168 – 169, 174, 179, 180, 188, 189 (oben und unten rechts), 190, 191 (oben rechts), 192, 194 – 195, 196 (oben, Mitte, unten rechts), 197, 198 – 199, 200 – 201, 208, 209 (unten), 211, 216 – 217, 222 (oben links, unten Mitte), 235, 236, 237 (oben), 254

Nippon Hoso Shuppan Kyokai NHK, Tokio: 12 – 13, 14 – 15, 45, 56 – 57, 58 – 59, 67 (oben rechts), 71, 79, 81, 82 – 83, 84 – 85, 86 – 87, 89, 100 (unten), 112 – 113, 114 – 115, 120 (unten links und rechts), 121 (5 ×), 124 (unten), 128 bis 129, 131, 126 – 137, 162 – 163, 164 – 165, 176 – 177, 178, 196 (unten links), 203 (unten rechts), 204 (oben), 205 (oben), 207, 209 (oben), 210, 212 – 213, 214 – 215, 220 – 221, 222 (oben rechts, unten links und ganz rechts), 223, 224 – 225, 226 (oben, Mitte rechts, Mitte unten), 227 (oben links, Mitte links und rechts, unten), 231 (links, unten rechts), 232 (links), 233, 237 (unten), 238 – 239, 240 – 241, 242 – 243, 246 (Mitte rechts, und unten), 248 – 249, 251, 252, 253 (unten), 255

Die weiteren Bildquellen:

Doug Allan: 181

Archives de la Marine, Jean Vigne, Paris: 30

Astronomische Gesellschaft, Schaffhausen (Official US Navy Photograph): 39 (rechts)

Owen Beattie: 61

EMB Archive, Luzern: 38 (links), 39 (oben und unten), 41 (oben), 228 (links und Mitte), 230 (links), 232 (rechts)

Hans D. Dossenbach: 51, 52, 53, 96 – 97, 121 (links), 122 (oben), 138 – 139, 191 (links, Mitte und unten), 250 (oben und links)

Cynthia D'Vincent, Intersea Research Inc., Carmel Valley, California: 75

Robert Eather: 36, 43

Geophysical Institute, Fairbanks, Alaska, George Cresswell: 31

Geophysical Institute / NASA Spacelab Challenger III, R. Overmeyr: 30

Geophysical Institute of University of Alaska, Fairbanks, Alaska, Gustav Lamprecht: 35, Al McNeil: 34

Gletchergarten, Luzern: 118 – 119

Andy Goldworthy, Projektierung durch Fabian Carlsson Gallery, London: 172 – 173

Jacana, J. C. Stoll: 107

Key Color, Zürich: 247

Jeff Lepore: 116 – 117

Andrea Ludin, Institut für Klima und Umweltphysik, Universität Bern: 152 (unten), 170, 171, 182 (oben und unten), 183 (links 2 ×)

MVG Archiv, Luzern: 226 (oben links)

Fritz Müller: 40 (oben), 183 (rechts)

Naturmuseum, Luzern: 122 (oben), 123 (alle), 124 (oben), 152 (oben), 153 (alle)

NHPA, Stephen Krasemann: 175

Flip Nicklin: 76, 187, 189 (links), 193

Hannes Opitz: 22, 23, 38 (rechts), 41 (unten), 226 – 227 (unten), 253 (oben)

Max-Planck-Institut für Aeronomie, Kaltenburg-Lindau: 90 (oben), 91

Planeta Photography Service, Moskau: 54 – 55

Folco Quilici: 125 (rechts), 247, 250

Ringier Dokumentationszentrum, Zürich: 246

David Rugh, National Marine Mammal Laboratory, Seattle, Washington: 135

Tom van Sant, Geosphere Project, Santa Monica, Science Photo Library: 21

Emil Schulthess: 19

Alfred-Wegener-Institut für Polar- und Meeresforschung Bremerhaven: 92 – 93, 204 – 205 (unten)

WWF, Dan Guravich: 108 – 109

Zentral-Bibliothek, Luzern: 40 (Mitte und unten), 41 (rechts), 42 (links), 60, 64 – 65 (alle), 66, 67, 68, 69, 90 (links), 120 (oben), 154, 184 – 185, 202 (alle), 226 (oben Mitte, unten links und rechts), 227 (links, oben links, Mitte), 228 (rechts), 227 (links, oben links, Mitte), 228 (rechts), 229, 230 (rechts), 231 (oben rechts)

DANKSAGUNG

Mein Dank gilt all denen, die mich auf meiner Reise in den Hohen Norden begleitet und deren Erfahrungen sich als unersetzbar erwiesen haben.

An erster Stelle möchte ich Malcolm Ramsay und Brian Ladoon nennen. Mit ihnen unternahm ich meine erste Arktisreise zur Westküste der Hudsonbay und in die Tundra und zum Ufer des Owel River in Nordmanitoba, um Untersuchungen an den dort lebenden Polarbären durchzuführen.

Dank schulde ich auch meinem Führer Tom Tatatuapik, der mich lehrte, die Arktis nicht nur als schweigsame, unberührte Region zu sehen, in der Tiere und Eskimos leben, sondern als einen in sich geschlossenen, komplexen Lebensraum. Ebenfalls möchte ich Glenn Williams und Frank May aus dem Dorf Arctic Bay danken, die sich dafür einsetzten, daß ich ihre Freunde, die Inuit von der Baffin-Insel, begleiten konnte, und daß mich die Einheimischen während des Narwalfangs auf dem Packeis als einen der ihren akzeptierten.

Mein Dank geht auch an George Amauak, den Bürgermeister der Inuitgemeinde von Barrow, der mich in seinem Camp nördlich der äußersten Spitze Alaskas, an der Tschuktschisee, freundschaftlich aufnahm und mir zusammen mit seinen Kameraden die Gebiete zeigte, in denen sich das Packeis im Frühling öffnet und Kanäle für die vorbeiziehenden Polarwale bildet.

Ganz besonders möchte ich Buster Welch vom Fresh Water Institute danken, der mich zum Tauchen in die Gewässer vor der Cornwallis-Insel mitnahm, wo ich eine außergewöhnlich Welt entdeckte. Geduldig beantwortete er alle meine Fragen über die Nahrungskette der Arktis. Ebenfalls möchte ich Edgar Bering und Neil Brown meinen Dank aussprechen. Sie ermöglichten es mir, im Winter bei ihren Untersuchungen über die Nordlichter im Poker Flat Research Range in Fairbanks dabeizusein. Gedankt sei an dieser Stelle auch Robert Heather, der mir die Geheimnisse der Aurora borealis erklärte.

Eine der faszinierendsten Erfahrungen verdanke ich Sue Cousins und Larry Dueck, mit denen ich auf der Eisdecke am Mittellauf des Lancasterkanals, mehrere Meilen vor der Küste, die Echolotfähigkeit der Belugawale untersuchte. Abschließend möchte ich auch Sergio Kristensen meinen Dank ausdrücken, der mich mit seinem kleinen Boot an der grönländischen Westküste entlangfuhr und mir aus nächster Nähe die Gletschermündungen zeigte, von denen sich die größten Eisberge der Arktis ablösen.

Mehrere Einrichtungen und Firmen haben mich bei meinem Vorhaben grundsätzlich unterstützt: Ohne die Flugzeuge und Hubschrauber des Polar Continental Shelf Project hätte ich einige für meine Untersuchungen wichtige Orte der Arktis nie erreichen können. Deshalb möchte ich Jim Goden, dem Base Manager von Resolute Bay, meinen besonderen Dank aussprechen. Er fand in den oft überladenen Flugzeugen immer noch einen Platz für mich. Die Unterstützung der FOWA aus Turin erwies sich für mich bei der Vorbereitung auf die extrem harten klimatischen Bedingungen als unerläßlich. Die Firma NIKON stellte mir freundlicherweise die Fotoapparate für den Bildteil dieses Bandes zur Verfügung, die Firma CRESSI SUB lieferte die Unterwasserausrüstung, die Firma FERRINO die Zelte und weiteres Zubehör und die Firma NOVAMARINE die Navigationsgeräte.

Mein herzlicher Dank gilt auch den Piloten Randy Crosby und Price Brower vom Search and Rescue Team aus Point Barrow, ohne deren Engagement dieses Buch sicherlich nicht möglich geworden wäre. Besonders danken möchte ich auch den Piloten der National Oceanic and Atmospheric Administration. Als ich mit meinen Begleitern Vittorio Dragonetti und Doug Allan etwa fünfzig Meilen nördlich von Point Barrow in der Beaufortsee die vorbeiziehenden Polarwale filmen wollte, brach die Eisdecke auseinander, und wir wurden auf einer Scholle abgetrieben. Trotz der extrem schlechten Wetterlage und minimaler Sichtverhältnisse starteten die Piloten und befreiten uns aus dieser Notlage.

Meinen persönlichen und beruflichen Dank möchte ich Andreas Wilkes von NDR International für die Zusammenarbeit in der Vorbereitungsphase und später bei der Produktion der Serie «Arktia» aussprechen, für die ich über drei Jahre im Nordpolargebiet unterwegs war.

Bei den Forschungsarbeiten zu diesem Buch hat mich Ruggero Leonardi tatkräftig unterstützt und sich für mich als wertvoller Mitarbeiter erwiesen. Gleiches gilt auch für Professor Romeo Lucchese, der meine Texte revidierte.

Schließlich möchte ich auch meinen Begleitern, dem Fotografen Vittorio Dragonetti und dem Kameramann Doug Allan, der die Über- und Unterwasseraufnahmen machte, herzlich danken. Mit ihnen erlebte ich auf dieser langen Reise die aufregendsten, aber auch die schwierigsten Augenblicke.

BRANDO QUILICI